ANDREAS PETERSEN

Der Osten und das Unbewusste

Wie Freud im Kollektiv verschwand

Klett-Cotta

MIX
Papier | Fördert gute Waldnutzung
FSC® C014496

Klett-Cotta
www.klett-cotta.de

Cover: Rothfos & Gabler, Hamburg
unter Verwendung einer Abbildung von © Pictorial Press Ltd /
Alamy Stock Photo
Das Titelbild zeigt den Physiologen Iwan Pawlow bei der
Vorführung seiner Hundeexperimente, Moskau 1925.
Gesetzt von Dörlemann Satz, Lemförde
Gedruckt und gebunden von GGP Media GmbH, Pößneck
ISBN 978-3-608-98720-1
E-Book ISBN 978-3-608-12151-3

Bibliografische Information der Deutschen Nationalbibliothek
Die Deutsche Nationalbibliothek verzeichnet diese Publikation in der
Deutschen Nationalbibliografie; detaillierte bibliografische Daten
sind im Internet über http://dnb.d-nb.de abrufbar.

Für Valentine Adler-Sas und Hanna Fenichel-Pitkin

Inhalt

Prolog

Freud verwandelte die Seele in das Unbewusste, das erforschbar sein sollte und der Ausgangspunkt der Tiefenpsychologie wurde. Ihre Erkenntnisse vermochte Gesellschaften zu verändern. Oft genug waren es Hoffnungsprojekte, manchmal hatte sie etwas Durchschlagendes. In den westlichen Gesellschaften führte das auf dem Höhepunkt zu einem »psychological turn«, der gut erforscht und dokumentiert ist. In den Staatsideologien der kommunistischen Gesellschaften des Ostblocks subsumierte man das Unbewusste unter der Kategorie »Idealismus« und ließ Freud sukzessive im Kollektiv verschwinden. Doch das Interesse an der Psyche brach sich trotz aller Staatsideologie immer wieder Bahn, wobei Osteuropa darin keine einheitliche Topografie hat. Es gab unterschiedliche Ausgangspunkte, Repressionsphasen, Öffnungen, Voraussetzungen und Einflüsse. Die Beschäftigung mit diesem außerordentlich disparaten Feld läuft soeben erst an.

Das Buch versucht, diese varianten Entwicklungen in Russland und Osteuropa gleich einem Kaleidoskop in den Blick zu nehmen. Exemplarisch wird skizziert, wie psychologisches Wissen Gesellschaften prägen konnte und was es bedeutete, wenn der Umgang unter die Kuratel einer Ideologie fiel und damit gesellschaftliche Dynamiken verhindert wurden.

Das ergibt ausdrücklich keine Geschichte der Tiefenpsychologie, der Schulen oder einzelner Entwicklungen. Im

Zentrum des Buches steht die Frage, wieviel Wissen um die Psyche und das Unbewusste vorhanden war und welche Historie diese Frage von Freuds Mittwochsgesellschaft in Wien bis zum Fall des Eisernen Vorhangs in Osteuropa genommen hat.

Ausgangspunkt ist somit die facettenreiche Rezeption der Tiefenpsychologie in Ost und West bis zu den Revolutionen 1989. Sie spiegelt sich insbesondere in den Biografien der oft jüdischen Analytikerinnen und Analytiker. Welchen Stellenwert die Tiefenpsychologie haben konnte, hat in direkter Weise mit den beiden Namen »Hitler« und »Stalin« zu tun. Sie sind die Schatten, die das europäische Kaleidoskop der Psyche zerrissen haben. Individualisierung und die Beschäftigung mit sich selbst verbanden sich im Westen mit der Möglichkeit verschiedener Lebensentwürfe. In Osteuropa erschienen Wahlmöglichkeiten als Luxusoption. In einem von oben verwalteten Leben stellten sich die Fragen nach Erfüllung und Lebensglück auf kategorische Weise anders. So erlebten die durchtherapeutisierten Westgesellschaften der Nachkriegszeit einen Psychoboom sondergleichen. Im Osten dagegen mussten Psychologen, Psychiater und Intellektuelle oft mit bewundernswerter Beharrlichkeit und Mut versuchen, tiefenpsychologische Traditionsbrücken gegen allen staatlichen Druck zu verteidigen und den Raum für Psychisches offen zu halten.

Individualisierung und Fokussierung auf Innerlichkeit sowie die Psychologisierung der Gesellschaft sind, wie die Krisen der westlichen Welt zeigen, kein Garant für gesellschaftlichen Fortschritt. Der einst befreiende Impetus tiefenpsychologischer Ansätze ist zu einem Instrument der Selbstoptimierung in der Leistungsgesellschaft geworden. Individualisierung wurde dabei oft genug gegen das Gemeinwohl in Stellung gebracht. Tiefenpsychologische Ansätze sind in der akademischen Welt kaum mehr präsent. Ihre Vertreter meiden eher die offenen Diskursräume. Offensichtlich ist jedoch, dass eine jahrzehntelange gegensätzliche Entwicklung auf einem Feld, das einst mit einer »kopernikanischen Wende« verglichen wurde, gravierende gesellschaftliche Auswirkungen nach sich gezogen hat. Dieses sehr unterschiedliche Erbe hat enorme Sprengkraft. Umso nötiger scheint es, mehr davon zu wissen.

»Und man darf es auch als das Jahrhundert der Psychologie bezeichnen, deren Triumphe sich vielleicht auch als Niederlagen erweisen könnten ...« Manès Sperber.[1]

»Der Freudismus ist nicht nur in seiner allgemein gebräuchlichen vulgarisierten Form, sondern auch in seinen Quellen und bei seinen erstrangigen Vertretern ein Bazillusherd sämtlicher bürgerlicher Irrglauben, ein potentieller Nährboden des Faschismus, Träger und Verbreiter des philosophischen Idealismus, der dem Irrationalismus des zerfallenen Kapitalismus den Anschein der wissenschaftlichen Fundierung verleihen will.« György Pálóczi Horváth.[2]

1 Budapest-Wien-USA: Vom Nukleus einer neuen Anthropologie

Lilly Hajdu – der weibliche Weg der Budapester Schule

Budapest 1945 – Das Leben nahm wieder Fahrt auf. Die Millionenstadt an der Donau lag in Trümmern. Vier Monate Belagerung und Beschuss durch die Rote Armee, es herrschte Hunger. Rotarmisten patrouillierten durch die Straßen, und die ungarischen Nazis, die Pfeilkreuzler, waren über Nacht verschwunden. Lilly Hajdu, die Grande Dame der ungarischen Psychoanalyse, hatte überlebt. Nun zählte der Neuanfang. Den wollten auch die Kommunisten. Und sie wollten ihn mit der Psychoanalyse.

Die psychoanalytische Gesellschaft vor dem Krieg war im Grunde eine kleine Gemeinschaft gewesen, aber sie war anerkannt. Um diese Reputation wussten die Genossen, warben um die Psychoanalytiker des Landes und wollten sie als Parteimitglieder. Lilly Hajdu war keine Sozialistin, aber die Kommunisten hatten ihr Leben und das ihrer Kinder vor den Nazis gerettet. Aus diesem Grund trat sie in die Partei ein und wurde gleich darauf vom neuen Justizministerium zur Beraterin der Landeskrankenkasse ernannt. Seelische Gesundheit galt als soziales Problem. Ein riesiges Feld, vieles schien möglich.[3]

Auch andere Analytiker traten in die zahlenmäßig kleine Kommunistische Partei ein. Sie war in der Bevölkerung nicht beliebt, aber mit der Besatzungsmacht im Rücken bestimmten sie den Lauf der Dinge. Und die neuen Parteimitglieder aus der Psycho-Crew nutzten ihre Chance. Überall warben sie in Vorträgen für die Psychoanalyse: im Rundfunk, vor Lehrern und Sozialarbeitern, in der Ärzte-Gewerkschaft, vor Studierenden. Es herrschte Papiermangel, aber in den neuen Ministerien wurde entschieden: Freuds Bücher werden übersetzt und gedruckt.[4] An der Budapester Universität wurde eine Psychoanalyse-Professur eingerichtet. Die Psychoanalytische Gesellschaft fand nach einer wechselvollen Geschichte mit einer frühen Blütezeit, Verboten und Verfolgungen wieder zu neuem Leben. Die Mitglieder wählten Lilly Hajdu und einen ihrer Kollegen zum Präsidentenduo. Hajdu übernahm wieder Ausbildungskandidaten, hielt Kurse und empfing Patienten in ihrer Wohnung. Manche hatten sogar etwas Geld, sodass sie auf dem Schwarzmarkt ein paar Dinge zum Überleben erstehen konnte.[5] Ein Viertel ihrer Analytikerkollegen war ermordet worden, ein Viertel geflohen. Nach den Jahren des Schreckens schien das alles unwirklich. Und es war wie ein Déjà-vu. In den Monaten nach dem Ersten Weltkrieg hatte der Führer der ungarischen Räterevolutionäre, der Kommunist Béla Kun, mit seinen Leuten die Psychoanalyse in sein Revolutionsprogramm aufgenommen. Das Experiment scheiterte nach drei Monaten. Doch nun gab es eine neue Zeit, und niemand schien die neuen Herren mehr vertreiben zu können.

Als Lilly Hajdu 1891 in einem kleinen Städtchen in Ungarn geboren wurde, gab es noch den Kaiser in Wien. Sie wuchs in einem liberalen jüdischen Elternhaus auf, ihrem Vater war Bildung heilig. Er war stolz, als seine beiden Töchter in Budapest zu den ersten Frauen gehörten, die sich für das Medizinstudium einschrieben. Und die beiden genossen die Freiheit der Großstadt. Ihre ältere Schwester verliebte sich sofort in einen Kommilitonen, der zusammen mit anderen Medizinstudenten 1908 den »Galilei«-Kreis gegründet hatte. Der Zusammenschluss wurde zum Zentrum ihres Lebens. Tagsüber gingen die Schwestern in die Uni, abends traf man sich zu Vorträgen, Diskussionen, bei privaten Einladungen. Sie wollten raus aus der chauvinistischen, religiösen Welt der k. u. k. Monarchie, hinein in das, was man später »die Moderne« nennen würde. Dabei die zukünftige Elite des Landes, von den Wirtschaftswissenschaften bis in die hohe Politik.

Der zwei Jahre ältere Sekretär des »Galilei«-Kreises, Miklós Gimes, war fasziniert von der 21-jährigen Lilly Hajdu. Die hochgewachsene junge Frau war zielstrebig, selbstbewusst, wurde von vielen bewundert und heiß umworben. Die beiden wurden ein Paar. Auch Miklós Gimes war, wie viele im Kreis, aus jüdischem Elternhaus. Beide studierten sie Medizin, es war ihre Welt: die Hörsäle, die Lehrbücher, die Marotten der Professoren. Auch das, was man neuerdings aus Wien hörte, das Ding mit der Psyche. Es ging schon da viel um Sigmund Freud. Lilly Hajdu las seine Schriften auf Deutsch. Auch in Budapest gab es eine Vereinigung seiner Anhänger. Ihren wichtigsten Vertreter, den Psychiater Sándor Ferenczi, luden sie in ihren Kreis ein. Ein sympathischer Mann, wie sie fand. Aus demselben Städtchen wie sie. Sie mochte das alles, die Leute, die Vorträge, die Themen. Und sie hatte von Anfang an ihre Fragen: Was ist Erfolg, was Treue, was Anziehung, was Unterwerfung? Und die Rolle der Frau? Tatsächlich nur Mutter sein?[6]

1914 brach der Krieg aus. Miklós Gimes wurde in die österreichisch-ungarische Armee eingezogen. In ihren Briefen zwischen Front und Heimat führte das Paar seine Gespräche intensiv weiter. Sie sei, so schrieb sie, mehr männlich-analytisch, und eine Art zukünftiger Typus, eine »Morgenfrau«, eine der zukünftigen Tage. Bezüglich ihrer Facharztausbildung entschied sich Lilly Hajdu für Psychiatrie, während Miklós Gimes Kinderarzt werden wollte. Sie heirateten während des Krieges, 1917 kam ihr Sohn Miklós zur Welt, 1920 ihre Tochter Judith, genannt »Juca«.

Während die Habsburger Monarchie zerfiel, ging ein fünfzigjähriges Reich unter, gefühlt war es ein halbes Jahrtausend alt. Etwas völlig Neues kam. Der 32-jährige Kommunistenführer Béla Kun rief die Räterepublik aus. 57 »Galileer«, fast alles Ärzte, boten sich dem Revolutionskomitee an: als Kinderärzte, Leiter psychiatrischer Kliniken, Fachärzte für Infektionskrankheiten, Organisatoren der Universitätsreform. Auch das junge Medizinerpaar Gimes wollte beim Neuen dabei sein. In einem provisorischen Amt war Lilly Hajdu über Nacht zuständig für TBC, Pocken und Alkoholismus.[7] Ferenczi machte man zum Leiter einer neu eingerichteten psychoanalytischen Klinik und zum Lehrstuhlinhaber für Psychoanalyse. Eine solche Professur gab es noch nirgendwo auf der Welt. Nur Jahre zuvor hatte die Fakultät seine psychoanalytische Habilitationsschrift als »Pornographie und Traumdeuterei« abgelehnt. Aber nun war alles anders. Auch andere Analytiker bekamen führende Stellen in der Räterepublik. Man setzte auf ihr Wissen, hoffte auf ihre Expertise bei der Betreuung der vielen traumatisierten Frontsoldaten.[8]

Dass mit der Räterepublik ein Staat die Psychoanalyse förderte, war tatsächlich ein Novum. Frühkindliches Triebleben für die Revolution, das hatte es in Wien vor dem Krieg nicht gegeben. Freud überlegte, mit seiner Bewegung nach Budapest umzuziehen. Aber schon drei Monate später hatten sich alle Hoffnungen der jungen Republik zerschlagen. Nationalistische Truppen eroberten die Hauptstadt. Die Räterevolutionäre flohen, und mit ihnen viele Freudanhänger. Ferenczi blieb, aber er verlor seine Professur und wurde aus der Ärztevereinigung ausgeschlossen. Manche der flüchtenden Analytiker gingen nach Berlin, wo sie zum Grundbestand der sich dort gründenden Psychoanalytischen Vereinigung wurden, die sich zum neuen europäischen Zentrum der Psychoanalyse entwickelte.[9] In Ungarn übernahm General Miklós Horthy die Macht. Unter dem Titel »Reichsverweser« errichtete er ein extrem rechtes, terroristisches und antisemitisches Regime. Viel war von Ungarn nicht übrig geblieben. Man war auf der Verliererseite im Großen Krieg gewesen, die Alliierten in Paris hatten die Grenzen im Osten Europas neu gezogen, viele Ungarn waren nun Bürger der Nachbarstaaten.

Auch das junge Paar Gimes-Hajdu überlegte, ins Ausland zu gehen. Vielleicht in die USA? Sie blieben. Miklós Gimes eröffnete eine Kinderarztpraxis, Lilly Hajdu übernahm die ärztliche Leitung eines privaten Heims am Rande der Stadt, eine große und renommierte Einrichtung für geistig behinderte Kinder. Die beiden zogen mit ihren Kindern ins Haupthaus, daneben Patientenunterkünfte, ein Speisesaal, Werkstätten. Im Alltag kam nun alles zusammen: die eigene Familie, die behinderten Heimkinder, die Angestellten.

Aber die Betreuung der Kinder füllte die angehende 30-jährige Psychiaterin nicht aus.[10] Lilly Hajdu meldete sich bei Vilma Kovács, der ersten ungarischen Lehranalytikerin, dem mütterlichen Mittelpunkt der Psychoanalytischen Gesellschaft. Das war der Anfang der psychoanalytischen Kar-

Sándor Ferenczis 50. Geburtstag, Juli 1923, Lilly Hajdu links gegenüber von Ferenczi, im Hintergrund Michael und Alice Bálint, Vilma Kovács und Imre Hermann.

riere von Lilly Hajdu, an deren Ende sie die größte psychiatrische Klinik des Landes leiten sollte. Sie ging zu Kovács in die Analyse, Sándor Ferenczi, der Referent von einst, wurde ihr Lehrer. Im Ausbildungsinstitut, in dem es viele Frauen gab, fand sie sich schnell zurecht, ging ins Restaurant Royal, wo man sich traf. 1923, auf der Feier zum 50. Geburtstag von Ferenczi, saß sie ihm im Kreis der Analytiker gegenüber.

Mit seiner Stirnglatze, der runden Nickelbrille und den wachen Augen wirkte der Obmann der ungarischen Analyse sehr einnehmend. Er war warmherzig, charismatisch, überaus geschätzt.[11] Ein sensibler Kliniker, der auch in hoffnungslosen Fällen einen Zugang zu den Patienten fand. Anders als Freud, der Ferenczi lange für seinen Kronprinz hielt, interessierten den Ungarn nicht die Väter und Ödipus-Konstrukte, sondern die Dynamik zwischen den Müttern und ihren Säuglingen. Mit Trieben, Biologismen, einer Zentrierung auf den vermeintlich narzisstischen Säugling kam man da nicht weit, dafür geriet der Austausch zwischen Mutter und Kind, kurzum die Bindung zwischen den Zweien in den Blick. Das bedeutete: weg vom isolierten Individuum, hin zur interpersonellen Beziehung. Was spielte sich zwischen beiden, was spielt sich überhaupt zwischen zwei Menschen ab, und schließlich: Was geschah zwischen dem Arzt und dem, der zu ihm in die Praxis kam? Aus einer ödipus-zentrierten jüdisch-patriarchalischen Fixierung entstand der Blick auf die »Mutter-Kind-Dyade«, der Anfang einer Zwei-Personen-Theorie. Es war ein Markstein, und sie entstand vielleicht nicht zufällig in einer vormodernen, vorwiegend agrarischen Gesellschaft, in der der Familie große Bedeutung zukam.[12]

Freuds therapeutische Abstinenzforderung erschien Ferenczi beim Wunsch zu helfen schon bald hinderlich. Es war der menschliche Kontakt, der in der Praxis die Linderung brachte. So trat er für eine »therapeutische Emphase« ein. »Korrigierende emotionale Erfahrung« wird der Budapester Franz Alexander es später in den USA nennen.[13] »Alle Analytiker«, schreibt Lilly Hajdu in einem Text 1933, »sollten in ihrer eigenen Analyse bis in die Tiefe vordringen, bis sie in der Lage sind, die Distanz zu ihren Patienten zu überbrücken.«[14] Lange wird Hajdu den Zusammenhang von Hunger im Säuglingsalter und der Herausbildung von Schizophrenie untersuchen. Aber Ferenczi verstand die Analyse nicht als Glaubensprojekt. Er war offen für Neues. Seine Schüler unterstützte er in ihren Experimenten und der Suche nach Antworten auf offene Fragen.

Während der Ausbildung entwickelte Lilly Hajdu ein heilpädagogisches Konzept. Um das umsetzen zu können, eröffnete sie 1927 ein Kinderheim außerhalb von Budapest. »Heilpädagogisches Institut und Kindererholungsheim Dr. G. Hajdu«. Die Familie zog in ein Haus weitab von der Stadt, das Areal etwas zwischen verwunschenem Park und kleinem Bauernhof. Aber sie wollte nicht einfach bei der Heimbetreuung bleiben, sondern den eingeschlagenen Weg der Psychoanalyse weiterverfolgen. Einen Tag in der Woche arbeitete sie an der Poliklinik für Geisteskranke im Universitätsklinikum. In der Wohnung ihrer Eltern in der Innenstadt empfing sie ihre ersten privaten psychoanalytischen Patienten.

Sechs Jahre ging das so. Dann mussten sie das Heim schließen. Die Wirtschaftskrise ließ die Eltern der Zöglinge verarmen. Die Heimkosten waren nicht mehr aufzubringen. Als Lilly Hajdu das Heim schloss, hatte sie große Schulden. Dennoch mietete sie eine Vierzimmerwohnung in der Stadt, damit sie in einem mit schweren dunklen Möbeln ausgestatteten Zimmer ihre Patienten und Patientinnen empfangen konnte. Sie trat der 30-köpfigen Psychoanalytischen Gesellschaft Ungarns bei, wurde 1938 Lehranalytikerin und unterrichtete am Institut zu Themen wie »Masochismus« und »Schizophrenie«. Auch ihr Mann begann eine Lehranalyse bei Vilma Kovács. Bald saßen auch seine Patienten im Wartezimmer der gemeinsamen Wohnung. Mit ihren 42 Jahren hatte sich Lilly Hajdu ganz der Psychoanalyse verschrieben. Und ihre Praxis lief. Manche ihrer Patienten waren wohlhabend. Sie bezahlte ihre Schulden, konnte bald gut von den Einnahmen leben, stellte ein Dienstmädchen an und Frauen, die zum Waschen kamen. Ein bürgerlich-jüdischer Lebensstil, wie im alten Ungarn.

1933 war Ferenczi gestorben. Zuletzt hatte er die psychoanalytische Poliklinik für Erwachsene und Kinder in der

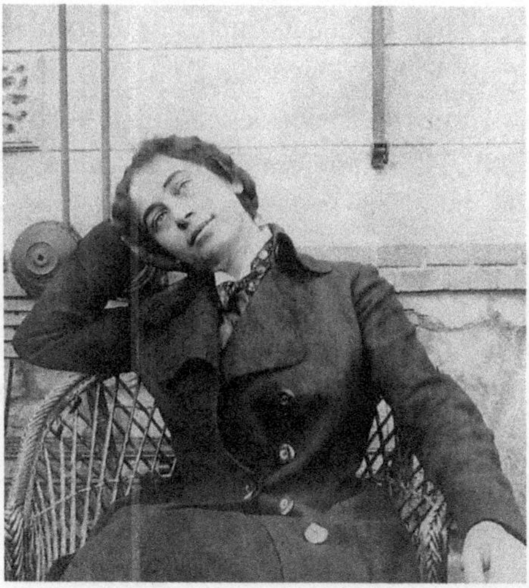

Lilly Hajdu, Budapest, 1920er Jahre.

Mészáros-Straße 12 im Stadtteil Buda geleitet. Eine kostenlose, private Versorgung. Das dreistöckige Haus war Zentrum der ungarischen Psychoanalyse: mit Klinik, Institut und Apartments, bewohnt von Analytikern wie Michael und Alice Bálint, der Tochter von Vilma Kovács.[15] Doch seit 1933 Adolf Hitler zum Reichskanzler ernannt worden war und die »Machtergreifung« der Nazis voranschritt, begann sich auch unter den jüdischen ungarischen Intellektuellen ein Gefühl der Bedrohung auszubreiten, zumal immer mehr jüdische Kollegen aus Deutschland flohen. Am 14. März 1938 marschierte Hitler in Wien ein, auf den Zeitungsbildern jubelnde Massen in der alten Hauptstadt. Schon am nächsten Tag standen die Nazis vor Freuds Wohnung in der Berggasse 19. Würde sich das in Ungarn wiederholen? Horthy und Hitler. Was handelten die beiden aus? Unter den jüdischen Psychoanalytikern machte sich Panik breit. Etliche flohen. Letzte gemeinsame Abende, gekündigte Wohnungen, verschenkte Bücher. Auch die Gimes überlegten zu fliehen, erneut dachten sie an die USA. Wieder blieben sie.

Mit dem Angriff auf die Sowjetunion 1941 schwenkte Horthy auf die Hitlerlinie ein. Er hoffte darauf, sich so die ungarischen Gebiete zurückholen zu können. Nun standen ungarische Männer in der Wehrmacht vor Moskau. Der Antisemitismus verschärfte sich, es gab Berufsverbote, das Institut wurde überwacht, alle zogen sich in ihre privaten Praxen zurück. Die Psychoanalyse wurde zwar nicht verboten, doch im öffentlichen Leben war sie nicht mehr zu finden. Hajdus Eltern starben, ihre Schwester erlag einem langjährigen Brustkrebsleiden. Das Leben wurde schwer, aber gegen die von Hitler verlangten Deportationen der ungarischen Juden stemmte sich Horthy. Als ihm nach Stalingrad klar wurde, dass der Krieg verloren war und er Kontakt zu den Alliierten suchte, stand plötzlich die Wehrmacht in den Straßen von Budapest und Horthy wurde entmachtet. Im Mai 1944 übertrugen die Deutschen den faschistischen Pfeilkreuzlern die Macht. Und mit den deutschen Soldaten, der SS und einer neuen Verwaltung kamen auch die deutschen Vernichtungskommandos. Bisher hatten die von den Schweden ausgestellten Schutzpässe den ungarischen Juden gegen die Verfolgungen helfen können. Nun waren sie über Nacht wertlos. Zwischen den Häusern eines Stadtviertels wurden Mauern hochgezogen, eilig wurde ein Ghetto errichtet, in das 70 000 Jüdinnen und Juden eingeschlossen wurden. Außerhalb des Ghettos wurden Häuser mit einem gelben Stern markiert. In einem von ihnen wurden die Gimes einquartiert. Ihr Sohn und ihr Schwiegersohn kamen in ein Arbeitslager auf dem Land. Im Oktober 1944 holten die Pfeilkreuzler Miklós Gimes. Wo sie ihn hinbrachten, wusste Lilly Hajdu nicht. Das Einzige, was blieb, war die Hoffnung.

Es ist unklar, ob sie je erfuhr, dass er in einem tschechischen KZ-Außenlager in Leitmeritz, wo tausende Häftlinge unterirdische Stollen ausbauen mussten, starb.

Lilly Hajdu floh mit ihrer Tochter, der Enkelin und anderen Verwandten von Wohnung zu Wohnung. Es gab Gerüchte. Die Sowjets kamen näher. Am ersten Weihnachtstag 1944 schloss die Rote Armee den Ring um die Stadt. Die Pfeilkreuzler erklärten sie zur Festung. Ein Angriff folgte auf den anderen. Eines Nachts stürmten ungarische Faschisten durch das Treppenhaus, wo sie sich versteckt hielten. Sie wurden auf die Straße getrieben. Ein langer Tross durch die dunkle Nacht, stolpernd, im Kinderwagen die Enkelin. Vom Donauufer hörten sie Schüsse. Auf einem Wachposten gab es Verhöre. Ein Pfeilkreuzler schrie sie an. Plötzlich hielt er inne, wirkte verwirrt, war kaum zu verstehen: »Schert euch raus!«, rief er. Wie in Trance taumelten sie auf die stockdunkle Straße. Ihre Tochter sah sie fragend an. »Er war«, sagte Lilly Hajdu leise, »mein Patient in der psychiatrischen Universitätsklinik.«

Sechs Wochen Straßen- und Häuserkampf. Am 13. Februar 1945 kapitulierten die letzten Faschisten. 100 000 deutsche und ungarische Soldaten, 38 000 Eingeschlossene, eine Viertelmillion Rotarmisten – sie alle starben im sogenannten »Endkampf« um Budapest. Wochenlang lagen Leichen auf den Straßen, Tausende nahm die Donau mit. Zwei Drittel der jüdischen Bevölkerung im Land waren ermordet worden. Überlebende Juden gab es nur noch in den Städten. Auf einmal tauchten Lilly Hajdus Sohn Miklós und ihr Schwiegersohn Gábor Magos wieder auf – abgerissen, ausgemergelt und im Siegestaumel. Sie waren aus dem Arbeitslager über die Frontlinie zu den jugoslawischen Partisanen geflohen. Von dort hatte man sie in eine Kompanie

Rotarmisten befehligt, in der sie mit der Küchentruppe bei der Befreiung ihrer Heimatstadt vorgerückt waren.

Nun kamen sie als Helden zurück. Schon in den ersten Tagen nach dem Waffenstillstand wurde die Kommunistische Partei neu gegründet. Die beiden traten sofort ein. Ebenso Hajdus Tochter Juca. Als sie beweisen konnte, dass sie schon während des Krieges als Kurierin für die Untergrundkommunisten im Einsatz gewesen war, schrieb man in ihren Parteiausweis: »Mitglied seit 1943«. Die drei starteten in den Trümmern von Budapest als Sieger, Überlebende, überzeugte Neukommunisten. Das war es, was man für den Aufbau brauchte, neues, begeistertes, unbelastetes Personal. Die Partei holte sie in wichtige Ämter. Miklós in die Parteizeitung »Szabad Nép« – »Freies Volk«, die bald das intellektuelle Klima im Land bestimmen sollte. Schwiegersohn Gábor Magos gelangte nach der Parteihochschule in die Landwirtschaftsabteilung – die Befehlszentrale für die baldige Kollektivierung der Bauern. Juca wählte man zur Bezirksparteisekretärin. Mit 27 Jahren wurde sie Dozentin der Parteihochschule im Fach »Geschichte der Kommunistischen Partei der Sowjetunion«, dem Hort stalinistischer Geschichtsklitterung. Ihre Kinder besuchten den Parteikindergarten, dann die Russischschule am anderen Ende der Stadt.

Lilly Hajdus Wohnung war zerbombt worden. Sie zog in ein Mietshaus, in dem auch ihre Tochter wohnte. Ein Gebäude im Machtzentrum, nur zweihundert Meter vom Parlament an der Donau entfernt, in allen Wohnungen Kommunisten, alle voller Emphase und unentwegt für den sozialistischen Aufbau im Einsatz.[16] Doch den ungarischen Kommunisten fehlte, wie in fast allen Ländern Osteuropas, der Rückhalt in der Bevölkerung. Nur jeder Fünfte stimmte für sie. Die Ungarn wollten keinen Kommunismus. Auch in Lilly Hajdus altem »Galilei«-Kreis mit Ärzten, Schriftstellern, Wissenschaftlern waren die meisten linksliberal gewesen. Nur wenige traten in die Partei ein. Tatsache war aber auch: Die Kommunisten hatten ihr Leben gerettet, und ihre Kinder hatten in einem kometenhaften Aufstieg gute Stellen bekommen und konnten die Geschicke des Nachkriegsungarn mitbestimmen. Außerdem: Die Partei förderte die Psychoanalytiker. In der neugegründeten Psychoanalytischen Gesellschaft waren nun einige der Analytiker Parteimitglieder.

Für Lilly Hajdu folgten drei Jahre des Aufbruchs und einer langsamen Normalisierung des Lebens. Ihre Arbeit wurde staatlicherseits gefördert, sie genoss eine bevorzugte Parteibehandlung inmitten der hyperaktiven Parteiblase ihrer Kinder. Das Schicksal ihres Mannes blieb weiter ungewiss. Doch dann die Wende. Politisch hatte sie sich längst angekündigt. Der starke Mann der Partei, »Stalins bester ungarischer Schüler«, wie er sich selber nannte, der kahlköpfige Generalsekretär Mátyás Rákosi, sowjetisierte das Land in einer Art Salamitaktik. 1948 ging er über zur offenen Stalinisierung. Parteien wurden aufgelöst, Verhaftungen folgten, Menschen flohen.

Auch für die Psychoanalyse zogen wieder andere Zeiten auf. Der stalinistische Blick auf die Wissenschaft vom Unbewussten hielt Einzug. Im Oktober erschien in der Intellektuellen-Zeitschrift »Forum« ein Artikel: »Der Freudismus als Hauspsychologie des Imperialismus«.[17] Autor war István Tariska, ein junger, soeben zum stellvertretenden Leiter des nationalen psychiatrischen und neurologischen Instituts beförderter und damit nun mächtiger Neurologe. Tariska übernahm die Diktion aus der Sowjetunion wortwörtlich. Die Psychoanalyse sei eine »bourgeoise Pseudowissenschaft«,

»ideologisch gefährlich« und »wissenschaftlich unbegründet«. Sie beruhe auf einem »gänzlich individualistischen und atomisierten Gesellschaftsbegriff«. Die ungarische Jugend sei vor ihr zu schützen. »Psychoanalyse« fungierte dabei als Oberbegriff für sämtliche psychologischen Richtungen. Tariska war sich wie viele Parteigläubige sicher, dass Geisteskrankheiten und alle psychischen Probleme mit der Entwicklung des Sozialismus sukzessive verschwinden würden. Ganz im Zuge des stalinistischen Antisemitismus war seine Attacke ein ausdrücklicher Angriff auf die jüdischen Analytiker. Ein bestellter Kampagnenauftakt.[18]

Lilly Hajdu und ihr Kollege Imre Hermann schrieben als Parteimitglieder und Leiter der Psychoanalytischen Gesellschaft an den Chefredakteur des »Forum«, Georg Lukács. Lukács war 1945 aus Moskau zurückgekommen, wo er andere verraten hatte und dabei selber nur knapp den Säuberungen entkommen war. Rasch avancierte er zum Chefphilosophen der ungarischen Kommunistischen Partei.[19] Die Psychoanalyse, schrieben die beiden Genossen bußfertig, sei sicherlich von marxistischer Seite zu kritisieren und vom Imperialismus verfälscht, aber der Artikel ziele ja auf sie als Juden. Lukács, selber Jude, schmetterte den Brief kaltschnäuzig ab. Ihr Antisemitismus-Hinweis sei nur ein Trick, von der reaktionären Intention der Psychoanalyse abzulenken. Das sei »Gassendemagogie«.[20]

Damit war Hajdu und Hermann klar, dass hinter den Kulissen längst alles entschieden war. Artikel um Artikel erschien im »Forum«.[21] Für den kommunistischen Großideologen Lukács, der Freud kaum kannte, und die Phalanx seiner Schüler war die Psychoanalyse Bestandteil des Idealismus, der zum Faschismus in Deutschland geführt hatte. Freuds Lehre, für sie dekadent und irrational, sei präfaschistisch.[22]

Damit war das Urteil auch für Ungarn gesprochen.[23] Und es fiel gnadenlos aus. Die jüdischen Analytiker wurden zu Handlangern des sogenannten »Monopolkapitalismus« erklärt. Doch damit nicht genug. Als Überlebende des Holocaust mussten sie jetzt sogar als Wegbereiter des Faschismus herhalten.

Für die analytische Arbeit war das verheerend. »Ich wusste nicht«, heißt es in einem Bericht eines Patienten über das Jahr 1948, »ob mein Analytiker ahnte, dass für die Psychoanalyse immer schlimmere Zeiten anbrechen würden. Auch ich, als Analysand, war bedroht. Ich habe mich immer gefragt: Wusste er das? Konnte ich mich auf ihn verlassen? Könnte er mich verraten? ... Er emigrierte zunächst nach Australien, und dann in die Vereinigten Staaten. Er hat mich letztlich mitten in der Gefahr fallen gelassen.«[24]

Anfangs staatlich propagiert, war die Psychoanalyse auf einmal »gesellschaftlich reaktionär« und sollte im Dienst amerikanischer Imperialisten stehen. »Im Radio und Theater«, so Hann Petö, Frau des Sekretärs der Psychoanalytischen Vereinigung Ungarns, »wurden die Analytiker als Scharlatane hingestellt, deren oberstes Ziel es sei, reich zu werden, die nicht davor zurückschreckten, die Arbeiter krank und neurotisch zu machen.« Die Parteizeitung brachte einen Schwall von Hetzartikeln. Eine Atmosphäre der Angst beherrschte alles. »Es war fast lächerlich, wegen ein paar wenigen Analytikern eine solche Hasskampagne zu starten«, so Hann Petö. Umso grotesker, dass viele Parteimitglieder geworden waren, die man nun zu Faschisten stempelte.

Im Februar 1949 kam István Bálint, ein Arzt des gefürchteten Geheimdienstes, der AVH, der später auch an Folterungen beteiligt war, in eine Präsidiumssitzung der

Psychoanalytischen Gesellschaft. »Der Kulake«, fing er an, »sitzt in seinem Haus und sagt traurig zu sich selbst, bin ich ein Kulake? Aber er *ist* ein Kulake. Und so seid auch ihr Kulaken, alle ihr Analytiker! Ihr könnt nichts dagegen tun. Also, löst die Vereinigung auf, sie hat keinen Platz in unserer neuen Welt. Es tut mir leid, es sagen zu müssen, aber wacht auf und schließt den Verein, bevor etwas Schlimmeres geschieht‹«. Endre Petö, Sekretär der Gesellschaft, der mit Hann Petö verheiratet war, kam nach dieser Sitzung als »total gebrochener Mann« nach Hause.[25]

Kurze Zeit später erklärten Lilly Hajdu, Imre Hermann und Endre Petö in einer Generalversammlung ihren Kollegen, sie hätten unterschreiben müssen, dass die Psychoanalyse »ein Zersetzungsprodukt des Kapitalismus und eine staatsgefährdende Ideologie« sei. Ansonsten wären sie aus der Partei geflogen, was – wie man ihnen gedroht habe – mehr bedeutet hätte als einen schlichten Ausschluss.[26] Die Psychoanalytische Gesellschaft löste sich auf. Freiwillig, wie es offiziell hieß. Mit diesem Akt war die Psychoanalyse und mit ihr alle Tiefenpsychologie in Ungarn faktisch ab 1949 als Theorie und Therapie verboten.[27] Endre Petö, dessen erste Frau die Pfleilkreuzler ermordet hatten, floh mit seiner zweiten Frau unter Lebensgefahr in die USA.[28] Die Werke von Freud, Jung und Adler wurden eingestampft. Die Psychologie wurde von den Universitäten verbannt. Imre Hermann verlor seine Professur. Ungarische Ärzte, Psychiater, Kinderspezialisten, Lehrer und Pädagogen erfuhren ab da nichts mehr über die Tiefenpsychologie.[29]

Im Land trieben die Kommunisten unter Rákosi den Staatsterror voran. Vereine, Gesellschaften, alle bürgerlichen Parteien wurden zerschlagen. Die Geheimpolizei verfolgte jeden Widerstand. Stalin befahl eine Wiederholung der 30er-Jahre-Schauprozesse. Die im Zweiten Weltkrieg entstandene Unabhängigkeit europäischer KPs, die im Untergrund überlebt hatten, sollte gebrochen werden. Wegen des Alleingangs des jugoslawischen Staatschefs Tito sollte ein Exempel statuiert werden. Ungarn hatte für diesen Kahlschlag den Auftakt zu geben. Rákosi wurde nach Moskau beordert, Stalins Geheimdienstchef Berija einigte sich mit ihm auf die vermeintlichen Verräter, die angeklagt wurden. Die Drehbuchschreiber für die Prozesse gingen ans Werk. Im Mai 1949 begannen die Verhaftungen. Als prominentesten Häftling bestimmte man den Außenminister László Rajk, der noch als Innenminister ein stalinistischer Einpeitscher der ihm untergebenen Geheimpolizei gewesen war, die ihn nun verhörte.[30]

Einer der sieben Angeklagten war der Altkommunist Tibor Szönyi, ein Psychiater. Er hatte in Wiener und Zürcher Kliniken gearbeitet. Im Hauptprozess der Sieben bekannte er sich – wie auch die anderen gefolterten »Verschwörer« – vor einer staunenden Zuhörerschaft dazu, den Sturz der Volksdemokratie, Hochverrat und die Anstiftung zum Mord betrieben zu haben. Am Ende standen drei Todesurteile. Gemeinsam mit Rajk wurde Tibor Szönyi gehenkt. Eine Verhaftungswelle der »Rajkisten« ging durchs Land, Tausende wurden eingesperrt, abgeurteilt, umgebracht. Vor allem aber ging man gegen Juden vor. Um jeden Angeklagten wurde ein vermeintliches Verschwörernetz gesponnen. Das galt auch für den Kreis der Analytiker. Die Verdachtsmomente: ihr Judentum, die internationale Vernetzung, Freuds Präfaschismus. Der Geheimdienst verhaftete und verhörte den Schwager des 1939 nach London emigrierten Analytikers Michael Bálint über die Psychoanalytische Gesellschaft. Ein einmal ausgewähltes Verhaftungsopfer konnte ganze Kreise in die Folterkeller bringen. Aber die Analytiker hatten noch einigermaßen Glück. Die Lawine donnerte aus unbekannten Gründen an ihnen vorbei.

Und dennoch: Die Situation war weiterhin »lebensbedrohlich«, so der ungarische Analytiker Haynal.[31] Das Klima bestimmte die nachfolgenden Jahre, ja Jahrzehnte. »Alles«, so Paul Harmat, Verfasser des Standardwerks zur Geschichte der ungarischen Tiefenpsychologie, »was mit ›psy.‹ anfing, [wurde] als gefährlich, ja feindlich angesehen«.[32] Jeder, der mit Psychologie zu tun hatte, ging in die innere Emigration, schwieg, schwor ab. Von den Schrecken des faschistischen Ungarns war man nach nur wenigen Jahren in die stalinistischen Verfolgungen geraten. Viele der Analytiker wurden krank, manche starben, andere emigrierten.[33] 1953 verhaftete der ungarische Geheimdienst im Zuge eines antisemitischen Schauprozesses den einstigen Lehranalytiker István Székács-Schönberger und den Rabbiner András Józef. Acht Monate waren sie in Untersuchungshaft. Der Vorwurf: zionistische Verschwörung und Spionage. Bei Székács' hatte Lilly Hajdu während der Verfolgungen der Pfeilkreuzler Unterschlupf gefunden. Dass er Parteimitglied geworden war und der Psychoanalyse abgeschworen hatte, schützte ihn nicht. Nach seiner Entlassung schwieg er über die Haft, die Verhöre, die erlittene Folter. Er starb kurze Zeit später.[34] »Jene Jahre waren wirklich Jahre des Terrors, der Angst,« konstatiert der jüdische Psychiater Gábor Paneth, der später Hajdus Assistenzarzt wurde. »Kaum hatten wir aufatmen können – jene von uns, die am Leben geblieben waren –, und schon, nach ein paar Jahren, begann alles wieder von vorn.«[35]

Und die Familie Hajdu? Die Partei gab vor, was man zu denken habe, wie etwas beurteilt werden müsse. Hajdus Kinder hielten die Verhaftungen für richtig, glaubten an den

Kampf gegen die Spione, die die Partei unterwandert hatten. Ihr Schwiegersohn Gábor sagte gegen ehemalige Freunde aus. Ihre Tochter Juca haderte mit ihrer bürgerlichen Herkunft und klagte sich selbst an, mit ihrem Vorgesetzten, einem »imperialistischen Feind«, ein Liebesverhältnis gehabt zu haben.[36] Ihr Sohn Miklós saß in der fünfköpfigen Redaktion der Parteizeitung, die die »Verräter« anklagte, Prozesse einforderte, vor Saboteuren warnte. In einem Artikel verurteilte er die Psychoanalyse als bürgerliche Ideologie.[37] Miklós, Verhältnis mit dem Herausgeber József Révai war eng. Révai war Politbüromitglied und allmächtig im ungarischen Kulturleben. Er war Hauptinitiator der Hetzkampagne gegen die Psychoanalyse, nicht nur im Parteiblatt, sondern auch in Vorträgen, in denen seine Hilfstruppe, allesamt Lukcás-Schüler, alles Tiefenpsychologische diskreditierte.[38] Mitten im Rajk-Prozess war Révai nach Moskau kommandiert und instruiert worden, »Volksfeinde im Bereich der Kultur zu entdecken, zu demaskieren, auszurotten«.[39] Nun schrieb auch Miklós in Leitartikeln von »Spionen und Meuchelmördern der Imperialisten wie Rajk« und startete große Ideologiekampagnen im Hinblick auf die ungarische Literatur: Sie müsse parteiisch sein, erziehen – nichts anderes.[40]

Hajdus Kinder kannten den analytischen Freundeskreis ihrer Mutter, beide hatten in kritischen Lebensphasen bei Analytikern Hilfe gesucht und bekommen. Sohn Miklós bei Endre Petö, als er sein Medizinstudium nicht schaffte, Juca bei Alice Hermann wegen einer unglücklichen Liebe. Auch ihr Vater war Analytiker gewesen. Jetzt schwiegen sie. »Parteifanatismus« wird es die Tochter Juca später nennen. Jahre »wie in einem Aquarium« scheint ihr im Nachhinein das Damals.[41] Sohn Miklós wird später vom »Wahnsinn« der Zeit sprechen und sich selber darin nicht mehr verstehen.[42]

Dabei lebte die Familie in dieser Terrorzeit auf engstem Raum zusammen. 1949 waren Tochter Juca und ihr Mann Gábor in den ersten Stock einer Villa am Rande der Stadt gezogen, in die Straße der Roten Armee. Lilly Hajdu war mitgezogen.[43]

Parteigenossen gingen ein und aus. Was von der Psychoanalyse zu halten war, wussten die besuchenden Genossen. Lilly Hajdus Leben wurde leiser, sie zog sich in die innere Emigration zurück. Tochter Juca wird sich später fragen, warum die Mutter geschwiegen hatte, als sie in ihren Politwahn verfallen war. Aber wie hätte das gehen sollen? Selbst enge Parteifreunde warnten sich in Gesprächen unter vier Augen gegenseitig, die Unterhaltung bei bestimmten Themen abzubrechen. »Jetzt reden wir besser nicht weiter.«[44] Vielleicht stand da auch bei Lilly Hajdu die Familie vor aller Ideologie. Als Stalin im März 1953 starb, weinte Juca bitterlich und fragte ihre Mutter, warum sie nicht traurig sei. Deren Antwort: »Ich kannte ihn nicht.«[45]

Ohne ihre Praxis musste Lilly Hajdu auf andere Weise Geld verdienen. Sie nahm eine Halbtagesstelle im Griechischen Spital als Neurologin an. Ihre Patienten waren nun traumatisierte Partisanen aus dem Griechischen Bürgerkrieg. Die Arbeit missfiel ihr. 1950 wechselte sie ins Gelbe Haus, das »Landesinstitut für Neurologie und Psychiatrie«. Es war die größte Nervenheilanstalt des Landes, 300 Patienten, ein ausladender Krankenhauskomplex im Stil eines hellgelbgestrichenen 19.-Jahrhundert-Schlosses, mitten im Wald, nicht weit von ihrer Villa am Stadtrand. Von hier war einst der Angriff gegen die »bürgerlich-idealistische Pseudowissenschaft« im Land ausgegangen. Vizedirektor war István Tariska, der vor zwei Jahren den Auftaktartikel zur Kampagne gegen die Psychoanalyse verfasst hatte. Dass man sie hier als Chefärztin für die 2. Männerabteilung anstellte, verwunderte sie selbst.

Lilly Hajdu zeigte sich offen für die neue Linie – für Iwan Pawlows Reflextheorie, die in der Sowjetunion seit den 30er-Jahren alle Tiefenpsychologie verdrängt hatte. Sie lernte Russisch, um Pawlow im Original zu lesen, hielt Vorträge über ihn, sprach von einer »marxistischen Psychologie«, die man entwickeln müsse. Als Parteimitglied folgte sie der angesagten Doktrin, verlor kein Wort mehr über Tiefenpsychologisches, verschloss sich. Es ist im Einzelnen schwer zu entscheiden, ob solche Anpassungsversuche aufrichtig, Taktik oder schiere Verzweiflung waren.[46] Was sollte die neue Chefärztin auch machen? »Damals wurde alles verfolgt«, charakterisiert Gábor Paneth, der 1951 ihr Klinikassistent wurde, die Atmosphäre. »Die impressionistische Malerei, die moderne Musik, die westliche Belletristik und die Genetik wurden genauso verfolgt wie die Psychoanalyse. ... Es war nicht ratsam, zusammenzukommen. Sobald sich vier oder fünf Leute in einer Wohnung trafen, ... war das nicht gefahrenlos.«[47] Über seine Chefin meinte er, man habe merken können, dass sie die Patienten psychoanalytisch betrachtete und das je nach Stimmung und Anwesenheit anderer mehr oder weniger zum Ausdruck brachte.[48]

1950 geriet auch der Vizedirektor Tariska in die Säuberungswellen. Die Geheimpolizei verhaftete ihn. Er war von einem auf den anderen Tag weg. Dasselbe Schicksal ereilte den ehemals gegen die Psychoanalyse hetzenden Journalisten György Pálóczi Horváth. Man bestimmte Lilly Hajdu zur Nachfolgerin von Tariska. Von der Chefärztin einer Abteilung zur stellvertretenden Klinikleiterin. Eine tückische Entscheidung. Es war klar, dass sie nun im Brennpunkt stand, sich bewähren musste, auch gegen die »bürgerliche«

Psychoanalyse. Und zuletzt war eine solche Besetzung wohl nur möglich, weil die Psychiatrie längst völlig im Abseits war. In der Bevölkerung gab es seit je das gängige Ressentiment: »bolondokháza« hieß es im Volksmund, »Haus der Irren«. Überhaupt sollten im Sozialismus die Psychiatrien demnächst nicht mehr notwendig sein. In den oberen Parteirängen kümmerte man sich wenig um »Psycho-Angelegenheiten«. Geld gab es nicht, Forschung wurde als überflüssig erachtet und mit der Flucht vieler Ärzte herrschte enormer Mangel an medizinsicher Betreuung. Das Gelbe Haus war auch kein wissenschaftliches Ausbildungsspital, weil es keine Universitätsklinik war. Aus Sicht der Partei sollte schlicht Ruhe herrschen. Und für diese Ruhe sollte Lilly Hajdu sorgen. Sie galt als tonangebende Persönlichkeit, die es verstand, mit den jungen Ärzten, den Pflegern und Patienten umzugehen, Abläufe zu organisieren, Konflikte zu lösen. In diesem Sonderraum war die abgelegene Klinik auch eine Art Abschiebeort für politisch missliebige Patienten und »Fachkräfte«, die man außerhalb nicht geduldet hätte.[49] Dennoch stand Lilly Hajdu ständig unter Verdacht, ihre Stellung war bedroht. Überall in der Klinik gab es Spitzel, und der eisige Parteidelegierte schmuggelte eine Krankengeschichte aus ihrem Zimmer, um den versammelten Parteimitgliedern zu zeigen, wie fragwürdig ihre Arbeit war. Unentwegt wurde sie provoziert. Es war, so ihr damaliger Assistent, eine »extrem gefährliche Zeit«.[50]

Und auf einmal starb Stalin. Sein treuer Schüler, Ministerpräsident Rákosi, hatte das Land in eine schwere Wirtschaftskrise getrieben. Der Kreml zwang ihn zum Rücktritt, immerhin durfte er ZK-Generalsekretär bleiben. Der neue Präsident Imre Nagy leitete eine Tauwetter-Politik ein. Hinter den Kulissen aber tobte ein Machtkampf. 1954 wurde

Lilly Hajdu zur Direktorin der Klinik bestellt, als erste Frau. Die Einrichtung bekam den Status einer nationalen Institution, zuständig auch für andere Kliniken und für die Landesoberaufsicht des gesamten Psychiatriewesens. Ihr Verantwortungsbereich war groß. Dazu gehörte auch die Art der Therapien im Land, ganz allgemein die psychiatrische Krankenpflege, die Ausbildung der Pfleger, Maßnahmen gegen die überfüllten Psychiatrien auf dem Land, die Organisation von »Arbeitstherapien« auf Landwirtschaftsgütern. Unter ihrer Ägide wurden Tranquilizer zur Beruhigung der Patienten eingeführt. Zwangsjacke, Elektroschocks, Insulinkoma und Fixierungsbett sollten reduziert werden. Patientenbibliotheken wurden eröffnet, es gab Arbeitstherapien in einer Nähwerkstatt, in Schuhmacher- und Schmiedewerkstätten, in Buchbindereien. Sie wurde Vizepräsidentin des Pawlower Sachverständigenausschusses für psychische und neurologische Fragen der Gewerkschaft für Medizin und Gesundheitswesen. Das Hauptziel des Expertenausschusses war »die Durchsetzung des dialektischen Materialismus in der Zukunft«.[51] Noch immer sollte alles »pawlowisiert« werden.

Draußen kamen die Weggesäuberten aus den Gefängnissen zurück. Unschuldig verurteilt, hieß es nun. Mit ihrer Rückkehr kamen auch die Zweifel. Sohn Miklós wurde von seiner Zeitung nach Genf geschickt. Er sollte über eine UNO-Konferenz berichten. Zum ersten Mal war er im Westen. Und staunte. Alles war anders als in seiner Vorstellung. Keine zerlumpten Gestalten auf den Straßen, die Proletarier keine ausgesaugte Masse, die Menschen freier, offener, gelöst, und Kritik war möglich. Tag und Nacht las er die Stalin-Biographie des Trotzkisten Isaac Deutscher. Er erweiterte unerlaubt seine Reise und fuhr nach Paris. Dort traf er eine alte Jugendliebe, die er nie vergessen hatte. Fast wäre er geblieben. Zurück in der Budapester Redaktion forderte er die Aufarbeitung des Rajkprozesses. Stimmten die Anklagen?[52]

Aber im Kreml beobachtete man die neue Freiheit der Ungarn misstrauisch. Politische Morgenluft über die Grenzen im Ostblock hinweg – das konnte ansteckend sein. Nagy hatte sich einst im Stalinismus bewährt: Von 1933 bis 1941 stand er im Dienst des sowjetischen Geheimdienstes, des NKWD, und denunzierte siebzig deutsche KPD-Emigranten in den sowjetischen Säuberungen.[53] Nun schien er politisch eigene Wege zu gehen. Man ließ ihn im Kreml fallen. Damit konnte Rákosi die Macht wieder an sich reißen. Erneut wurden Haftlisten erstellt. Miklós Gimes wurde entlassen. Aber Skepsis, Zorn und Unmut waren nicht mehr zu unterdrücken. Auch Juca und ihr Mann Gábor wachten auf. Sie forderten die Wiedereinsetzung von Nagy, drängten auf freie Wahlen. Als sie die Rehabilitation des hingerichteten Rajk verlangten, kam der Parteiausschluss.

Am 25. Februar 1956 hielt Chruschtschow seine Geheimrede auf dem XX. Parteitag. Schnell drangen die Inhalte bis in die entfernten Winkel des Sowjet-Imperiums: Stalin war ein Verbrecher. Im Juli 1956 floh der Stalinjünger Rákosi in die Sowjetunion. Gábor und Miklós befeuerten die Bewegung zur Wiedereinsetzung von Nagy, verfassten Forderungsschreiben und galten bald als Anstifter. Am 23. Oktober 1956 brach der Aufstand aus. 200 000 standen vor dem Parlament, die Stalinstatue stürzte. Die Ereignisse überschlugen sich. Tag und Nacht waren beide unterwegs, organisierten, versuchten die verschiedenen Gruppen zusammenzuführen, schrieben Reformprogramme. Sowjetische Truppen kamen, zogen sich wieder zurück und schlugen dann doch alles blutig nieder.[54] Miklós und Gábor gingen in den Untergrund. Viele flohen, auch Juca und die Kinder. Miklós drängte seine Frau Lucy und die Kinder, ebenfalls zu gehen. In Ungarn sei es zu gefährlich für sie. In einem Tross liefen sie nachts auf Feldwegen über die Grenze nach Österreich. Anfang Dezember schnappten die Häscher Miklós bei einem Analytikerpaar, wo er Unterschlupf gesucht hatte. Ein Nachbar hatte ihn erkannt. Gábor wollte im Land bleiben. Aber seine Schwiegermutter, Lilly Hajdu, beschwor ihn zu gehen, sie sei ohnehin schon Tag und Nacht voller Ängste, sie wolle nicht auch noch um ihn fürchten müssen. Sie drohte, sich umzubringen, wenn er nicht gehe. Er ging. Verzweifelt blieb sie im ersten Stock des Hauses allein zurück, in dem sie gemeinsam gelebt hatten.

Auch in der Klinik hatte der Aufstand Wellen geschlagen. Ein Revolutionskomitee hatte sie als leitende Kommunistin abgesetzt. Im November 1956 holte man sie zurück. Wieder Verhaftungen, Denunziationen, Ausschlüsse. Wohnungen wurden durchsucht, Verwandte der Verhafteten und Geflohenen verhört. Es galt Sippenhaft. Von einer hochgeachteten Klinikleiterin war sie zur Mutter eines Vaterlandverräters geworden. Die Direktorenstelle würde sie nicht behalten können. Sie bot die Kündigung an, um wenigstens weiter als Abteilungsärztin arbeiten zu können. Monate später zwang man sie in den Ruhestand. Dem Klinikpersonal wurde erzählt, dass sie wegen Unfähigkeit entlassen worden sei. Mittlerweile war sie 66 Jahre alt. Eine Genehmigung für eine eigene Praxis bewilligte man ihr nicht. Dennoch empfing sie privat ein paar Patienten. Einmal im Monat durfte sie an ihren Sohn schreiben, eine Seite. Was ihr blieb, waren seine seltenen Antworten. Sie vereinsamte.

Das Tauwetter der Entstalinisierung kam in Ungarn erst Jahre nach dem Aufstand. Mitte der 60er Jahre rückte die Partei von ihrem restriktiven Kurs ab. Auch das radikale Verdikt gegen die Psychoanalyse trat langsam in den Hintergrund. Einzelne Analytiker fingen in privaten Praxen und in Kliniknischen wieder an zu arbeiten. Man baute die Kinderpsychologie auf, Seminare für Entwicklungspsychologie wurden möglich, es gab eine psychoanalytische Arbeitsgruppe in der Ungarischen Psychiatrischen Gesellschaft, man veranstaltete – unter schwierigen Bedingungen – auch wissenschaftliche Konferenzen. In den 80er Jahren ging es in Ungarn liberaler zu. Aber eine Zeit der Offenheit ohne Einschränkung gab es nie. Die Analytiker konnten zunehmend wieder arbeiten, aber sie waren still in ihren Praxen und Kliniken. In der ungarischen Gesellschaft kamen tiefenpsychologische Ideen nicht an. Noch 1965 behauptete der Philosoph László Forgács, es gebe einen Weg von Schopenhauer über Nietzsche und Freud bis Jung und Goebbels, der »gesetzmäßig« sei.[55] In einem Zeitschriftenartikel Anfang der 70er Jahre hieß es: »Ein bezeichnendes Symptom in den Vereinigten Staaten ist, dass die bourgeoisen Ideologen den Freudismus zur Rechtfertigung der Abnormität der kapitalistischen Gesellschaft verwenden.«[56]

Im Medizin- und Psychologiestudium oder den Erziehungsberatungsstellen kam Psychologie so gut wie nicht vor. Seit 1945 erschien keine Schrift von Ferenczi, seit 1958 keine Veröffentlichung von Sigmund Freud mehr in Ungarn.[57] Ähnliches galt natürlich für alle tiefenpsychologischen Autoren wie Alfred Adler, Wilhelm Reich oder Erich Fromm. »Es gab drei Kategorien«, so der Analytiker János Harmatta über die 70er Jahre in Ungarn: »›verboten, geduldet, unterstützt‹. Die Psychoanalyse war ›geduldet‹.

Die Grenzen waren aber nicht sichtbar, und man konnte nie genau wissen, wo sie lagen, woher die Bedrohung kam und wo es Vorschriften und Gesetze gab, die man nicht einhalten konnte. Man fühlte sich immer als Grenzübertreter und war voller Gewissensbisse oder fürchtete sich vor der Bedrohung.«[58] Als Harmatta sich mit Klinikkollegen 1973 zu psychotherapeutischen Weiterbildungswochenenden verabredete, wurden die »Veranstaltungen sofort von verschiedenen Instanzen unter die Lupe genommen«. Geheimpolizisten erschienen und wiesen sie darauf hin, »dass es schädlich sei, dass die Psychoanalyse von Ärzten und Psychologiestudenten weitervermittelt wurde.« In ihrer Klinik wurde ein neuer Vorgesetzter von außerhalb installiert, um »dieses psychoanalytische Nest auszuräumen«.[59] Auch in Zeiten des »Gulaschkommunismus«, als die Ostdeutschen in Scharen in die »lustigste Baracke im sozialistischen Lager« an den Balaton fuhren, weil hier die Stimmung freier war, galt: »Die Peitsche war immer sichtbar. Die Drohung war offen spürbar.«[60]

»In Ungarn«, resümiert die Analytikerin Judit Mészáros, »verband sich die antipsychoanalytische Ideologie der 1948 an die Macht gelangten stalinistischen Diktatur mit tief verwurzeltem Antisemitismus und Antizionismus und zwang damit die Ungarische Psychoanalytische Vereinigung zur sofortigen Auflösung, nachdem sie fast ein halbes Jahrhundert vielen Stürmen standgehalten hatte. Es sollten noch einmal 40 Jahre vergehen – lange Jahre im Untergrund, an die sich ein allmählicher Wiederaufbau anschloss –, bis die Vereinigung 1989 wieder ihre volle Mitgliedschaft in der internationalen psychoanalytischen Gemeinschaft erlangte.«[61]

Zur Herrschaftssicherung sollte es keine gesellschaftliche Reflexion und Identitätsbildung geben. Das hatte Auswirkungen über das Feld der Psychologie hinaus. Der Verfasser des Standardwerks zur Geschichte der ungarischen Psychoanalyse, Paul Harmat, kam 1988 zu dem Schluss: Die Ächtung der Psychoanalyse habe ein Absterben anderer Disziplinen zur Folge gehabt, die sich mit der Erforschung des Menschen beschäftigten, mit »Konsequenzen von bis heute unermesslicher Auswirkung«.[62] Es war ein Zurückdrängen aller Humanwissenschaften, vor allem derjenigen, die sich mit der Individualität befassten.[63] Alle Sozialwissenschaften blieben im kommunistischen Ungarn von jeder psychologischen Idee unberührt.[64]

Diese Ächtung hatte auch gravierende Auswirkungen auf die Entwicklung der tiefenpsychologischen Ideen überhaupt. Einer der innovativsten Zweige der Psychoanalyse, Ferenczis Budapester Schule, die heute im analytischen Wissenschaftsraum eine Renaissance erlebt, konnte sich nur im Ausland weiterentwickeln.[65] Von Ferenczi ging die Kinder- und Säuglingsforschung seines Schülers René Spitz und dessen bahnbrechende Hospitalismus- und Säuglingsforschung in den USA aus, ebenso die Kinderanalyse seiner Schülerin Melanie Klein. Deren Ansätze beförderten wiederum die britischen Pioniere der Bindungsforschung John Bowlby und Mary Ainsworth, aber auch die Ideen des britischen Kinderarztes Donald D. Winnicott. Der Ferenczi-Schüler Michael Bálint rief an der Tavistock-Klinik in London die Bálint-Gruppen ins Leben. Ferenczi beeinflusste auch das Denken der Neoanalytiker Frieda Fromm-Reichmann, Erich Fromm und Karen Horney, die sich vor ihrer Emigration in die USA regelmäßig im Sommer in Baden-Baden in der Klinik von Georg Groddek mit Ferenczi trafen. Der amerikanische Psychiater und Neoanalytiker Harry Stack Sullivan schickte seine Mitarbeiterin Clara Thompson nach Budapest zur Analyse bei Ferenczi, um dann wiederum bei ihr in die Analyse zu gehen. Ähnlich wie Fromm in seiner Sozialpsychologie griff er Ferenczis interpersonales Konzept auf. Beide erreichten damit in ihren Büchern in den USA sowie später im westlichen Europa ein Massenpublikum. Schließlich noch Franz Alexander, der seine Ausbildung am Berliner Psychoanalytischen Institut erhalten hatte, vermutlich aber wieder in seine Heimatstadt Budapest zurückgegangen wäre, hätte er nicht aus Europa fliehen müssen. So wurde er zum Begründer der psychoanalytischen Psychosomatik in den USA. Ferenczi und die Entwicklung der Psychoanalyse in Ungarn hatten ein enormes Potential. »Die stalinistische Unterdrückung der Psychoanalyse«, so der Psychologiehistoriker Harmat, »hat die Renaissance einer Budapester Schule, in der Nachfolge Ferenczis, verhindert.«[66]

Und Lilly Hajdu? Anderthalb Jahre bangte sie um ihren Sohn. Dann, 1958, wurde er mit Imre Nagy und Pál Maléter wegen Hochverrats zum Tode verurteilt. Von seinem Tod erfuhr sie aus den Morgennachrichten auf Radio Wien. Er starb auf dem Schafott. Die Leiche wurde an einem unbekannten Ort verscharrt. Mit seiner Hinrichtung war sie endgültig zur Mutter eines Volksfeindes abgestempelt worden. Als Zeichen der Solidarität fand sie unter ihrem Türvorleger Mitteilungen. Aber man traute sich nicht mehr, mit ihr gesehen zu werden. Ihre Polyarthritis verschlimmerte sich zusehends. Bald konnte sie keine Bücher mehr halten, sich kaum mehr anziehen. Sie fiel in eine tiefe Depression. Zuletzt wollte sie nur noch zu ihrer Familie nach Zürich, zu Juca und Gábor, zu Lucy, der Frau von Miklós und deren Kindern. Ihre Telefonate in die Schweiz wurden abgehört, ihre Briefe zensiert. Die nach Zürich Geflüchteten versuchten alles, um Lilly Hajdu in die Schweiz zu holen. Drei Mal stellte sie einen Ausreiseantrag. Immer wurde er abgelehnt. Nach dem dritten Antrag sprach sie persönlich beim Minister vor. Die beiden kannten sich aus dem »Galilei«-Kreis. Sie könne ausreisen, versprach er ihr, wenn sie im Ausland schweige. Man wolle keine Märtyrerin eines Volksfeindes haben. Zum vierten Mal reichte sie ein Ausreisegesuch ein. Schon wenige Tage später kam die Ablehnung, dieses Mal endgültig. Am 27. Mai 1960 nahm sich Lilly Hajdu mit einer Überdosis Medikamente das Leben. Ihr Name wurde aus der Klinikgeschichte getilgt. Im öffentlichen Leben des kommunistischen Ungarns gab es nach 1958 keine Lilly Hajdu mehr.

Wiener Allianzen

Wien 1909 – Die blonde, nur 150 cm große Raissa Epstein gehörte zur Corona junger Russinnen, die Ende des 19. Jahrhunderts an die Zürcher Universität strömten, weil die Eidgenossen den Frauen das Studium erlaubten. Die Studentinnen wohnten zusammen, trafen sich, dominierten zahlenmäßig ganze Studienjahrgänge und faszinierten in ihrer politischen Radikalität manchen Schweizer. Raissa Epstein stammte aus einer sehr reichen jüdischen Moskauer Familie.[67] Sie war von Privatlehrern unterrichtet worden und kam 1895 als 23-Jährige zum Biologiestudium in die Limmatstadt. Nach drei Semestern wechselte die selbstbewusste Frau mit den hochgesteckten Haaren an die Wiener Universität. In den russisch-sozialistischen Exilkreisen der Stadt lernte sie den zwei Jahre älteren Medizinstudenten

Alfred Adler kennen. Auch er kam aus einer jüdischen, aber verarmten Familie. Sein Vater, ein erfolgloser Getreidehändler mit ungarischen Wurzeln, war längst gestorben. Der junge Mediziner verstand sich als Sozialist und hatte gerade knapp die letzten Prüfungen bestanden. Nun wollte er eine Arztpraxis eröffnen. Die beiden stürzten sich in eine leidenschaftliche Affäre. Raissa Epstein hatte den Nimbus der reichen russischen Erbin und, für damalige Studentinnen sehr ungewöhnlich, eine eigene Wohnung in der Vorstadt. Ihre Eltern bangten um den guten Ruf der Tochter in der Ferne und drängten auf die Legalisierung des Verhältnisses. Ein Jahr nachdem die beiden sich kennengelernt hatten, 1897, heirateten sie in Moskau nach jüdischem Ritus. Keine neun Monate später kam Tochter Valentine zur Welt. Drei weitere Kinder sollten folgen.

Raissa Adler war eine kämpferische Frauenrechtlerin. In den Vorlesungen in Zürich und Wien hatte sie professorale Gegner des Frauenstudiums erlebt. In Österreich war das Medizinstudium für Frauen noch immer nicht möglich. Dagegen schrieb sie in einer Zeitschrift der österreichischen Frauenbewegung an.[68] In den Kreisen der Wiener Exilgemeinde sprach man russisch, verhandelte die neuesten Nachrichten aus dem Zarenreich, suchte Gleichgesinnte. Ein wichtiges Zentrum der Exilgemeinde war die Familie Klatschko in der Belvederegasse 3. Das Familienoberhaupt, Samuel Klatschko, hatte in jungen Jahren russisch-revolutionäre Kontakte in ganz Europa geknüpft, bevor er sich in Wien niederließ. Er verlegte sich darauf, in seinem Haus Sozialisten aller Couleur miteinander in Kontakt zu bringen. In seinem Salon verkehrte eine bunte Truppe – Sozialrevolutionäre, Anarchisten, Sozialdemokraten, Immigranten, Lokalpolitiker.

Vermutlich kannte der Jungmediziner Adler den Klatschko-Kreis schon länger. Bereits als Gymnasiast war er Mitglied im sozialistischen »Österreichischen Studentenbund« geworden, wo die aus den sonstigen nationalen und antisemitischen Studentenverbindungen Ausgeschlossenen zusammenkamen. Hier verstand man sich als antimonarchistisch und revolutionär. Nachdem der Verein von der Staatspolizei aufgelöst worden war, gründete sein harter Kern den Diskutierverein »Veritas«, dessen Mitglieder Arbeitern in Wiener Raucherclubs Unterricht erteilten, sich »geheim« in Kaffeehäusern trafen, in Redaktionsstuben der Arbeiterzeitungen Artikel schrieben, bis sie sich zum sozialistischen Studentenverband »Freie Vereinigung« zusammenschlossen. Obwohl Adler, der den gesamten sozialistisch-marxistischen Lektürekanon der Zeit kannte, sein Studium bereits abgeschlossen hatte, diente er dem Verband als Obmann. Auch als er nach einer Weile von der Verbandsleitung zurücktrat, blieb das sozialistische Netzwerk Zeit seines Lebens bestehen.[69]

Raissa Adler befreundete sich mit Klatschkos Tochter Aline. Die 21-Jährige studierte Sprachen und wollte Lehrerin werden. Beide verband der Kampf um Gleichberechtigung. Die angehende Lehrerin hatte im sozialwissenschaftlichen Bildungsverein den sozialdemokratischen Junglehrer Carl Furtmüller kennengelernt und geheiratet. Nun traf man sich zu viert: die beiden österreichischen Männer und ihre russischen Frauen. Es war der Anfang einer lebenslangen Freundschaft. Bei Klatschkos lernte Raissa Adler 1908 auch Natalja Sedowa kennen. Sie war immerhin zehn Jahre jünger, aber die beiden hatten ähnliche Interessen: die Kinder, Russland, die Revolution. Sie wurden beste Freundinnen.[70] Natalja Sedowa war schon als Schülerin wegen der Lektüre revolutionärer Schriften von der Schule geflogen und während der Revolution von 1905 verhaftet worden. Eine Radikalität, die Raissa Adler faszinierte. Schnell kam sie in Kontakt mit Nataljas Ehemann Leo Bronstein. Das Paar hatte sich in Paris kennengelernt, wo Natalja Sedowa Kunstgeschichte studierte. Der 29-jährige Berufsrevolutionär Bronstein – Parteiname »Trotzki« – war nach der russischen Revolution von 1905 in die Verbannung geschickt worden, konnte aber fliehen und war mit Natalja und den Söhnen 1908 in Wien gelandet. Die Bronstein-Familie lebte ganz am Stadtrand, in ärmlichsten Verhältnissen, manchmal half nur der Gang zum Pfandleihhaus.[71] Samuel Klatschko hatte sich dem flüchtigen, abgerissenen Revoluzzer, der, so wie er einst, in Wien gelandet war, angenommen – auch wenn er dessen Politideen nicht teilte. So wurden die Klatschkos, notierte Trotzki später dankbar, für die junge Familie im Exil zu »nächsten Freunden«.[72]

Die russischen Frauen, die gleichaltrigen Kinder, der Klatschko-Kreis – mitten darin die Adler- und die Bronsteinfamilie. Man traf sich sonntags im Stadtpark, die Kinder spielten Fußball.[73] Trotzki sprach gut Deutsch, seine Söhne bald Österreichisch wie »Wiener Fiakerkutscher«.[74] Rückblickend schrieb Trotzki in einem Brief: »So kenne ich ihn [Alfred Adler, ap] seit Jahren, ich kannte ihn ziemlich genau.«[75] Wenige Monate nach seiner Ankunft in Wien hatte Trotzki die Emigrantenzeitung »Prawda« übernommen, eines der vielen kleinen russischen Exilblätter, die nach der Revolution von 1905 den kommenden Umsturz im Land beschwor. Wegen Geldmangels erschien das Blatt auch mal zwei Monate nicht oder wurde an der Grenze konfisziert. Der Redaktionsraum lag nicht weit von Adlers Praxis, in der Mariannengasse 17. Der engste »Prawda«-Mitstreiter Trotzkis war der Medizinstudent und Jungrevolutionär Adolf Joffe. Joffes russische Frau Berta und Raissa Adler waren eng befreundet. Die jungen »Prawda«-Revolutionäre bildeten einen engen Kreis, Paare mit Kleinkindern im selben Alter, verknüpft in die städtische Sozialistenszene.[76] Während mancher der Wiener Sozialdemokraten dem revolutionären Eifer der Emigranten mit einiger Herablassung begegneten, war Raissa Adler davon tief beeindruckt. Sie diskutierte mit Trotzki im Café Central in der Herrengasse oder spielte mit ihm Schach. Fünf Jahre blieben die Bronsteins in Wien, bis sie mit Kriegsausbruch 1914 in die Schweiz flohen. Die enge Beziehung zwischen Raissa Adler und Trotzki aber blieb über die nächsten zwei Jahrzehnte erhalten.

Die Mittwochsgesellschaft – Adler hatte 1898 seine Allgemeinpraxis in der Czerningasse 7 im Armenviertel nahe dem Prater eröffnet. »Die Leopoldstadt ist ein freiwilliges Ghetto«, schrieb Joseph Roth. »Es gibt kleine Wohnungen, in denen sechsköpfige Familien wohnen. Es gibt kleine Herbergen, in denen fünfzig, sechzig Leute auf dem Fußboden übernachten. Im Prater schlafen die Obdachlosen. In der Nähe der Bahnhöfe wohnen die ärmsten aller Arbeiter. Die Ostjuden leben nicht besser als die christlichen Bewohner dieses Stadtteils. Sie haben viele Kinder, sie sind an Hygiene und Sauberkeit nicht gewöhnt, und sie sind gehasst.«[77] Dass Alfred Adler auch mal ohne Honorar behandelte, sprach sich rasch herum. Seine Studentenkontakte zogen eine sozialistische Klientel an, auch arme und reiche russische Emigranten wollten zu ihm. In seiner Praxis bekam er viel mit vom Alltag der Patienten und wurde darüber zum Sozialmediziner.[78]

1902 erhielt der 30-jährige Adler von seinem Arztkollegen Sigmund Freud eine Einladungskarte zu einem Treffen. Freud wollte Neuigkeiten in Psychologie und Neuropathologie diskutieren. Termin: Mittwoch um 20.30 Uhr in seiner Wohnung in der Berggasse 19. Adler hatte den 14 Jahre älteren Nervenarzt zwei Jahre zuvor kennengelernt, als er ihn wegen einer Patientin um Rat fragte. Freuds dickleibiges Buch »Traumdeutung«, das 1899 erschienen war, hatte ihn beeindruckt. Unter den vier eingeladenen Medizinern war Adler der Jüngste. Es gab schwarzen Kaffee. Die Mittwochsrunde wurde zu einem festen Termin in Adlers Leben. Die Diskussionen drehten sich vor allem um Krankengeschichten und psychiatrische Literatur, aber auch um literarische Arbeiten, einzelne Personen, mit teils persönlichen Selbstoffenbarungen. Freuds Ideen vom Unbewussten waren Kern und Ausgangspunkt vieler Diskussionen.[79]

Im damaligen Mekka der internationalen Medizin galten »Neurasthenie« und »Unrast« als Ausdruck von Feinsinnigkeit. Schülerselbstmorde beschäftigten die Öffentlichkeit, der »Wahnsinn« war ein philosophisches Schlüsselthema, Innerlichkeit bei Autoren wie Arthur Schnitzler ein literarisches Sujet. Man beschäftigte sich mit Hypnose und Sexualstörungen.[80] Doch Freuds radikale Behauptung, dass jede Hysterie im Kern eine Sexualstörung sei und dass allen Neurosen ein ungelöster sexueller Konflikt zugrunde liege, überzeugte die akademische Welt nicht. Freud war zwar als außerordentlicher Professor berufen worden, aber dennoch nicht Teil des Wissenschaftsbetriebs. Nur wenige Patienten kamen zu ihm in die Behandlung, er hatte Geldprobleme und sah sich mit seinen Ideen verkannt. Aber er schrieb Bücher. Mit dem Mittwochskreis schuf er sich sein eigenes Zentrum, das schnell anwuchs. Wer kam, kam zu ihm und war überzeugt von seinen Ideen. Zu der Zeit lag die Idee einer Gesamttheorie für die Welt in der Luft, eine Theorie, die alles würde erklären können, auch die Psyche. Freuds System schien das zu bieten. Bisher hatte es neben der Psychiatrie und der experimentellen Psychologie keine Psychologie für den »nervösen« Zeitgenossen gegeben. Freuds Ideen entsprachen einer Suche von Intellektuellen, Künstlern und Studentenkreisen, fanden aber im Wissenschaftsraum keinen Platz. Während in der jüdischen Wiener Jugendbewegung sich Gymnasiasten wie Otto Fenichel oder Siegfried Bernfeld gegenseitig ihre Träume analysierten, ebenso wie die Medizinstudenten des Budapester »Galilei«-Kreises, erwähnte man die Psychoanalyse besser nicht, wenn man Karriere als Psychiater machen wollte.

In der Mittwochsrunde fand Freud Gesinnungsgenossen. »Es herrschte Katakombenromantik«, erinnerte sich der Pädagoge Carl Furtmüller, »eine kleine, verwegene Gruppe, heute noch verfolgt, aber auserkoren, die Welt zu erobern.«[81] Fast alle waren jüdische Ärzte und Intellektuelle. Dabei war ihr jüdischer Hintergrund kein Zufall. Medizin war Ende des 19. Jahrhundert zum Massenstudium geworden. 93 Prozent derjenigen, die sich in Wien einschrieben, waren jüdischer Konfession. Der Grund: Das Medizinstudium war die erste Sparte, in der Juden zum Studium zugelassen wurden und somit eine Aufstiegsmöglichkeit.[82] Nach vier Jahren war die Mittwochsrunde auf 17 Männer angewachsen. Die meisten waren bürgerlich-konservativ. Selten ging es um politische Themen. Adler brachte aus seinem Bekanntenkreis Sozialdemokraten mit, darunter seinen Freund, den Lehrer Carl Furtmüller und als erste praktizierende Ärztin Margarete Hilferding, die Frau des marxistischen Ökonomen Rudolf Hilferding.

Zu Adlers Patientenklientel gehörten mangelernährte

Kleinkinder. Es herrschte viel Unwissen über deren Hygiene und Krankheiten. Adler versuchte deshalb, gezielt aufklärerische Artikel zu lancieren mit Themen wie »Leben und Schicksal der Säuglinge«, »Ernährungsprobleme und Zärtlichkeitsbedürfnis von Kleinkindern« oder »Entwicklungsfehler des Kindes«. Beiträge, die im »Arbeiterkalender« erschienen und damit allerorten in den Proletarierwohnungen hingen. Aufklärung, Volksbildung, Prophylaxe wurden sein Mantra. »Der Arzt als Erzieher« hieß eine seiner Artikelserien.[83]

So sehr sich Freud und Adler in den Anfangsjahren einig waren, lag auch viel Trennendes zwischen den beiden: ihr Altersunterschied, der Freud zu einem Vertreter des 19. Jahrhunderts machte, ihre unterschiedlichen Charaktere, ihre ganz anders geartete Herkunft und Familiengeschichte, ihr verschieden gelagertes Interesse, vor allem aber das Milieu ihre Klienten.[84] Während Freud als Neurologe und Forscher streng bei der Physiologie der Seele blieb und mit seiner biologisch-naturwissenschaftlichen Sicht auf ein abstraktes Individuum rekurrierte, dachte Adler als Praktiker über die Kranken in seiner Praxis nach. Statt Triebmodelle schienen ihm die kindlichen Erlebnisse seiner Patienten wichtig. Minderwertigkeitsgefühle und das Streben nach Geltung und Überlegenheit wurden für ihn die eigentlichen seelischen Antriebskräfte. Während Freud als reiner Nervenarzt Patientinnen aus besseren Kreisen in täglichen Sitzungen auf seiner Couch in unbewusste Regionen zurückzuführen versuchte, fehlte Adler in seiner Allgemeinarztpraxis bei »nervösen« Patienten die Zeit für ein langes Erinnern. Er setzte in schnellen Einschätzungen auf allgemein formulierte Diagnosen in direkter, sich gegenübersitzender Ansprache und auf Unterstützendes im Hier und

Jetzt.[85] Dabei sah er im Seelischen weniger eine Kausalität denn eine Zielgerichtetheit. In den Handlungen seiner Patienten meinte er eine Finalität zu entdecken, etwas Aktives, was seine Analyse auch zu einer Psychologie der Entlarvung machte und die Therapie weniger zu einer Ergründung des Unbewussten als zu einem Appell an eine Einsicht und einen vermeintlich »freien« Willen.

Während Freuds Denken um das Individuum und die Familie kreiste, war für Adler vor allem die Gesellschaft wichtig, die man mittels ärztlicher Pädagogik verändern müsse. Während Freud von der menschlichen Asozialität überzeugt war, hielt der Jüngere den Menschen für ein soziales Wesen, geprägt von seiner Umwelt. Im März 1909 referierte Adler im Wiener Psychoanalytischen Verein, der im Jahr zuvor aus der Mittwochsgesellschaft hervorgegangen war, zum Thema »Psychologie des Marxismus«. Er schloss mit der Hoffnung, dass aus seinen Ausführungen »der Einklang der Klassenkampftheorie mit den Ergebnissen der Trieblehre deutlich hervorgegangen sein dürfte«.[86]

Mit der Gründung eines Vereins, der sich nun in den Räumen der medizinischen Fakultät traf, und dem ersten Kongress in Nürnberg 1910, auf dem Sándor Ferenczi die Gründung einer Internationalen Psychoanalytischen Vereinigung vorschlug, wurde aus der privaten Runde eine Institution. Umso mehr traten nun Gegner der Psychoanalyse auf den Plan. Freud verteidigte, was er für den Kern seiner Entdeckung hielt, den eigentlichen Sprengstoff seines Modells: die Sexualtheorie. Adler jedoch, inzwischen Präsident des Wiener Vereins, sah immer weniger im Sexuellen den Urgrund alles Psychischen.

1911 wurde Adler von anderen Mitgliedern aufgefordert, seine Überlegungen zur Diskussion zu stellen. An drei

Abenden referierte er, wo er mit Freud übereinstimme und wo nicht. Es ging um Macht- versus Sexualtrieb. Freud verstand Adlers Überlegungen als Angriff, sah seine Lehre gefährdet und suchte im Disput das Unüberbrückbare. Am Ende fand sich Adler in der Rolle des Ketzers wieder.[87] Die Dinge nahmen ihren Lauf. Es gab Abstimmungen, Ämterniederlegungen, Vereinsaustritte. Es kam zur ersten der vielen Spaltungen der psychoanalytischen Bewegung. Adler wurde für Freud zum Verräter. Lebenslang. »Für einen Judenbuben aus einem Wiener Vorort«, schrieb er bei Adlers Tod 1937 an Stefan Zweig, »ist ein Tod in Aberdeen, Schottland, eine unerhörte Karriere und ein Beweis, wie weit er es gebracht hat. Wirklich hat ihn die Mitwelt für das Verdienst, der Analyse widersprochen zu haben, reichlich belohnt.«[88]

Bei Adlers Vereinsaustritt folgten ihm Carl Furtmüller und Margarete Hilferding. Sie trafen sich nun jeden Donnerstag in einer Loge des Café Central. Wer Interesse hatte, konnte kommen. Raissa Adler unterstützte ihren Mann, Aline Furtmüller stieß zum neuen Kaffeehauskreis hinzu. Es waren gesellige, offene Debattierabende, die Adler genoss. Noch im selben Jahr veröffentlichte er seine Überlegungen unter dem Titel »Über den nervösen Charakter« und nannte seine Ideen im Sinne der Abgrenzung Individualpsychologie, was verwirrend war, ging es ihm doch gerade nicht nur um das Individuum. Man gründete den »Verein für Individualpsychologie« und statt über frühkindliche Phasen, Träume und Zugänge zum Unbewussten sprach man nun über Geschwisterproblematiken, soziale Anerkennung, Gemeinschafts- und Erziehungsfragen, Eifersucht, männlichen Protest und Prävention durch psychologische Aufklärung.

Revolution und Therapie – In die Zeit des Bruchs mit Freud fielen die intensiven Kontakte des Ehepaares Adler mit der russisch-revolutionären Exilgemeinde. Dort war das Interesse für psychologische Ideen groß. Raissa Adler schrieb für die soeben gegründete Moskauer Zeitschrift »Psichotherapija« eine russische Zusammenfassung der ersten Vereinssitzungen.[89] Aber es gab nicht nur ein theoretisches Interesse. Manche im Bannkreis der »Prawda« gingen auch zu Adler in Behandlung. Wohl auch der Berufsrevolutionär Nikolai Bucharin, der von 1912 bis 1914 in Wien lebte. Er wurde nach dem Oktoberputsch 1917 Politbüromitglied, Herausgeber der Parteizeitung und führender sowjetischer Wirtschaftstheoretiker. Letztlich gibt es auf seine Behandlung durch Adler jedoch nur wenige Hinweise.[90] Gesichert ist aber, dass Adolf Joffe zu Adler in Therapie ging.

Mit seinen 25 Jahren blickte Joffe schon auf eine lange Zeit des unentwegten russischen Untergrundkampfes zurück. 1917 wurde er einer der vier Organisatoren der bolschewistischen Machteroberung. Der aus einer wohlhabenden jüdischen Familie auf der Krim stammende Joffe hatte Anfang des Jahrhunderts ein Medizinstudium in Berlin begonnen. Hier war er Adler begegnet. Joffe wechselte dann an die Wiener Universität, las die Schriften Freuds und suchte Adler 1904 in seiner Praxis auf. Angezogen von der Revolution 1905 kehrte er für kurze Zeit nach Russland zurück, setzte anschließend aber sein Medizinstudium in Wien fort und ging weiter zu Adler in die Analyse. Die Kosten übernahm Vater Joffe, der ein betuchter Kaufmann war.[91]

Der zierliche Joffe war »von schwächlicher Konstitution« und litt an einer »nervösen Krankheit«, so Trotzki.[92] Es ging wohl um Depressionen und ein Suchtproblem infolge einer Operation. Am 6. März 1907 hatte Adler auf der Sitzung der Wiener Psychoanalytischen Vereinigung den Fall eines russischen Studenten referiert, hinter dem sich Joffe vermuten lässt. Adler berichtete von Ängsten und Träumen, aber nicht von einer revolutionären Passion.[93] Joffes Analyse ging im Laufe der Jahre offenbar in eine psychoanalytische Ausbildung bei Adler über. Der Medizinstudent fing an, sich als Analytiker zu betätigen. 1912 wurde er auf einer Reise nach Russland von der zaristischen Polizei verhaftet. In der sibirischen Verbannung versuchte er, einen mitgefangenen homosexuellen Arzthelfer therapeutisch zu behandeln. Der wollte hartnäckig die Aufmerksamkeit durch Suiziddrohungen auf sich ziehen. Als man ihm nicht mehr glaubte, brachte er sich vor den Augen der Mitgefangenen und Joffes um. Dieser beschrieb seinen Therapieversuch und das schreckliche Ende in einem Artikel, den er aus der Verbannung nach Moskau an die Redaktion der »Psichotherapija« schickte, die ihn abdruckte. »Wenn es überhaupt einen Schlüssel für dieses Geheimnis geben soll«, beendete Joffe seinen Bericht, »so kann er nur darin liegen, das ›Unbewusste‹ bewusst zu machen … Irgendwann einmal wird diese Aufgabe zur Gänze gelöst sein – dann wird vielen, vielen ein ähnliches Schicksal erspart bleiben.«[94]

Alexander Etkind, ein intimer Kenner der Geschichte der russischen Psychoanalyse, schreibt zur therapeutischen Beziehung Adler – Joffe: »Von der Couch bei Adler kam er gleich in die Redaktion der Prawda.«[95] »Er war«, so Trotzki über Joffe, »der Mittelpunkt der Emigrantenkreise, er war der Mittelpunkt der Gruppen im Exil.«[96] Joffes therapeutischer Kontakt zu Adler steht für die Kenntnis und den Kontakt des »Prawda«-Zirkels zur Tiefenpsychologie. Eine Idee, die die Revolutionäre später mit ins stürmische Russland nahmen. Auch Trotzki wurde vom psychologischen

Wien deutlich geprägt.[97] Sicher ist allerdings, dass er mit Adlers Gedankenwelt wenig vertraut war, ausgenommen Adlers damalige Theorie der Organminderwertigkeit. Andere Überlegungen Adlers thematisierte er nicht in seinen Schriften. Das erstaunt immerhin, da sein Kontakt zu Adler, und vor allem zu dessen Frau, in der k. u. k. Metropole viel enger war als zu Freud und er Adlers Theorie gesellschaftlichen Veränderungen deutlich mehr Gewicht einräumte. Trotzkis psychoanalytische Kenntnisse gingen vor allem auf Adolf Joffe zurück.[98]

Manche Autoren wie Isaac Deutscher sprechen von einer intensiveren Auseinandersetzung Trotzkis mit der Psychoanalyse.[99] In seinen Schriften findet sich aber keine Auseinandersetzung. Am Ende ist sie auch fraglich. Am aussagekräftigsten ist die Auswertung des französischen Analytikers und Psychoanalysehistorikers Jacquy Chemouni. Er wertete den Briefwechsel im Zusammenhang mit der psychischen Erkrankung von Trotzkis Tochter Sinaida Wolkowa, genannt »Sina«, aus. Die Tochter aus erster Ehe war mit schwersten psychischen Problemen 1931 von ihrem Vater aus dem italienischen Exil nach Berlin geschickt worden, wo sie auf Vermittlung der Trotzki-Übersetzerin Alexandra Pfemfert zu dem an Adler orientierten Psychiater Arthur Kronfeld in Therapie ging. Aber Sinaida Wolkowa beging unter dem Druck stalinistischer Politik schließlich in Berlin Selbstmord. Der Umgang Trotzkis mit der Krankheit seiner Tochter, so Chemouni, zeuge von Empathielosigkeit, und eben diese Empathielosigkeit habe verhindert, dass der Berufsrevolutionär das Wesen der Analyse überhaupt begreifen konnte.[100] Trotzki glaubte denn auch nicht an das Therapeutische der Analyse. »Zum Ausgleich für die Lektionen in Psychoanalyse«, so der Revolutionär, »predigte ich Joffe die

Theorie der permanenten Revolution und die Notwendigkeit der Spaltung von den Menschewiki.«[101]

Trotzki aber nahm wie kein anderer der führenden Bolschewiki die Tiefenpsychologie als Wissenschaft ernst. Direkt nach dem Putsch von 1917 appellierte er an seine Genossen, das Neue und Umstürzende bei Freud nicht zu übersehen.[102] Das sahen viele seiner Parteigenossen später anders. Noch kurz vor seinem Tod erklärte Trotzki in Mexiko der marxistischen Individualpsychologin Alice Rühle-Gerstel, dass die konservativ-politische Einstellung des »tiefgründigen Denkers« Freud egal sei, denn: »... eine Wissenschaft kann doch keine ›Einstellung‹ haben! Eine Wissenschaft hat zu forschen, und die Politiker haben dann ihre Resultate zu benützen ... Wenn Freud uns die Gesetze des Unterbewusstseins aufgezeigt hat, so müssen wir das ... benützen, das ist die selbstverständliche Folge der Arbeitsteilung«.[103] Victor Serge hat wohl recht, wenn er konstatiert, Trotzki habe sich für die Psychoanalyse interessiert, »ohne sich jedoch allzusehr in sie zu vertiefen.«[104]

Familienpolitik – Mit der Revolution von 1917 kehrten Trotzki, Joffe und die anderen »Prawda«-Schreiber nach Russland zurück. Joffe war ab Juli 1917 im Zentralkomitee der Bolschewiki, die im Oktober die Macht an sich rissen. Als Chef der sowjetischen Delegation handelte er in Brest-Litowsk den Separatfrieden mit Deutschland aus. Er nahm in Rapallo an den Verhandlungen mit dem deutschen Kaiserreich teil und wurde der erste sowjetische Botschafter in Deutschland, während Trotzki mit seiner Roten Armee Angst und Terror in einem Bürgerkrieg verbreitete, der das Land in Asche legte und am Ende zehn Millionen Menschen das Leben kostete.

Adler war zur selben Zeit durch das Erlebnis des Krieges mehr denn je zum Sozialisten geworden. Auch im österreichischen Kaiserreich wünschte er sich eine Revolution. Aber die grausame Machtpolitik der bolschewistischen Führungsclique stieß ihn ab. Die Chance, so Adler, auf einen sozialistischen Neuanfang in Russland sei vergeben. In einem Artikel einer pazifistischen Schweizer Zeitschrift veröffentlichte er im Dezember 1918 einen hellsichtigen Aufsatz mit dem Titel »Bolschewismus und Seelenkunde«. »Die Herrschaft der Bolschewiki ist wie die aller bisherigen Regierungen auf dem Besitz der Macht gegründet. Damit ist ihr Schicksal gesprochen. Wir wissen, dass diese Partei wie die ihr Gleichgesinnten Ziele verfolgt, die auch die unseren sind. Aber der Machtrausch hat sie verlockt.« »Wir sehen ehemalige Freunde, alte, wackere Weggenossen in schwindeligen Höhen. Verführt vom Machttrieb, wecken sie allenthalben das Verlangen nach Gewalt.«[105]

Bei Kriegsanfang hatte der Sozialdemokrat Adler, ebenso wie Freud, in der allgemeinen Kriegshysterie den österreichischen Kriegseintritt für »gerecht« gehalten. Adler, der schon »gedient« hatte und mit seinen 44 Jahren ausgemustert war, meldete sich freiwillig. Als Militärarzt begutachtete er in Krakau, Brünn und Wien Soldaten und erteilte im Armeeinteresse Tauglichkeitsbescheide, sodass die begutachteten Soldaten wieder ins Feld mussten. »Flucht in die Krankheit« wurde zu einem vielgebrauchten psychiatrischen Bild. In der Erkrankung sah man Feigheit und fehlende Kameradschaftlichkeit. Adler, so sein individualpsychologischer Mitstreiter Carl Furtmüller, sei mit vermeintlichen Simulanten »äußerst streng« verfahren. Es scheint, als habe er das psychische Wegbrechen der Frontsoldaten als Ausdruck eines fehlenden Solidaritätsgefühls für die Kameraden im Schützengraben gedeutet, für ihn ein Mangel an Gemeinschaftsgefühl. Auch Freud war darin erschreckend gefühllos.[106]

Adlers Haltung zum Krieg änderte sich jedoch radikal nach einer Vortragsreise im März 1918 in die Schweiz. Hier lebten der Psychiater Charlot Strasser und seine russische Frau, die Psychotherapeutin Vera Strasser. Die beiden Sozialisten waren Anhänger Adlers. Über sie bekam er Kontakte zu Künstlern, Schriftstellern und Politaktivisten, die aus einer eidgenössischen Neutralität heraus scharfe Kriegsgegner waren, darunter der Schriftsteller Romain Rolland, der während der Kriegsjahre in der Schweiz lebte und zur Symbolfigur für eine transnationale Friedensbewegung wurde.

Adler erklärte nun die Idee von einem »gerechten Krieg« zum Produkt »unserer neurotisch-kranken Kultur, zerfressen von ihrem Machtstreben und ihrer Prestigepolitik«.[107] Nach dem Krieg stürzte er sich in eine Vielzahl revolutionärer Aktivitäten. Im Frühjahr 1919 wurde er in den Arbeiterrat des I. Wiener Gemeindebezirks als Vorsitzender kooptiert und gehörte den Ausschüssen der Reichsversammlung der Arbeiterräte an. Aber bald kam er auf seine ursprüngliche Idee der Aufklärung zurück. Statt Tagespolitik ging es ihm, so der frühe Adler-Schüler Manès Sperber, dann »nur noch um Erziehung«.[108]

Einen ganz anderen Weg schlugen Raissa Adler und ihre älteste Tochter Valentine ein. Zwar blieben beide im Dienst der Individualpsychologie, aber politisch folgten sie den russischen Revolutionären der Wiener Vorkriegsjahre. Mutter und Tochter hatten sich auch während des Krieges in sozialistischen Kreisen bewegt. Valentine als Gymnasiastin in der sozialdemokratischen Arbeiterjugend und als

Studentin in sozialistischen Unizirkeln. Beide wurden zu glühenden Anhängerinnen des bolschewistischen Oktoberputsches. Raissa Adler blieb in Briefkontakt mit Trotzki. Der neu gegründeten Kommunistischen Partei Österreichs traten sie sofort bei.[109] Valentine zog 1921 nach Berlin, trat dort in die deutsche KP ein und wurde in der sowjetischen Botschaft angestellt.[110] 1925 heiratete sie den ungarischen Berufsrevolutionär Gyula Sas und flüchtete mit ihm 1933 nach Moskau, wo sie Mitarbeiterin der Komintern wurde, dem Zusammenschluss aller Kommunistischen Parteien weltweit.

Bei aller Radikalität mit Decknamen und Geheimdienstaufträgen blieb Valentine Adler den individualpsychologischen Ideen ihres Vaters treu. 1924 war sie Mitgründerin der großen Berliner Sektion der Individualpsychologie in der Wohnung des Psychiaters Fritz Künkel in der Kantstraße.[111] Zusammen mit dem sieben Jahre jüngeren Manès Sperber, den Adler zum Gruppenaufbau nach Berlin geschickt hatte, stand sie für eine marxistische Individualpsychologie, gegen die sich ihr Vater früh wendete. Als Sperber 1930 auf einem individualpsychologischen Kongress im Berliner Rathaus Schöneberg zum Eintritt in die KPD aufrief, kritisierte Adler das vor der 2000-köpfigen Zuhörerschaft scharf. Daraufhin brach Sperber mit Adler.[112] Valentine aber blieb über allem politischen Dissens immer in engem Kontakt mit ihrem Vater, der sie regelmäßig in Berlin besuchte.

Raissa Adler ging in Wien ganz in ihrer kommunistischen Politarbeit auf und gründete zusammen mit der Individualpsychologin Margarete Hilferding die österreichische Sektion der Internationalen Arbeiterhilfe. Sie radikalisierte sich immer mehr und vertrat, oft verletzend scharf, die linkesten Positionen als stadtbekannte Agitatorin. Trotzki, zu dem der Kontakt eng geblieben war, bat sie um Übersetzungen und auch darum, zuverlässige Übersetzer zu finden.[113] Als Joffe 1923 und 1924 sowjetischer Botschafter in Wien wurde, traf sie sich mit dem alten Freund regelmäßig. 1927 fuhr sie zum Weltkongress der »Freunde der Sowjetunion« nach Moskau, wo sie auch Trotzki begegnete.[114] Der war im Jahr zuvor aus dem Politbüro ausgeschlossen worden.

Als überzeugte Trotzkistin kam sie in den Säuberungsfuror der stalintreuen KP-Führung in Österreich. Statt Abbitte zu leisten, bekannte sie sich: »Jawohl, Genossen, ich bin für eine Säuberung der Partei von allen opportunistischen, bürokratischen Elementen von oben bis unten, und weil es mir ernst damit ist, bekenne ich mich voll und ganz zur linken Opposition, denn nur sie ist im Stande, die Komintern aus dem faulen Sumpf des Opportunismus auf den großen, geschichtlichen Weg des Kampfes um die proletarische Revolution herauszuführen.«[115] Das war ein Paukenschlag. Faktisch wurde sie damit zu Trotzkis Sprachrohr in der sektenartigen KP Österreichs. In Briefen an das Ehepaar Bronstein schilderte sie die Auseinandersetzungen in der Partei und lieferte Trotzki das Material für seine Broschüre »Die österreichische Krise, die Sozialdemokratie und der Kommunismus«, die er 1929 im Exil in Istanbul verfasste. 1930 wurde sie bei einer 1.-Mai-Demonstration in Wien verhaftet, sodass Tochter Alexandra die städtischen Gefängnisse nach ihr absuchen musste. Nach zwei Tagen kam sie wieder frei.[116]

Wohl nicht zuletzt aufgrund des politischen Dissenses lebte sich das Ehepaar Adler zunehmend auseinander. Trotz aller Politisierung hielt aber auch Raissa Adler an den Ideen einer marxistischen Individualpsychologie fest. Sie schrieb weiterhin für »Psichoterapija« in Moskau, verfasste Artikel für die Zeitschrift für Individualpsychologie und veröffentlichte dort nach einer der üblichen Propagandareisen in die Sowjetunion 1931 einen völlig unkritischen Artikel über die dortige Kindererziehung.[117] In Wien versammelte sie die marxistischen Individualpsychologen und Individualpsychologinnen zu einem eigenen wöchentlichen Treffen in ihrer Loge im Café Herrenhof, dabei ihren Mann oft scharf kritisierend.[118]

Gemeinschaftsgefühl überall

Rotes Wien – Kaiser- und Zarenreich brachen zusammen, und die neuen sozialistischen Machthaber in Budapest, Moskau und Wien griffen die Ideen der Tiefenpsychologie für ihren gesellschaftlichen Neubau auf. Psychologisches wurde zum Staatsprogramm. In Ungarn und der Sowjetunion war das allerdings nur von kurzer Dauer. Während Freuds Psychoanalyse zu ihrem globalen Siegeszug antrat, in der die »Couch [selbst in das Lumbini Park Hospital, ap] nach Kalkutta kam«,[119] erlangte die Individualpsychologie in der Hauptstadt des ehemaligen Habsburger Reiches einen erstaunlichen lokalen Einfluss. Warum und wie gerade dort? Der Krieg hatte in Österreich wie überall die Arbeit in den Praxen der Psychologen stillgelegt. Sie wurden für den Kriegsdienst gebraucht. Dabei waren die traumatisierten Frontsoldaten ein virulentes Thema für Gesellschaft und Staat. Die »Kriegszitterer« wurden zum Zeitsymbol. Alle psychiatrischen Gewaltversuche, der Erkrankungen Herr zu werden, scheiterten. Die Not war groß. Erklärungen, Experten und Heilverfahren waren gefragt.[120]

Die in Österreich nun regierenden Sozialdemokraten hatten hoch ambitionierte Ziele: 25 000 Gemeindewohnungen wurden in Wien gebaut, das Gesundheits- und Fürsorgewesen modernisiert, Einrichtungen zur Behandlung von Tuberkulose, Kinderhorte und Schulzahnkliniken geschaffen, und vor allem sollten die Untertanen nun zu verantwortlichen Demokraten der neuen Republik gemacht werden. Als großes Experiment für dieses Programm war die Schule vorgesehen. Schon im Schuljahr 1919/1920 gab es 253 Versuchsklassen in ganz Österreich, 156 davon allein in Wien.[121] Auf der Suche nach theoretischen Grundlagen griffen die Sozialdemokraten auf Adlers Individualpsychologie zurück. Mit dem Verlust der Wahlen in ganz Österreich beschränkte sich das Experiment bald nur noch auf die Zwei-Millionen-Metropole Wien. Adlers alter Freund, der Sozialdemokrat Carl Furtmüller, stieg im Unterrichtsministerium zum zweitwichtigsten Reformer auf. Gemeinsam hatten sie 1914 den 400-seitigen Band »Heilen und Bilden« herausgegeben.[122] Nun wurde das Opus neu aufgelegt, mit dem Untertitel »Ein Buch der Erziehungskunst für Ärzte und Pädagogen«. Adler ernannte man zum Landesschulinspektor des Schulrates Wien. Er bekam eine Dozentenstelle am neuen reformorientierten Pädagogischen Institut der Stadt, referierte in Volksbildungsheimen, unterrichtete bei den sozialistischen »Kinderfreunden« in Schönbrunn und war Gründungsmitglied der »Vereinigung Sozialistischer Ärzte«. Wien wurde für in- und ausländische Besucher zum Mekka einer zukünftigen Schule, in das phasenweise Tausende Interessierte strömten. Fast alles, was sich später in der allgemeinen Pädagogik, der Heilpädagogik, der Gruppenpädagogik oder Elternarbeit entwickelte, wurde in diesen Wiener Jahren erstmals praktiziert.

Hinzu kamen die sozialpsychiatrische Arbeit, die Tageskliniken, Beratungsstellen für Psychiatriepatienten und Alkoholiker sowie die Straffälligenhilfe. Die Stadt richtete individualpsychologische Ferienheime ein und schuf 30 individualpsychologisch ausgerichtete Erziehungsberatungsstellen. Ihren Ursprung hatten sie in den Vorträgen von Adler an der Volkshochschule im Volksheim Ottakring während des Krieges. Sie zielten auf eine praxisorientierte Hilfe im Umgang mit schwierigen Heranwachsenden ab. Für die oft kriegsbedingt auffälligen Kinder gab es enormen Informationsbedarf. In den Kurs unter dem Titel »Menschenkenntnis« strömten nun jede Woche 500 Zuhörer.[123] Als sich immer mehr Teilnehmer mit ihren persönlichen Erziehungsproblemen an Adler wandten, wurde die Idee von festen Beratungszeiten geboren.

Dabei konnten sich an einem oder mehreren Abenden in der Woche Eltern und Lehrer zu kostenlosen Beratungen in Kinderheimen, Krippen und Tagesheimstätten anmelden. Die Tätigkeit dort war ehrenamtlich, zumeist von einem Arzt und einer individualpsychologischen Lehrkraft oder Heilpädagogin. Gesprochen wurde nicht über die problematischen Kinder und Jugendlichen, sondern mit ihnen. Sie mussten, selten freiwillig, mitkommen. Die Sitzungen waren öffentlich. So erhoffte man sich, Anschauungsmaterial für angehende Individualpsychologen zu bekommen, aber auch individualpsychologische Aufklärung in die Gesellschaft tragen zu können. Die Fälle wurden ohne Vorbereitung vorgestellt. Man suchte nach einer schnellen, teils unkonventionellen Lösung.[124]

Im Frühjahr 1927 wurde die »Zentralstelle der sozialistischen Individualpsychologen« in einem Parteisekretariat der Wiener SPÖ eröffnet. »Die neue Verbindung«, hieß es in einem Parteipapier, »soll allen Genossen, die in der Arbeiterbewegung aktiv sind, die Möglichkeit geben, sich individualpsychologisch zu schulen und die so wertvollen Erkenntnisse der Individualpsychologie hinauszutragen in die weitesten Kreise des Proletariats.«[125] Otto Felix Kanitz, führender Pädagoge der Kinderfreundebewegung, einer großen außerschulischen Jugendarbeit für proletarische Kinder und Jugendliche, war ein Anhänger der Ideen Adlers.[126] Die Kinderfreunde besetzten nach dem Krieg – unterstützt von der Wiener Stadtregierung – einen Trakt des leerstehenden Schlosses Schönbrunn und starteten ein dreijähriges Oberstufenexperiment mit prominenten Fachexperten. Hier sollten »Kämpfer für die Zukunft« erzogen werden. Das Fach Psychologie unterrichtete Adler exklusiv. Die nahezu ausschließlich weiblichen Absolventinnen wurden zum personellen Fundament fast aller Reformen und Schulexperimente in der Stadt. Wer die Schule durchlief, hatte drei Jahre lang Adlers Ideen, und zwar von ihm selbst vermittelt, studiert.[127]

Rund die Hälfte der öffentlich auftretenden Verfechter der Lehre Adlers waren Frauen.[128] Zentrale Themen der Individualpsychologie waren denn auch die gleichwertige Partnerschaft, die Berufstätigkeit der Frau und neue Formen des Zusammenlebens. »Wie die Frau den Mann erlebt«, titelte das Hauptwerk der sozialistischen Individualpsychologin Sofie Lazarsfeld, eine der prominentesten Propagandistinnen für Adlers Lehre und Mutter des späteren Mitarbeiters der Frankfurter Schule, Paul Lazarsfeld.[129] Zur Popularisierung der psychologischen Ideen trug zusätzlich bei, dass Adler und andere Individualpsychologen sich nicht scheuten, in Zeitungen und Wochenzeitschriften Kommentare zu tagesaktuellen Themen in Politik und Literatur oder zu Gerichtsurteilen zu veröffentlichen.

Während Freuds Psychoanalyse wenig Bezug zur Pädagogik hatte und die Psychoanalytiker eher privat und zurückgezogen arbeiteten,[130] fand Adlers Ansatz im Wiener Reformprogramm breite Resonanz, schon allein, weil jeder dritte Wiener bei den Sozialdemokraten eingeschrieben war. Die Individualpsychologie wurde im Roten Wien der Zwischenkriegszeit zum sozialdemokratischen Gesellschaftsprogramm. Der Wiener Austromarxismus und Adlers Individualpsychologie trafen sich in ihrem uneingeschränkten Erziehungsoptimismus und dem Glauben an die Veränderbarkeit des Menschen und der Gesellschaft, indem sie Milieu und Erziehung vor jede Erbanlage stellten. Unter dem Stichwort der »Erziehung der Erzieher« hoffte man, eine neue Generation formen zu können. Das ging so weit, dass am Ende das Rote Wien synonym für die Individualpsychologie stand. Mit den Bürgerkriegskämpfen im Februar 1934 fand das Sozialexperiment abrupt ein Ende. Fast alle Reformen wurden im Laufe der folgenden Wochen und Monate rückgängig gemacht, viele seiner Vertreter flohen ins Ausland, vielfach in die USA.

Der Sprung in die USA – Mit der Machtergreifung der Bolschewiki im flächengrößten Land der Erde und der späteren Emigration der jüdischen und linken Tiefenpsychologen aus dem zunehmend faschistischen Europa bildeten sich zwei Achsen der globalen Psychologieentwicklung heraus. Die eine verlief von der Sowjetunion aus nach 1945 durch den gesamten Ostblock und die andere lief über die USA nach Kriegsende zurück nach Westeuropa.

Freud war bereits 1909 auf eine Einladung hin in die Neue Welt gereist. Psychiatrie und wissenschaftliche Psychologie waren hier noch nicht so etabliert, der Widerstand gegen Neues nicht so ausgeprägt wie in Europa, sodass Freuds Ideen schnell Eingang fanden in Wissenschaften und Kliniken. Alfred Adler reiste 1926 das erste Mal in die USA. Während Freud sich für das Land nicht recht begeistern konnte – ja, er verabscheute die Massen und ihren Lebensstil –, konnte Adler der Neuen Welt viel abgewinnen. Bereits drei Jahre bevor er in die USA gekommen war, hatte er angefangen, Englisch zu lernen. Er redete im Laufe seiner immer längeren Aufenthalte mit starkem Akzent, aber frei. Für ihn boten die USA ein großes Feld für seine Ideen von der Psychohygiene und für seine pädagogischen Neuerungen. Von Anfang an trat er unermüdlich in Hörsälen, Schulen, Krankenhäusern und Pfarrsälen auf. Wie schon in Wien suchte er nicht den Raum der Kliniken und psychiatrischen Hörsäle, sondern wandte sich ausdrücklich der Öffentlichkeit zu. Er referierte keine geschlossene Theorie, sondern wollte Erklärungen konkreter Probleme und Lösungen anbieten. Seine an rationale Einsichten appellierende Psychologie passte zur amerikanischen Kultur der Selbstoptimierung und der puritanischen Vorstellung von Eigenverantwortung und einer Self-made-man-Philosophie. Und sie passte auch zur gesellschaftlichen Entwicklung jener Jahre. Zu dem Zeitpunkt kam der Fordismus der zweiten Industriellen Revolution in Mode. Für die amerikanische Arbeitswelt bedeutete das die Idee von einer absolut durchgeplanten und rationalisierten Standardisierung. Was war nun in einem derart genormten Technologiezeitalter überhaupt unter einem sinnvollen Leben zu verstehen? »Es war«, so der Adler-Biograph Kluy über die zehn Jahre, die Adler in den

USA wirkte, »die rechte Zeit für ihn und seine Ansichten zur Erziehung, Förderung und Forderung, Emanzipation und Selbstverwirklichung, Ich-Entfaltung und Arbeit für ein besseres, gemeinschaftlich orientiertes ICH.«[131]

Adlers Buch »Menschenkenntnis«, eine Sammlung von Vorträgen in Wiener Volksbildungsheimen, im Grunde unüberarbeitete Aufklärungsansprachen, erschien 1927. Bereits ein Jahr später war es unter dem Titel »Understanding Human Nature« ins Englische übersetzt und erlebte in sechs Monaten drei Auflagen. Es wurde zum Longseller, verkaufte sich über eine Million Mal und wurde auch als Schulbuch für weltliche Ethik eingesetzt.[132] Auch aus den akademischen Kreisen in Amerika, wo die Psychoanalyse längst verankert war, schloss man sich Adlers Ansätzen an. Einer der wichtigsten Vertreter war der Pionier der akademischen Psychologie in den USA, Granville Stanley Hall.

Adler blieb nun regelmäßig sechs bis sieben Monate im Jahr in den USA, reiste herum, hielt ununterbrochen Vorträge, manchmal vier an einem Tag. Lebensstil und Denkweise der Amerikaner passten zu seinem Temperament und seiner Vitalität. Land und Leute interessierten ihn und seine Beobachtungen flossen in seine Texte ein. 1932 erhielt er eine Gastprofessur an der Columbia Universität in New York. Während Freud vom »psychologischen Elend der Masse« in den USA abgestoßen war, kamen sie Adlers Theorie der Gemeinschaft entgegen. Und bei all dem verdiente er gut. Mit den Honoraren für seine Auftritte in den USA kaufte er sich außerhalb Wiens ein großes Sommerhaus. 17 Personen, samt Angestellten, konnten nun von seinen Einnahmen leben.[133]

Mit dem Nationalsozialismus und der Flucht der rund 200 meist jüdischen Analytiker wurden die USA zur Heimat der deutschsprachigen Psychologie und zum Zentrum der Psychotherapie. Mit der Ankunft der Psychoanalytiker übernahm die Psychoanalyse endgültig das akademische Wissenschaftsfeld und erreichte eine zahlungskräftige Kundschaft.[134] Psychoanalytische Überlegungen hielten Einzug in die Anthropologie, Ethnologie und Politikwissenschaft. Ihr durchstrukturiertes Theoriegebäude schien überzeugender als Adlers oft unklare oder missverständliche Theorien, die sich in ihrer Popularisierung zunehmend verflachten.[135]

Die Psychoanalyse erweiterte sich in eine Ich-Psychologie, schließlich in eine Psychologie des Selbst. Durch seinen frühen Tod nahm Adler ab 1937 auf die Entwicklungen in den USA keinen Einfluss mehr. Dafür wurde sein einstiger Wiener Schüler Rudolf Dreikurs prominent. Nach dessen Emigration gründete er in Chicago das Alfred Adler Institut, konzentrierte sich in der Tradition des Roten Wien auf die Neurosenprophylaxe und die Lehrerausbildung, initiierte Lehrer- und Erziehungsberatungsstellen und erreichte mit sehr vielen, teils stark vereinfachenden Schriften, z. B. »Children: The Challenge«, 1964 (dt. »Kinder fordern uns heraus«), in höchsten Auflagenzahlen ein Massenpublikum in den USA. Prominent waren auch die Neopsychoanalytiker, die die Dogmen Freuds über Bord warfen. Das Buch der deutschen Analytikerin Karen Horney »The Neurotic Personality of Our Time« (dt.: »Der neurotische Mensch unserer Zeit«), 1937 erschienen, erregte enorme Aufmerksamkeit. Darin erklärte sie die Familie zum Ursprung neurotischen Verhaltens. Oder Erich Fromms »Escape from Freedom« (*dt.* »Die Furcht vor der Freiheit«) von 1941, das eine revidierte Psychoanalyse mit dezidiert soziologischen Zeitdiagnosen präsentierte, 1956 gefolgt von »The Art of Loving« (dt. »Die Kunst des Liebens«), bis

2003 in der 60. Auflage. Im klinischen Bereich war es der Psychiater Harry Stack Sullivan, der mit seinem interpersonalen Ansatz das psychoanalytische Feld stark erweiterte, posthum veröffentlicht in »The Interpersonal Theory of Psychiatry« 1953.

In eine ähnliche Richtung gingen die Vertreter einer Humanistischen Psychologie in den USA, einem sozusagen »dritten Weg« zwischen dem an US-Universitäten mittlerweile boomenden Behaviorismus, einer Art naturwissenschaftlicher Verhaltensforschung, und der Psychoanalyse. Die Vertreter der Humanistischen Psychologie legten Wert auf den »ganzen Menschen«, auf sein Streben nach einem erfüllten Leben und der Entwicklung von Gemeinschaften. Diese Ansätze leiteten eine »Therapeutisierung des Normalen« ein. Therapie war nicht mehr nur etwas für »Kranke«, sondern ein Transmitter hin zu einem glücklicheren Leben. Das verband sich mit einem positiven Menschenbild und war eng verbunden mit den Ideen der Reformpädagogik.

Ein späterer, breit rezipierter Ansatz der Humanistischen Psychologie war die Themenzentrierte Interaktion der 1941 in die USA emigrierten Analytikerin Ruth Cohn. Auch bei ihr findet sich ein positives Menschenbild mit einer Philosophie des Ganzheitlichen, einer Aufwertung der Emotionalität und der Wiederentdeckung des Gefühls. Das ging einher mit der Einführung der Gruppentherapien in den 30er und 40er Jahren in den USA in Form des Psychodramas des aus Wien emigrierten Analytikers Jakob Moreno. Moreno ging von Untersuchungen zur Gruppendynamik des einstigen Berliner Sozialpsychologen Kurt Lewin aus. Ein anderer Stammvater der sich später vielfach verzweigenden Humanistischen Psychologie war der US-Amerikaner Carl Rogers mit seinem Ansatz einer personenzentrierten Psychotherapie. Einer seiner Ausgangspunkte war eine Vorlesung von Adler im Winter 1927/28 in den USA, die er als Student erlebt hatte und die sein Denken nachhaltig prägte. Auch Rogers setzte auf Selbsterfahrungsgruppen, sogenannte »Encoutergruppen«, mit Blick auf die Emanzipation der Teilnehmer, Selbst-Demokratisierung und eine »Feedback Kultur«. Das führte zu einer regelrechten Karriere der Gruppentherapie, die schnell in die ganze US-Gesellschaft diffundierte und vielfältige Sozialexperimente auslöste.[136]

In all diesen Ansätzen wurde ein tiefenpsychologisches Verständnis alltagstauglicher und damit breitenwirksamer. Aus dem Elfenbeinturm einer komplizierten psychoanalytischen Theorie, die den meisten Menschen verschlossen blieb, wandelte sich die Tiefenpsychologie zu etwas Allgemeinverständlichem, das popularisiert über eine Ratgeberliteratur und Lebenshilfen unmittelbar Eingang in die amerikanische Gesellschaft fand. Neue Berufsgruppen wie Sozialarbeiter, Sozialpädagogen, Eheberater, Fachleute für Sexualerziehung, Berater an Jugendgerichten bezogen sich auf diese Ideen. Gleichzeitig griffen Managementtheorien und die Justiz den Trend auf. Die USA der 40er und 50er Jahre wurden die erste »therapeutisierte Gesellschaft«.[137] »Es ist fast unmöglich geworden«, schreibt der einst aus Österreich emigrierte US-Analytiker Alfred Farau Anfang der 50er Jahre, »eine amerikanische Zeitschrift, ein Magazin, eine populärwissenschaftliche Broschüre aufzuschlagen, ohne auf ›Tiefenprobleme‹ zu stoßen; ›freudianische Filme‹ erscheinen in des Wortes buchstäblichster Bedeutung am laufenden Band, Fachausdrücke schwirren bei jeder gesellschaftlichen Unterhaltung in der Luft, und Träume werden zum Nachtisch gedeutet, so wie man einst die Nüsse knackte. Analytiker von Rang haben über Monate hinaus keine freie Stunde, dafür aber Wartelisten für ihre Patienten, und wer's nur irgendwie erschwingen kann, lässt sich analysieren.«[138]

In den USA wurden darüber hinaus zu der Zeit die Psychiatrien ausgebaut, und die Anzahl der klinisch-psychologischen Berufe stieg exponentiell. Die American Psychological Association hatte 1940 genau 2739 Mitglieder, 1970 waren es 50 839 – eine Zunahme um das Achtzehnfache. 1940 gab es 2295 Psychiater, 1948 mehr als doppelt so viele. 1976 arbeiteten in den USA 27 000 Psychiater. Zwischen 1970 und 1995 stieg die Zahl der im psychiatrischen Gesundheitswesen Beschäftigten um 400%. Es wurde viel Geld für die psychiatrische Erforschung von Jugendkriminalität, Suizid, Alkoholismus und Gewalt im Fernsehen investiert.[139]

Eine US-Gesellschaft im Psychoboom, die Alfred Adler nicht mehr erlebte. Politisch weitsichtig, war er 1933 in die USA umgesiedelt und hatte sofort die amerikanische Staatsbürgerschaft beantragt. Auch hatte er seine Frau und die Kinder gedrängt nachzukommen. 1934 folgten sie ihm. Außer Tochter Valentine. Sie war mit ihrem Mann in die Sowjetunion geflohen. Ab 1937 hörte die Familie nichts mehr von ihr. »Es wurde ihm«, so Manès Sperber über seinen einstigen Mentor Adler, »zur ständigen Qual, ohne Nachricht von ihr abgeschnitten zu sein, sie verschollen zu wissen. ... Wo immer Adler hinkam ... überall hoffte er, den ersehnten Brief vorzufinden oder ein Telegramm, irgendein Wort, das ihm über Valis Geschick beruhigende Auskunft geben würde.«[140] Adler bekannte: »She had been since birth my most intimate child.«[141] Ende 1937 brach er auf einer Vortragsreise in Schottland auf einer Straße in Aberdeen zusammen und starb an einem Herzinfarkt. Er sei, so Tochter Alexandra Adler, über der Verhaftung Valentines gestor-

Alfred Adler, 1937.

ben.[142] Valentine Adlers Mann hatte in Moskau im Pressebüro des Trotzkisten Karl Radek gearbeitet, der im Januar 1937 als einer der Hauptangeklagten im zweiten großen Schauprozess angeklagt wurde. In den selben Monat fiel die Verhaftung von Valentine Adler. Die kommunistische Schriftstellerin Susanne Leonhard war 1935 mit ihrem Sohn Wolfgang in die Sowjetunion emigriert und ein Jahr vor Valentine Adler verhaftet worden; später war sie zwölf Jahre nach Workuta, ein Gulag-Lager ganz im Norden, verschleppt worden. »Als sich eines Nachts im Februar 1937 unsere Zellentüre öffnete«, schrieb sie in ihrer Autobiographie, »und ich in der Neuangekommenen Vali Adler erkannte, wäre ich ihr im ersten Impuls beinah um den Hals gefallen.« »Vali blieb mit einem umfangreichen Bündel in den Armen an der Türe stehen. Keine Neue hatte bisher ihr Entsetzen verbergen können beim Anblick dieses ›Nachtasyls‹, dieses Massenlagers eng zusammengepferchter halbnackter Frauen. …

Am 22. Januar waren sie und ihr Mann geholt worden. Ungefähr einen Monat hatte sie in der Lubjanka zugebracht. Noch wenige Tage vor ihrer Verhaftung hatte sie meine Freundin Sonja Liebknecht [die Frau Karl Liebknechts, ap] und meinen Jungen gesehen. Valis Vater, der Wiener Individualpsychologe, hatte 1929 einen Ruf an die Universität New York angenommen. Ich war in den zwanziger Jahren in Berlin mehrmals zu seinen Vorträgen gegangen und war dabei auch persönlich mit Professor Alfred Adler bekannt geworden. Valis Mutter, die Russin Raïssa Timofejewna, die als Übersetzerin arbeitete, hatte ich schon 1921 in Wien kennengelernt. ... Vali berichtete mir von dem erneuten Anwachsen der Verhaftungswelle ... Einige Tage ließ man Vali in Ruhe. Dann aber wurde sie gleich mehrere Nächte hintereinander zu stundenlangen Verhören herausgerufen. Sie wurde beschuldigt, ›rechte Abweichungen‹ gehabt zu haben. Dass sie den oder jene KP-Koryphäen persönlich gekannt hatte, wurde als gravierendes Moment ins Protokoll aufgenommen ...«[143]

Zwei Monate verbrachten Susanne Leonhard und Valentine Adler in derselben Zelle, Pritsche neben Pritsche. Über all das, was ihr in Stalins Moskau widerfahren war, wollte sie ein Buch schreiben. Wenige Tage vor Leonhard wurde sie aus der Zelle geholt. Sie sahen sich nie wieder. Am 19. September 1937 wurde Adlers Tochter zu acht Jahren Lagerhaft verurteilt.[144] Stalin, Molotow, Kliment Woroschilow, Lasar Kaganowitsch und Andrei Schdanow bestätigten das Urteil. Auf dem Blatt mit der Liste der Verurteilten stand nur ihr Name. Der Liste war eine Mitteilung des NKWD angehängt, dass ihre Eltern seit 1911 Trotzki persönlich verbunden gewesen seien. Damals war Valentine dreizehn Jahre alt. Vermerkt wurde zudem, dass sie bis zuletzt auf ihrer Unschuld beharrte. Im Februar 1938 erhielt Raissa Adler aus Moskau die Information, Valentine Adler sei verurteilt und ausgewiesen worden. Doch sie blieb wie vom Erdboden verschluckt. Im März 1947 kam die Nachricht von Margarete Buber-Neumann aus Schweden, sie habe »Vali« im Januar 1940 im Gulag gesprochen. »Sie erzählte mir von vielen schweren Verhören. Die NKWD beschuldigte sie der Beziehung zu den Trotzkisten. Eine Begegnung ihrer Eltern mit Trotzki war ein Hauptbelastungsmoment.«[145] Valentine Adler starb fünf Jahren nach ihrer Verhaftung, am 6. Juni 1942, im Gulag, ihr Mann Gyula Sas kam am 26. August 1943 ebenfalls in einem Lager zu Tode.[146] Da war Alfred Adler schon sechs Jahre tot.

Seine Frau Raissa überlebte Adler um 25 Jahre. Die gebürtige Russin tat sich schwer in und mit den USA. Die Sprache blieb ihr fremd. In Amerika erfuhr sie von der Ermordung Trotzkis in Mexiko. Über das Stalin-Imperium schwieg sie, um ihre Tochter zu schützen. 1952 erhielt sie die Bestätigung, dass Valentine in einem Gulag-Lager umgekommen war. Als Raissa Adler 1962 mit 90 Jahren in New York starb, hatte sie die Blütezeit der amerikanischen Psychotherapie sozusagen vor der Haustür. Zugleich war ihr bewusst, dass mit Stalin das Unbewusste, die Therapien und die psychologische Aufklärung und damit auch ihre gemeinsamen Wiener Ideale in der einst für sie so hoffnungsbesetzten Sowjetunion seit einem Vierteljahrhundert ausradiert worden waren.

Als Stalin 1927 den berühmten russischen Psychiater Wladimir Michailowitsch Bechterew zu sich bestellte, und der, nach seiner Einschätzung gefragt, erklärte, Stalin habe eine schwere Paranoia, starb Bechterew zwei Tage später. Einige Jahre danach wies Stalins Chefankläger Andrei Wyschinski ein Gericht an, Bechterews Sohn Pjotr zum Tode zu verurteilen. Im Februar 1938 wurde er erschossen. Seine Frau Sinaida Bechterewa, eine Ärztin, kam ins Lager. Als Tochter eines Volksfeinds wuchs die Tochter der beiden, Natalja Bechterewa, mit ihrem Bruder und ihrer jüngeren Schwester in einem Waisenhaus auf. Sie wurde eine bekannte sowjetische Neurophysiologin und Direktorin des Moskauer Instituts für das menschliche Gehirn. Ihre Enkelin wurde nach 1989 wieder Psychiaterin.[1]

2 Moskau: Die Schaffung des Neuen Sowjetmenschen

Aron Borissowitsch Salkind – der pädologische Antisexer

Revolutions-Blutdruck – 1924 veröffentlichte der 36-jährige sowjetische Psychiater und Psychotherapeut Aron Salkind das Buch »Die zwölf sexuellen Gebote des revolutionären Proletariats«. Salkind war 1910 am Anfang seines Medizinstudiums auf die Schriften Freuds und Adlers gestoßen. Seitdem verstand er sich ohne jede analytische Ausbildung als Analytiker und war federführend in einer Gruppe von Kiewer Psychoanalytikern. Mit Hilfe einer abstrusen Melange aus Psychoanalyse, Energielehren und Leninismus startete er eine erstaunliche Karriere im jungen Sowjetstaat. Auf den 196 Seiten seiner Sexualschrift zeigte er sich besorgt über den Rückgang des revolutionären Elans der russischen Arbeiterschaft. Das Proletariat, erklärte Salkind, sei von seiner historischen Mission abgelenkt, weil ihm der sexuelle Fetischismus die Energie raube. Das sei ein grundsätzliches Leiden des modernen Menschen. Ziel des neuen Staates müsse es sein, dass das Kollektiv mehr Anziehungskraft als der Liebespartner haben müsse. Um das zu erreichen, seien folgende Regeln nötig: Sexualität erst ab dem 20. Lebensjahr und die dann selten, keine Polygamie, die Wahl des Sexpartners solle nach revolutionär-proletarischer Zweckmäßigkeit erfolgen und es dürfe keine Eifersucht geben. Als 12. und wichtigstes Gebot solle gelten: »Die Klasse hat um besagter revolutionärer Zweckmäßigkeit willen das Recht, sich in das Geschlechtsleben ihrer Mitglieder einzumischen.«[2] Das klang doch ziemlich anders als die Libertinage der 16 Jahre älteren Revolutionärin und Volkskommissarin Alexandra Kollontai, die vier Jahre zuvor in ihrer »Glas-Wasser-Theorie« gefordert hatte, dass in der neuen Gesellschaft das sexuelle Verlangen so leicht zu stillen sein solle wie der Durst mit einem Glas Wasser. Auch sie verstand ihre Forderungen als historisch-materialistisch und antibürgerlich. Ziel war es, neue zwischenmenschliche Beziehungen im Arbeiterkollektiv der zukünftigen Gesellschaft zu formen.[3] Sexualität war ein Thema beim Aufbau der neuen Gesellschaft. Bei Salkind hatte es viel mit seinem Verständnis der Sublimierung des Sexualtriebes gemäß der Freud'schen Triebtheorie zu tun. Statt Sublimierung in die Kultur nun in die Revolution.

Salkind bemerkte bei seiner analytischen Behandlung von Parteigenossen, dass seine Therapieversuche nichts nützten. Er entdeckte, was bislang ein Tabu gewesen war: Bis zu 90% seiner bolschewistischen Patienten wiesen neurologische Symptome auf. Sie hatten viel zu hohen Blutdruck. Als Ursache stellte er die permanente seelische Anspannung und übermäßige Arbeit der Parteikaste fest, sodass sich enormer Verschleiß breit machte. Sogar unter den studentischen Parteiaktivisten gäbe es 40–50% Nervenkranke mit einem klinischen Krankenstand von 10–15%. Neben der Überarbeitung litten viele auch daran, dass unter der NÖP, der Neuen Ökonomischen Politik, der sogenannte »revolutionäre Elan« verloren gegangen war. Einem ehemaligen Bürgerkriegskommandeur raubte es den Schlaf, dass »die fetten und geschniegelten

NÖP-Leute Oberwasser haben« und ein 22-jähriger Student, der im Bürgerkrieg Regimentskommandeur gewesen war, litt an Depressionen, da er das jetzige Leben als widerlich empfand. Revolutionäres Handeln, so Salkinds Schlussfolgerung, führe zu psychischer Gesundheit. Viele sehnten sich danach, der Revolution zu dienen, und ideologische Festigkeit helfe über manche seelische Krise hinweg. So hätten Soldatinnen, die im Bürgerkrieg vergewaltigt worden seien, als Genossinnen eine revolutionäre Einstellung und gerieten deshalb nach der Vergewaltigung nicht in eine »ideologische Krise«. »Die Große Französische Revolution«, so Salkind, »war als Massenkur dem Wohlbefinden der Menschheit zuträglicher als Millionen von Badezimmern, Wasserleitungen und tausende neuer chemischer Präparate.«[4]

Was aber war nun zu tun angesichts des vielstimmigen Leidens der Genossen? Für den klassenbewussten Salkind war klar, dass dem nur mit Ideologie beizukommen war. Es bedurfte »verstärkter Parteierziehung«. Außerdem solle man seine zwölf Sexualgebote umsetzen und sich nicht durch sexuellen Fetischismus ablenken lassen.

Maschinenmensch – Salkind wurde im ukrainischen Charkiw geboren. 1910, schon mit 22 Jahren als Medizinstudent, gehörte er zu den Herausgebern der Zeitschrift »Psichoterapija«. Im Grunde verstand er sich als Adlerianer, wobei sich die Auffassungen damaliger russischer Analytiker vielfach aus unterschiedlichen Versatzstücken zusammensetzten. Nach dem Studium arbeitete er als Analytiker und nahm am »kleinen Freitag«, einer zweiwöchigen Diskussionsrunde unter Leitung des ehemaligen Direktors der psychiatrischen Klinik der Moskauer Universität Wladimir Serbski teil. Hier fand sich auch der engere Kreis jener Moskauer ein, die an der Psychoanalyse interessiert waren. Serbski, selbst kein Analytiker, aber eine geachtete Koryphäe seines Fachs und gegenüber den Ideen aus Wien offen, blieb bis zu seinem plötzlichen Tod 1917 der Patron der Moskauer Psychoanalytiker.[5] Mit der Machtübernahme durch die Bolschewiki stellte sich Salkind im Revolutionseifer ganz in den Dienst der neuen Zeit. Am Ende des Bürgerkriegs, der ein Land in Trümmern zurückgelassen hatte, zirkulierten die unterschiedlichsten Ideen. Für Lenin galt es, alle bisherigen wissenschaftlichen Erkenntnisse auf ihre Brauchbarkeit für eine zukünftige proletarische Wissenschaft abzuklopfen.[6] Salkind erwies sich in dieser Suche der frühen Sowjetunion nach dem Neuesten und Durchschlagendsten als machtbewusst-findiger Konstrukteur neuer Theorien. Auf dem 2. Psychoneurologischen Kongress 1924 stellte er vor 906 Delegierten, darunter 429 revolutionsbegeisterte Mediziner und marxistische Pädagogen, sein eklektisches Programm vor. »Die soziogenetische Koppelung mit der Reflexlehre unter maßvoller Einbeziehung der wertvollsten freudistischen Begriffe wie auch einzelner experimenteller Methoden stellen eine wesentliche Bereicherung der biomarxistischen Theorie und Praxis dar.«[7] Sein Programm wurde von den Kongressteilnehmern begeistert angenommen.

Salkind wurde zum führenden Kopf der marxistischen Pädagogik und machte sich zum Hauptvertreter einer neuen sowjetischen Wissenschaft: der Pädologie. Doch so neu war die Pädologie letzten Endes nicht. Sie hatte es schon vor der Revolution in Russland und anderen europäischen Ländern gegeben. Aber nun erlebte sie in der jungen Sowjetunion einen rasanten Aufstieg. Nötig sei eine naturwissenschaftliche Pädagogik mit systematischen Beobachtungen und Experimenten, so die Pädologen, wie man sie aus der experimentellen Psychologie kenne. Daten und Beobachtungen aller Aspekte des Kindes müssten gesammelt werden: körperliche, psychische, soziale, moralische, in den verschiedenen Lebensabschnitten, im Wachstum, in der Entwicklung und den Fähigkeiten normaler wie entwicklungsgehemmter Kinder – so exakt und komplett wie irgend möglich.

Das Neue und der naturwissenschaftliche Anspruch der Pädologie passten in die große Aufbruchstimmung. Erst die Naturwissenschaften, dann der radikale Umbau des Schul- und Erziehungswesens. Das war ein gigantisches Reformprojekt. Man stand vor einer Herkulesaufgabe, zumal der Bürgerkrieg ungeheure Verheerungen zurückgelassen hatte. Nur 32% der Bevölkerung auf dem Land konnten lesen und schreiben. Nur 52% der Kinder im Schulalter waren 1923 in einer pädagogischen Einrichtung gemeldet. Deshalb sollte zuerst die Grundschulpflicht eingeführt und der Analphabetismus bekämpft werden. Zuständig im Bildungsministerium waren die zwei wichtigsten Pädagogen im Land, Pawel Blonski und Stanislaw Schatzki, beide eng verbunden mit Nadeschda Krupskaja, der Frau Lenins. Ihre Eingriffe waren radikal: Zensuren und Hausaufgaben wurden abgeschafft, neue Unterrichtspläne ohne jede Rücksicht auf die völlig überforderten Lehrer eingeführt.

Mit staatlicher Unterstützung erlebte die Pädologie einen Höhenflug. So breit der pädologische Ansatz war, so unterschiedlich konnte man die neue Wissenschaft verstehen. Auf dem ersten Pädologischen Kongress 1911 in Brüssel gab es Sektionen zur Anthropometrie, Biologie, Kindersoziologie, der Schulhygiene, der Psychologie und Pädagogik des normalen wie anomalen Kindes.[8] Auch unter den Sowjetpädagogen kursierten die unterschiedlichsten Vorstellungen, was aber in der revolutionären Begeisterung unterging. Salkind machte in dieser Phase eine steile Karriere. Im April 1928 wurde er Vorsitzender der neu eingesetzten Planungskommission für pädologische Forschung und Chefredakteur der neu gegründeten Zeitschrift »Pädologie«.

Ziel der neuen pädologischen Pädagogik sollte eine fabrikmäßige Ausbildung sein, die den Menschen so einsatzbereit machen sollte wie eine Maschine. »Wir sollten unsere Kräfte«, so das Politbüromitglied Nikolai Bucharin, »nicht an ein allgemeines Palaver verschwenden, sondern sie darauf konzentrieren, in kürzester Frist eine ausreichende Stückzahl von Arbeitern zu produzieren, qualifizierte, speziell geschulte Maschinen, die man sofort einführen und dann in breitem Umfang zum Einsatz bringen könnte.«[9]

Neben der genormte Menschmaschine knüpften sich an die neue Humanwissenschaft auch sofort Vorstellungen vom Umbau des Menschen. »Die Pädologie«, so der Volkskommissar für Bildung Anatoli Lunatscharski, »leuchtet uns auf dem entscheidenden Weg zur Herstellung des neuen Menschen, die parallel zur Produktion neuer Ausrüstungen in der Wirtschaft zu organisieren ist.«[10] Diese Neuen Menschen stellte man sich als eine Art Zuchtprojekt für den aufzubauenden sozialistischen Staat vor. Mittels der Pädologie sollte dem neuen Sowjetmenschen seine DNA eingepflanzt werden.

Überall im Land wurden pädologische Lehrstühle und Studiengänge geschaffen, dazu Forschungsprojekte angeschoben. Die pädologischen Hochschulen, Zentralinstitute, Kurshochschulen, Akademien, Fachhochschulen, Laboratorien, Zentrallabore waren bald überfüllt. In der Pädologie sah man die Lösung aller Probleme. Und Salkind galt als geistiger Kopf dieser Bewegung. Vom praktizierenden Psychoanalytiker wurde er zum Organisator der »neuen Wissenschaft vom Kind« und damit zum Konstrukteur des »neuen Massenmenschen«.

Vermessenes Unbewusstes – Dabei war die Pädologie nicht die einzige Wissenschaft, die einen solchen Aufschwung erlebte. Alle neuen Ideen und Ansätze, die man von staatlicher Seite für brauchbar erachtete, wurden gefördert. So auch die Psychoanalyse. Die maßgeblichen Funktionäre schätzten den naturwissenschaftlichen Ansatz von Freud und erachteten ihnen als revolutionär. Ab 1924 kam allerdings eine Diskussion auf, ob es sich bei Freud wirklich um einen materialistisch-naturwissenschaftlichen Ansatz handele oder ob die Psychoanalyse eine idealistische Konstruktion sei. Dem folgte ein Streit über das Verhältnis von Freudismus und Marxismus, der rasch in den Sog politischer Machtkämpfe geriet. Salkind war zu dem Zeitpunkt noch laut einem Bericht in der Internationalen Zeitschrift für Psychoanalyse als ein »Adlerianer-Reflexologe« taxiert, der das Soziale und den Machttrieb für die zentralen Triebe hielt.[11]

Salkind bemerkte natürlich die neuen Machtverhältnisse und distanzierte sich schnell vom »Freudismus« und aller Tiefenpsychologie. Statt von Psychologie sprach er nun nur noch von der Psychoneurologie. In seiner Zeitschrift »Pädologie« schrieb er 1930, dass es bei Freud immer nur Vergangenheit gebe, die im Krieg mit der Gegenwart stehe. Wenn so das Bewusstsein dem Unterbewussten untergeordnet würde, könnten die sozialen Forderungen die Menschen nicht erreichen. Sie lebten in einer verschlossenen Welt. Der Sozialismus aber erfordere Menschen, die sich ins Kollektiv einfügten und an ihrem Verhalten arbeiteten, die standhaft, pflichtbewusst und selbstständig seien.[12]

Zur selben Zeit initiierte Salkind einen Allunions-Kongress für Psychologie »zur Erforschung des menschlichen Verhaltens« in Leningrad. In seinem Vortrag »Die psychoneurologische Wissenschaft und der sozialistische Aufbau« kritisierte er die bisherige psychologische Entwicklung in der Sowjetunion, insbesondere die Psychoanalyse, und forderte eine »marxistische Psychologie«.[13] In den zwölf Jahren seit der Revolution habe sich der gewünschte Massenmensch überall durchgesetzt, im Militär, in der Wirtschaft, in der Pädagogik, aber die psychoneurologische Wissenschaft habe ihm keinen Rückhalt gegeben. Zwischen kultureller und psychoneurologischer Revolution klaffe eine Schere. Es gebe keine Literatur, keine Beratungsstellen, keine Institute. Die führenden Organe der Partei müssten ohne Wissenschaft auskommen. Die Forschung der Psychoneurologie werde den Erfordernissen der Revolution nicht gerecht. Die Lösung sei die Pädologie.

Ende des Jahres 1930 wurde das Institut für experimentelle Psychologie in Moskau in das Institut für Psychologie, Pädologie und Psychotechnik umgebaut und Salkind zu dessen Leiter berufen. Damit war er an der Spitze der psychologischen Sowjetforschung angelangt. Aber die Pädologie, deren oberster Vertreter er war, brachte nicht das vom Staat erhoffte Ergebnis. Unzählige Testergebnisse und Datensammlungen hatten das Profil eines Normkindes erstellt, biologisch, mental und intellektuell. Alles, was vom Profil abwich, wurde zur Pathologie erklärt. Die soziale Realität des Landes aber bestand aus vielen Nationen und unterschiedlichsten Gesellschaftsformaten. Darüber hinaus hatten der Bürgerkrieg, die Urbanisierung und die Industrialisierung, aber auch das brachiale Vorgehen gegen »absterbende Klassen« viele zerrüttete Familien und entwurzelte Kinder hervorgebracht. Das Normsystem der Pädologen griff demnach nicht.

Sieben bis neun Millionen Waisen zogen, in Kinderbanden bettelnd, kriminell und sich prostituierend durchs Land. Durch die Einführung der Schulpflicht wurden sie zwar bei den Tests erfasst, aber durchgehend als verhaltensauffällig klassifiziert. Die erhoffte schnelle, naturwissenschaftliche Transformation hin zum Neuen Menschen steckte also in der Krise. Zudem wehrten sich die ethnischen Minderheiten gegen die Einschätzung ihrer Kinder als zurückgeblieben und betonten das Besondere ihrer Kulturen. Auf diese Weise ließ sich der neue, einheitliche Sowjetmensch aber nicht schaffen. Moskau reagierte mit einer flächendeckenden Einführung des Russischen als Unterrichtssprache, um die ethnischen Unterschiede stärker nivellieren zu können.[14]

Die Pädologie geriet jedoch immer mehr in die Kritik. Der Vorwurf lautete: Die Hauptthese der Pädologie, dass die Kinder biologisch und sozial determiniert seien, sei eine zutiefst reaktionäre Hypothese und stehe in krassem Gegensatz zu der Tatsache, dass die Kinder unendlich formbar und eben genau nicht durch Erbgut oder Erziehung determiniert seien. Veränderte Verhältnisse, so die Annahme der Kritik, würden automatisch veränderte Menschen produzieren.

Pädologische Perversionen – Das waren keine inhaltlichen Auseinandersetzungen, sondern reine Machtfragen. Stalins Intrigen katapultierten Trotzki zusehends ins Abseits und damit auch die Psychoanalyse, für die Trotzki stand. Dadurch gewann auch die Auseinandersetzung um die Pädologie zusehends an Schärfe. Als 1928 ein Schauprozess gegen 53 technische Spezialisten inszeniert wurde, ging es im Machtgeschacher schon um Überlebensstrategien. Das betraf nicht mehr nur die Pädologie, sondern längst alle Wissenschaften, insbesondere die Psychologie, die Pädagogik und die Psychotechniken. Führende Befürworter der Pädologie gerieten ins Kreuzfeuer. Sie seien Idealisten. Das war ein Vorwurf, der zu dieser Zeit schon lebensgefährlich sein konnte. Mit seinem früheren Bekenntnis zum »Freudismus« war Salkind besonders angreifbar. Um seine Haut zu retten, musste er öffentlich Selbstkritik üben, seine Schuld eingestehen und sich von der Tiefenpsychologie noch deutlicher distanzieren. »Ich habe«, so schrieb er 1931 im entscheidenden Abbitte-Artikel, »der Popularisierung des Freudismus in der UdSSR von 1923 bis 1925, durch die Macht der Gewohnheit auch später noch, objektiv Vorschub geleistet. Doch legte ich dem Freudismus stets mein eigenes Verständnis zugrunde, das ihn in Wirklichkeit völlig verzerrte. Dennoch nannte ich meine Ansichten weiterhin freudistisch, was ›kleine Geister‹ hat verwirren müssen.«[15] Er habe sich, so Salkind, immer bemüht, die soziologische Abhängigkeit und Formbarkeit des Menschen zu begründen und auf einem kämpferischen Persönlichkeitsbild zu bestehen. »Als ich 1910/11 auf Freud stieß, glaubte ich, endlich den Stein der Weisen gefunden zu haben. … Bei Freud lernte ich einen neuen frischen, tätigen Teil der Persönlichkeit als den maßgebenden kennen.« Aber natürlich sei er immer meilenweit von Freud entfernt gewesen. »Das ist der große Schaden, den ich mit meiner ›Verbindung‹ zum Freudismus angerichtet habe, mein Teil der Schuld daran, dass Freuds Popularität bei uns noch immer nicht ganz der Vergangenheit angehört.« Aber: »Die Festigung der Diktatur des Proletariats versetzt dem sowjetischen Freudismus den endgültigen Todesstoß.«[16]

Diese Distanzierung war derart brüsk, dass sogar die Krupskaja, Lenins Witwe, anfing, Freud zu verteidigen: Man dürfe, so bemerkte sie, das Kind nicht mit dem Bade ausschütten, das Unbewusste spiele im Leben durchaus eine Rolle. Salkind aber rief, in der Hoffnung, sich so zu retten, in der eigenen Zeitschrift zur Selbstkritik der Pädologen auf. Jede Ausgabe war nun randvoll mit ideologischer Scharfmacherei. Man veröffentlichte einen Artikel über »Die politische Perversion in der Pädologie« und 1931 einen von zehn Pädologen, darunter auch Salkind, unterschriebenen Artikel, dass die Pädologie ideologisch und methodisch falsch gewesen sei. Doch alles Verleugnen seines früheren Bekenntnisses zur Psychoanalyse und zur Pädologie nützte Salkind letztlich nichts. Der Kollektivartikel erschien in der letzten Ausgabe, die Salkind als Chefredakteur herausbrachte. 1932 erfolgte seine Abberufung vom Posten des Institutsdirektors, den er nicht mal ein Jahr innegehabt hatte.

Und der Konflikt schwelte weiter. Bei aller Kritik war die Pädologie noch immer der pädagogische Ansatz in Schulbüchern, bei der Kaderausbildung, bei der Einschulung. Bis die Pädologie ohne jeden äußeren Anlass am 4. Juli 1936 im ZK-Beschluss »Über die pädologischen Perversionen« vollständig verdammt wurde. In dem Beschluss hieß es, an den Schulen seien schädliche Organisationen mit eigenen Leitzentralen entstanden. Es habe Unmengen von unsinnigen Untersuchungen gegeben, die nur dazu dienten, die sowjetischen Kinder und ihre Familien zu brandmarken. In den vielen Sonderschulen gäbe es ganz normale Kinder, ja Talente. Man habe regelrecht beschädigte Kinder herangezüchtet und so den Aufbau des Sozialismus sabotiert. Die Pädologie-Ideologie sei absolut reaktionär. Um sie hätten sich antimarxistische Pädagogen geschart, die gegen die Revolution arbeiteten. Alle pädologischen Einrichtungen seien sofort aufzulösen.[17]

Über Nacht wurden unzählige Institute und alle Lehrstühle geschlossen, die Pädologie-Bücher aus den Bibliotheken entfernt, alle pädologischen Abschlüsse gestrichen, tausende Sonderschulen aufgelöst. Im nachfolgenden Chaos kollabierte das Erziehungssystem. Überall gab es unbeschulte, schwer verstörte Kinder, von denen die Sanatorien überquollen. Allein in Moskau existierten noch Monate später vierzig Sonderschulen mit 7000 nicht zu bändigenden Schülern. Man wusste nicht, wohin mit ihnen.

Als man Salkind im Juli 1936 den ZK-Beschluss überbrachte, erlitt der 48-Jährige einen Herzstillstand und starb auf der Stelle.[18]

Strukturaufbau

Erstkontakt – »In Russland ist die Psychoanalyse sehr allgemein bekannt und verbreitet worden«, notierte Freud 1914 in seiner »Geschichte der psychoanalytischen Bewegung«. »Fast alle meine Schriften sowie die anderen Anhänger der Analyse sind ins Russische übersetzt.«[19] Zwei Jahre zuvor, 1912, schrieb er an Jung noch ironisch von einer »lokalen Epidemie in der Psychoanalyse« in Odessa. Das bezog sich auf den Psychiater Mosche Wulff, der Freuds Bücher ins Russische übersetzte.[20]

Richtig ist, dass die Psychoanalyse in Russland vor allem in der Medizin schnell Fuß fassen konnte, was mit einer kleinen, aber aktiven Gruppe von Anhängern zu tun hatte. Ausgangspunkt der Bewegung war einerseits die 1909 gegründete Zeitschrift »Psichoterapija. Revue zu Fragen von

Therapie und Angewandter Psychologie« und andererseits die 1911 gegründete Russische Psychoanalytische Vereinigung. Gründer der Zeitschrift wie der Buchreihe »Die psychotherapeutische Bibliothek«, die sehr früh Freuds Schriften herausgab, war Nikolai Ossipow. Er leitete ein psychoanalytisch arbeitendes Ambulatorium an der Moskauer Universitätsklinik, gehörte zu den Initiatoren der psychoanalytischen Diskussionsgruppe, dem sogenannten »Kleinen Freitag«, in Anlehnung an die Wiener Mittwochsgesellschaft, und war Mitgründer der Moskauer Psychoanalytischen Gesellschaft.[21] Andere einflussreiche Freud-Promoter waren der Direktor der Moskauer Neurologischen Klinik, Alexander Bernstein, und der Psychiater Juri Kannabich, der später zum Hausarzt Adolf Joffes wurde. Auch im Russischen Verband der Neuropathologen und Psychiater, der sämtliche Nervenärzte und Seelendoktoren Russlands vereinte, war die Psychoanalyse gut vertreten.

Zu diesen stark auf Moskau konzentrierten Anhängern kamen auch Kreise in Odessa und St. Petersburg. Mosche Wulff, die Gründungsfigur der Psychoanalyse in Odessa, stammte aus einer jüdischen Familie, hatte ab 1900 in Berlin Medizin studiert und ab 1908 in Lankwitz im Sanatorium Berolinum die Psychoanalyse kennengelernt. 1909 kehrte er nach Odessa zurück, wo er eine Arztpraxis eröffnete und für die Buchreihe »Die psychotherapeutische Bibliothek« nun die Schriften Sigmund Freuds ins Russische übersetzte.

In St. Petersburg war die zentrale Figur die Psychiaterin Tatjana Rosenthal. Auch sie kam aus einer jüdischen Familie, wuchs in Minsk auf und war als 18-jährige jugendliche Revolutionärin 1902 zum Medizinstudium nach Zürich gegangen. Dort studierte sie an der psychiatrischen Klinik

Burghölzli zeitgleich mit der angehenden Psychiaterin Sabina Spielrein, die eine Liaison mit C. G. Jung einging, und mit Max Eitington, dem späteren Finanzier der Wiener Psychoanalytischen Gesellschaft. Anschließend zog sie nach Wien, lernte dort Freud kennen und nahm an der Mittwochsgesellschaft teil. Als weitere Station folgte Berlin, wo sie als erste Frau in die dortige Psychoanalytische Gesellschaft aufgenommen wurde. 1910 kehrte sie nach St. Petersburg zurück und übernahm als Neurologin die Leitung der Ambulanz am Forschungsinstitut für Gehirnpathologie. Das Forschungsinstitut führte Wladimir Bechterew. Hier arbeitete sie psychoanalytisch mit neurotischen Patienten. Tatjana Rosenthal hielt in Moskau Vorträge über Freud und schrieb über Adler. Über ihre letzten Jahre ist kaum etwas bekannt, nur dass sie 1921 Selbstmord beging.[22]

Die russischen Analytiker pflegten enge Kontakte nach Wien.[23] Adler initiierte eine enge Zusammenarbeit zwischen der Zeitschrift »Psichoterapija« und dem von ihm bis 1912 mitredigierten »Zentralblatt für Psychoanalyse«. Das hatte sicherlich mit den Sprachkenntnissen und Kontakten von Raissa Adler zu tun. Fast jede Ausgabe der »Psichoterapija« brachte ausführliche Resümees der Internationalen Psychoanalytischen Gesellschaft und Artikel aus dem Zentralblatt erschienen in Übersetzung. Umgekehrt referierte das Zentralblatt übersetzte Artikel aus »Psichoterapija« und brachte so die russischen Ideen in die deutsche Diskussion ein.[24] Auch nach der Trennung von Freud und Adler erschienen weiterhin Übersetzungen von Adlers Artikeln in der »Psichoterapija«.

Freud blieb skeptisch gegenüber der russischen Entwicklung und konstatierte 1914, dass es in Russland zwar eine Verbreitung tiefenpsychologischer Ideen gebe, aber noch kein tiefes Verständnis für die Psychoanalyse. Die Psychiatrie war in Russland als Fach wenig etabliert und daher offen für Einflüsse von außen. So wurden die tiefenpsychologischen Gedanken in den psychiatrischen Kreisen ohne erbitterten Widerstand – wie im Westen – aufgenommen, verankerten sich hier, vor allem in Moskau, und in der wichtigen Russischen Gesellschaft für Neuropathologie und Psychiatrie, dem Zusammenschluss aller Psychiater Russlands. Die Ideen aus Wien waren am Ende des zaristischen Russlands zwar noch eine Randerscheinung, die auf pädagogischen Kongressen und in der Psychologischen Gesellschaft keine Erwähnung fand, aber in den psychiatrischen Fachkreisen waren sie durchaus anerkannt.[25]

Staatsanalyse – Die Institutionalisierung der Tiefenpsychologie nach der Revolution nahm ihren ganz eigenen Verlauf. Ähnlich wie in der ungarischen Räterevolution und im Roten Wien griffen die revolutionären Machthaber die tiefenpsychologischen Ideen in der Hoffnung auf, hier Instrumente und ein wissenschaftliches Fundament für ihren Gesellschaftsumbau zu finden. Während des Krieges standen die Aktivitäten still, aber am Ende des verheerenden Bürgerkriegs zogen die Bolschewiki das kleine geschlossene Netz der medizinischen Analytiker heran und installierten diese in vielen der neugeschaffenen Institutionen im Land, sodass die Ideen der Tiefenpsychologie sich schnell verbreiten konnten.

Auftraggeber für diese massive Förderung war das Volkskommissariat für Bildung, abgekürzt »Narkompros«, unter Leitung des Politbüromitglieds Anatoli Lunatscharski. Ein Mammutapparat, zuständig für die gesamte Organisation der Bildung und Wissenschaft, des Bibliotheks- und Verlagswesens, der Archive, des Staatsverlags, der Museen, Theater und Kinos. In den 400 Abteilungen, Unterabteilungen und Kommissionen herrschte Chaos. Aber der Kultur kam von Anfang an höchste Bedeutung zu, wollte man sich doch gerade in dem Bereich radikal von der bürgerlich-dekadenten Gesellschaft absetzen. Das Ministerium war eine Art »Utopie-Werkstatt«, in der sich die kulturelle Avantgarde der frühen Sowjetunion mit höchsten Erwartungen sammelte.[26] Lenin interessierte sich sehr dafür, und auch Trotzki war ganz bei der Sache. Seine Frau, Natalja Sedowa, war im Narkompros für Museen zuständig, Trotzkis Schwester in der Sektion für Theaterkunst.

Bei den frühen Institutionsgründungen von 1918 wurden einflussreiche Stellen mit Analytikern besetzt: im Institut des Kindes in Moskau mit einer somatischen und psychologischen Filiale und einem Experimentalkindergarten, im »Klinisch Psychotherapeutischen Institut« mit Aron Salkind als Leiter und in der Psychoneurologischen Akademie mit dem »Institut für Kindererziehung«, an dem die Analytikerin Tatjana Rosenthal ihre psychoanalytische Arbeit mit Kindern aufnahm. Letztlich tauchen in diesen Gründungsjahren immer wieder dieselben Namen auf. Am deutlichsten wird das bei der Gründung der »Russischen Psychoanalytischen Vereinigung« (RPV) im Mai 1921. Den Gründungsantrag der formal privaten Organisation unterschrieben 14 Leute. Faktisch war es ein Antrag des Narkompros an sich selbst. Sechs der Antragsteller waren allerhöchste Funktionäre im Bildungsministerium. Dazu kamen vier Ärzte sowie Professoren und Schriftsteller, die wie schmückendes Beiwerk wirkten.[27] Die Bewilligung erfolgte umgehend. Es ging bei dem Vorstoß mehr um Politik als um wissenschaftliche Expertise. So spielte die Psychiaterin Sabina Spielrein,

Tochter eines russisch-jüdischen Kaufmanns aus Rostow am Don, die in Deutschland und der Schweiz als ausgebildete Analytikerin jahrelang gearbeitet hatte und sicher über die gründlichste Ausbildung verfügte, in der Vereinigung nie eine tragende Rolle.[28]

Auch wenn das später verschwiegen wurde und man die Vereinigung als von medizinischen Fachleuten gegründet vorstellte, war es ein vom revolutionären Staatsapparat initiierter Zusammenschluss zur Verbreitung tiefenpsychologischer Gedanken. Am deutlichsten zeigt sich das an der Person des 65-jährigen Otto Juljewitsch Schmidt. Schmidts Name führte die Unterstützerliste an, er wurde 1923/24 Vizepräsident der Vereinigung, war ein großer Wissenschaftsorganisator, aber ohne jeden Bezug zur Psychoanalyse. Seine 30 Jahre jüngere Frau Vera Schmidt wurde die Leiterin des neu gegründeten psychoanalytischen Kinderlaboratoriums, ein Kernelement der Unternehmung. Schmidt leitete den Staatsverlag, der eine Freudübersetzung nach der anderen herausgab. Von 50 russischen Freud-Texten sind 34 nach der bolschewistischen Machtergreifung erschienen, 28 davon im Staatsverlag.[29]

Alexander Etkind, ein guter Kenner der sowjetischen Psychoanalyse, hält die Gründung der Vereinigung für ein politisches Kalkül von Trotzki und die Besetzung des Ehepaars Schmidt für strategisch. Der Gedanke ist naheliegend, auch weil er zur biographischen Vorgeschichte Trotzkis und des engeren Kreises um ihn passt.[30] Auf jeden Fall war die Gründung von der revolutionären Führung des neuen Staates gewollt. Entsprechend fiel auch die zugewiesene Lokalität für die neue Vereinigung aus: die stattliche Rjabuschinski-Villa an der Kleinen Nikitskaja. Das Haus war eines der auffälligsten in ganz Moskau. 1900 von einem deutsch-russischen

Architekten in reinstem Jugendstil gebaut.[31] Die Psychoanalyse in Russland fand in dieser zeitgemäßen Pracht ihr Zentrum. Auch das psychoanalytische Kinderlaboratorium wurde hier eingerichtet, später kam noch das Staatliche Psychoanalytische Institut dazu.[32] Die personellen Überschneidungen waren vielfältig. Der Psychiater Iwan Jermakow war Präsident der psychoanalytischen Vereinigung, formaler Leiter des Kinderlaboratoriums und dann noch Institutsdirektor. Damit war der 46-jährige Jermakow die zentrale Figur der russischen Psychoanalyse.[33]

Die Vereinigung richtete, analog zum Berliner Institut, eine psychoanalytische Poliklinik ein, »wo täglich«, so heißt es in einem Bericht des Sekretärs der Vereinigung, »eine größere Anzahl von Analysen durchgeführt wurden, und psychoanalytische Vorlesungen stattgefunden haben, die den Ärzten und Pädagogen die Grundprobleme der Psychoanalyse näher zu bringen suchten. ... Die Vorlesungen über Psychoanalyse, Sexualpsychologie, Anwendung der psychoanalytischen Forschung auf die Kunst usw., sammelten immer wieder Zuhörer, die sich gerne mit den neuen Standpunkten vertraut machten.«[34] Das war natürlich auch Selbstrepräsentation. Faktisch gab es kaum qualifizierte Fachleute für ein psychoanalytisches Angebot. Die wenigsten hatten eine Analyse und keiner eine Lehranalyse im Ausland absolviert. Die meisten gingen pragmatisch von den eigenen Erfahrungen aus, zogen dabei ganz unterschiedliche Überlegungen heran, was zu einem Nebeneinander verschiedenster, teils eigenwilliger Ideen führte.[35] Entsprechend ungeordnet war auch die Ausbildung. Nur eine Handvoll der Mitglieder hatte eine eigene Praxis.

Dennoch: Für die die psychoanalytische Bewegung in der frühen Sowjetunion gab es anfangs eine massive staatliche Unterstützung, de facto war sie vom Staat gesteuert. Die Hoffnungen, die sich damit verbanden, waren groß, aber kaum jemand war ausgebildet. Ein kleiner Personenkreis mit weitreichenden Kontakten bestimmte rund fünf oder sechs Jahre lang die Psychoanalyse im Land. »Die Nähe der sowjetischen Psychoanalytiker zur Macht in den zwanziger Jahren«, konstatiert Etkind, »ist ein einzigartiges Phänomen. Die personellen Verflechtungen ebenso wie die vielen Punkte, an denen sich ihre ureigenen Postulate mit der herrschenden ideologischen Linie berührten, hat es in dieser Form nie und nirgends sonst gegeben.«[36] »Man kann in der Tat sagen«, so Martin Miller, Professor und Verfasser eines Standardwerks zu »Freud and the Bolsheviks«, »dass keine Regierung zuvor und seither die Psychoanalyse in einem solchen Maße unterstützt hat.«[37]

Allmachtsphantasien

Nietzscheanischer Marxismus – »Es muss aus dem alten Adam ein ›neuer Mensch‹ gemacht werden. Dieses [ist] ... die tatsächliche Ratio des ganzen Unternehmens – und sein eigentlicher Kern«, fasst der Russlandexperte Gerd Koenen das Ziel der bolschewistischen Revolution zusammen.[38] Im Sozialismus, so die verbreitete Utopievorstellung unter den Revolutionären, werde es keine körperlichen und seelischen Leiden mehr geben, weil der Mensch seine Geschicke selbst in die Hand nehmen, und mit der Beseitigung von Ausbeutung und Eigentum zwangsläufig der Neue Mensch entstehen werde. Depressionen, Eheschwierigkeiten, Alkoholismus, Suizid – all das sollte mit den neuen ökonomischen Verhältnissen verschwinden. Zentraler Stichwortgeber für die Neukonstruktion war Leo Trotzki. »Wir können eine Eisenbahn quer durch die Sahara bauen, den Eiffelturm errichten, drahtlos mit New York konferieren«, dozierte er: »Und den Menschen zu verbessern, sollten wir nicht in der Lage sein? O nein, wir werden es sein! Eine neue, ›verbesserte Auflage‹ des Menschen herzustellen – darin liegt die künftige Aufgabe des Kommunismus.«[39]

Und Trotzki an anderer Stelle: »Im Zuge seiner Weiterentwicklung führt der Mensch eine Säuberung ... seiner Innenwelt von allem Unbewussten und Finsteren« durch. Diese Säuberung von Unvollkommenheiten geschehe mittels der Naturwissenschaften. Zuerst müsse man alles über den Menschen wissen, »seine Anatomie, seine Physiologie, und auch den Teil der Physiologie, der sich Psychologie nennt«.[40] Und dann »wird der Mensch sich selbst in Arbeit nehmen, in den Mörser, in die Retorte des Chemikers. Die Menschheit wird zum ersten Mal sich selbst als Rohmaterial, bestenfalls als physisches und psychisches Halbfabrikat betrachten«.[41] Alles Unwägbare und Spontane sollte für Trotzki verbannt werden.[42] »Das Leben, selbst das rein physiologische, wird zu einem kollektiv-experimentellen werden. Das Menschengeschlecht, der erstarrte homo sapiens, wird erneut radikal umgearbeitet und – unter seinen eigenen Händen – zum Objekt kompliziertester Methoden der künstlichen Auslese und des psychophysischen Trainings werden. Das liegt vollkommen auf der Linie der Entwicklung.«[43] Trotzki schwebte bei seiner Vision buchstäblich der Übermensch vor: »Der Mensch wird sich zum Ziel setzen, seiner eigenen Gefühle Herr zu werden, seine Instinkte auf die Höhe des Bewusstseins zu heben, sich durchsichtig und klar zu machen, mit seinem Willen bis in die letzten Tiefen seines Unbewussten vorzudringen und sich so auf eine Stufe zu erheben – einen höheren gesellschaftlich-biologischen Typus, und wenn man will – den Übermenschen zu schaffen.«[44] Über solche Vorstellungen mutierte eine groteske Wissenschaftsauffassung zur Erlösungsreligion.

Trotzkis Vision der Erschaffung des sozialistischen »Übermenschen« durch modernste genetische und »psychisch-physische Selbsterziehung« meinte auch die Disziplinierung der soeben aus den entferntesten Dörfern in die Industriezentren geströmten Arbeiter. Im sozialistischen Wirtschaftsgefüge sollten Mensch und Maschine eins werden.

1924 beschrieb Trotzki eine zukünftige Gesellschaft, in der es keinerlei technische oder menschliche Beschränkung mehr geben solle. »Im tiefsten und finstersten Winkel des Unbewussten, Elementaren und Untergründigen hat sich die Natur des Menschen selber verborgen«.[45] Sie gilt es zu Tage zu fördern und in das Innerste des Menschen einzugreifen. Der Neue Mensch entsteht für Trotzki demnach durch das Bewusstmachen des Unbewussten. Wie das vonstattengehen sollte, sagte er an keiner Stelle. Dem Volkskommissar ging es nicht um ein reales tiefenpsychologisches Wissen, er beschwor lebenslang die erschreckende Utopie eines »nietzscheanischen Marxismus«. Die Ideen Freuds waren für Trotzki lediglich das rudimentäre Instrumentarium auf der Produktionsstraße des Neuen Menschen. Freud und die Psychoanalyse standen bei ihm für Seelenbearbeitung, unabhängig von Inhalten und psychologischen Ansätzen. »Trotzkis Amalgam aus Nietzsches Übermenschen, Revolutionsromantik, Marx und Psychowissenschaft«, so Gerd Koenen, könnte man »amüsant oder visionär finden ..., wären sie nur die Meinung eines gebildeten Dilettanten – und nicht das Programm eines aufgeklärten Despoten.«[46]

Revolutionäre Sublimierung – Trotzkis Auffassung vom Nutzen der Tiefenpsychologie für die Revolution teilten beileibe nicht alle kommunistischen Politfunktionäre. Vielen waren psychologische Überlegungen gänzlich fremd. Unter den führenden Bolschewiki gab es sehr unterschiedliche Auffassungen über die Erziehung, Konditionierung und Produktion des Neuen Menschen. Das war auch ein Grund für den Dauerkampf um die notwendige Linie, welche Wissenschaft oder Lehre am schnellsten zum revolutionären Endziel führen könne. Lenin sah in den Bauern nur Objekte, die in Schach zu halten waren. Aus den sogenannten »Muschiks«, den Bauern, ließ sich für ihn kein Neuer Mensch formen. Einzig die Parteielite musste herangezüchtet werden: asketisch, daueraktiv, androgyn-kameradschaftlich, stets bereit zu lernen und nochmals zu lernen und allein für die Revolution lebend. Für Emotionen und das Unbewusste war da kein Platz. »Ein wahrhaft wissenschaftlicher Psychologe«, wusste Lenin, »muss unmittelbar mit dem Studium der Nervenprozesse beginnen, die ja das materielle Substrat der psychischen Tätigkeit sind.«[47] Lenin, aber auch Gorki, hielt Gefühlsschwäche und Sentimentalität für »kleinbürgerliche Eigenschaften«, den Feind bewusster, rationaler Handlungen. Sie seien der Hemmschuh bei der Entwicklung der Menschheit. Der Mensch könne nur durch Disziplin und Unterdrückung der Gefühle zum Sieg über die, so Gorki, »asiatische Passivität« gelangen.[48]

Was den Befürwortern der Tiefenpsychologie in die Hand spielte, war das Ausbleiben der neuen Gesellschaft. Nach dem mörderischen Bürgerkrieg, in dem fast ebenso viele Menschen starben wie im ganzen Ersten Weltkrieg und nach dem von Städten und Dörfer nur Trümmerwüsten übrigblieben, läutete die bolschewistische Führungsclique Anfang der 20er Jahre die neue, vermeintlich bessere Gesellschaft ein. Aber schon Mitte der 20er Jahre sahen sie sich in einer Sackgasse. Kaum einer konnte und wollte in den geschaffenen Verhältnissen leben. Die Politoberen mussten umsteuern. Einerseits mit der »Neuen Ökonomischen Politik« – einer Zurücknahme der radikalen Umgestaltung –, andererseits mit brutaler Repressions- und Ausrottungspolitik, der Errichtung des Lagersystems, des Gulag. Die Verhältnisse hatten die Menschen nicht verändert, also musste dies nun auf anderem Wege geschehen. In einem Romanfragment von Andrej Platanow aus jener Zeit heißt es: »Entweder gelingt es dem Sozialismus, ins Innere des Menschen bis zum letzten geheimen Winkel vorzustoßen und dort den Eiter herauszulassen, der sich tropfenweise über die Jahrhunderte angesammelt hat, oder aber es geschieht nichts Neues, und jeder Bewohner zieht sich zurück, um allein zu leben, und wärmt sich sorgsam den geheimen Winkel der Seele …«[49]

Neben der Ökonomie waren nun einmal mehr Psychologie und Pädagogik angesagt. Die Proletkult-Funktionäre wurden zu Propagandisten der neuen Linie. Wer bisher mit Psychologie nichts anfangen konnte, hatte nun auf den neuen Kurs umzuschwenken. Aber auch hier galt: Wo »Tiefenpsychologie« draufstand, war selten Psychologisches drin. Wie überhaupt der Begriff »Psychoanalyse« oft stellvertretend für alles stand, was irgendwie mit Psyche zu tun hatte. Dennoch: Der »Freudismus« – und damit war alles Tiefenpsychologische gemeint – diente nun offiziell zur wissenschaftlichen Verheißung der großen Transformation.

Die junge Lehre sollte die Lösung bringen. Die 2000 Exemplare der frisch übersetzten »Einführung in die Psychoanalyse« von Freud waren 1922 nach vier Wochen ausverkauft.[50] »Alle sprachen davon«, notierte Nadeschda Mandelstam über die Psychoanalyse, »doch die Kenntnisse waren allzu verirrt und vage.«[51] Mit der Psychoanalyse, so Etkind, wollte man »in die Fabrik gehen, in der Größenordnung einer ganzen Gesellschaft«.[52] Als Ausdruck der neuen Bedeutung des »psychoanalytischen« Weges zum Neuen Menschen wurde die Sexualität nun zum Gesellschaftsthema. Plötzlich interessierten sich alle dafür. Mehr als die Hälfte aller Studentinnen an den Universitäten in Moskau, Odessa und Omsk hatten laut Befragung bis zu ihrem 30. Lebensjahr keinen Sex. Ein Drittel der erfassten Moskauer Studenten, so Salkind, sei sexuell nicht aktiv, da sie ihre »sexuelle Energie auf schöpferische soziale Tätigkeiten umschalten«.[53] Für Salkind war das eine Bestätigung, auf dem richtigen Weg beim Gesellschaftsumbau zu sein. Sublimierung in die Revolution. Das passte zur Auffassung Lenins: »Selbstdisziplin«, so der zwanghafte Bolschewistenführer, »ist keine Sklaverei, auch nicht in der Liebe«.[54] Tatsächlich aber – und das war die reale Basis zur großen Sexual-Überbautheorie – war die jugendliche Enthaltsamkeit den katastrophalen Lebens- und Wohnbedingungen geschuldet. Kaum jemand hatte im nachrevolutionären Russland etwas Privates. Ein eigenes Zimmer war ein unvorstellbarer Luxus. Schlafsäle, Massenunterkünfte oder Kommunalkas mit einer ganzen Familie pro Zimmer waren der Normalfall.

Kinderheim-Laboratorium

Funktionärskinderladen – Das prominenteste psychoanalytische Sowjetexperiment war ein vom Staat vier Jahre lang betriebenes Kinderheim. Letztlich war es nicht mehr als ein größerer Kinderladen in der westdeutschen Studentenbewegung, aber in dem Experiment spiegelten sich die machtpolitischen Grabenkämpfe des Staatsprogramms. So klein die Laborschule auch war, war sie dennoch die erste psychoanalytische Institution weltweit mit staatlicher Unterstützung. Die Erwartungen waren hoch und in der Folge wurde sie rege besucht, auch aus dem Ausland.[55] Im selben Zug wie die Psychoanalytische Vereinigung ins Leben gerufen worden war, wurde der Gründungsantrag für das Heim eingereicht. Ziel des Heims sollte die »Erziehung einer sozial wertvollen Persönlichkeit im Kollektiv« sowie die Erarbeitung einer Neurosenprophylaxe sein. Die Psychoanalyse hielt man dabei für »die wirkungsvollste Methode zur Befreiung eines geschädigten Menschen von seiner sozialen Beschränkung«.[56]

Das Kinderheim unter der Leitung von Vera Schmidt mit acht Angestellten und anfänglich 30 Kindern im Alter von ein bis fünf Jahren, aufgeteilt in verschiedene Altersgruppen, bezog den ersten Stock der Villa, während im Parterre die Psychoanalytische Vereinigung einquartiert war.[57] Seine Leitideen: 1. Man muss dem Kind helfen, seine starken unbewussten Regungen, denen es ohnmächtig gegenübersteht, zu bewältigen. 2. Man muss ihm helfen, vom Lustprinzip, von dem der Säugling noch ganz beherrscht ist, zum Realitätsprinzip zu kommen. 3. Der Säugling hat ein »polymorph-perverses« Sexualleben, mit dessen Äußerungen in der er-

Vera und Otto Schmidt mit Sohn Wladimir, genannt Wolik, Moskau 1926, ein Jahr nach der Schließung des Kinderheim-Laboratoriums.

zieherischen Arbeit zu rechnen ist. 4. Die Entwicklung des Säuglings vom »Autoerotismus« zur »Objektwahl« ist durch helfendes Eingreifen gegen Hemmungen zu schützen. 5. Die Sexualbestrebungen des Säuglings sollen nicht verdrängt, sondern in »kulturelle und soziale Verwendung« sublimiert werden. 6. Die Erzieher müssen eine positive Bindung zum Kind aufbauen, ansonsten an sich arbeiten. 7. Jede Handlung des Säuglings ist bestimmt durch sein Unbewusstes, man muss ihn genau beobachten, um so die »Vorgänge zu erraten, die sich in den Tiefen seines Unbewussten abspielen«.[58]

Zu den pädagogischen Grundsätzen gehörte: keine Strafen, kein strenger Ton, bei Streit den Kindern die Gefühlswelt des jeweils anderen erklären, keine subjektive Beurteilung abgeben, nicht loben, nicht tadeln, nichts zum Verhalten bemerken, sich mit Zärtlichkeiten und Liebkosungen zurückhalten. Die Betreuerinnen »müssen sich beschränken, Liebesbeweise, die das Kind ihnen gibt, herzlich, aber zurückhaltend zu erwidern.« Stürmische Reaktionen würden nur das Sexualleben der Kinder erregen, sie dienten einzig der Befriedigung der Erwachsenen. Die Eltern, so heißt es in einem Bericht, kämen immer am Sonntag, nähmen die Kinder zum Teil mit nach Hause. Bei den Ein- oder Anderthalbjährigen hätten sich noch »lebhafte Beziehungen zu den Eltern erhalten. … Die Kinder zeigten sich über die Besuche der Eltern sehr erfreut, verabschiedeten sich aber ohne Tränen oder Widerstand. … Die Kinder kennen keine elterliche Autorität, elterliche Gewalt und dergleichen.«

Schon drei Monate nach der Eröffnung des Kinderlaboratoriums gab es Gerüchte, die Kinder würden zur Beobachtung sexuell erregt. Eine Untersuchungskommission wurde eingesetzt. Einer der Gutachter kritisierte das Projekt vom »pädagogischen wie vom wissenschaftlichen Standpunkt aus aufs Schärfste«. Dazu kam, dass der Direktor des Psychoneurologischen Instituts, unter dessen formaler Oberhoheit das Experiment lief, plötzlich starb. Schon im April 1922 wollte die zuständige Abteilung im Bildungsministerium das Heim nicht mehr unterstützen. Es wurde zwar weitergeführt, aber schon 1923 kam erneut die Frage auf, ob die Anstalt »überhaupt wünschenswert ist«.[59] Eine neue Kommission kam zu einem vernichtenden Ergebnis: Alles sei dilettantisch, keiner der Betreuer habe eine Ausbildung, es gebe keine medizinischen Untersuchungen. Das Heim sei nicht als wissenschaftliches Institut anzuerkennen. Damit stand es erneut vor der Schließung. Der Fall erreichte die Politspitzen. In der Untersuchung offenbarte sich das Bild eines elitären Parteikindergartens unter einem wissenschaftlichen Deckmantel.[60] Auch Stalins jüngster Sohn, der kaum 2-jährige Wassili Stalin, besuchte das Heim.[61] Ebenso Vera Schmidts Sohn Wladimir.[62] Arbeiterkinder gab es kaum. Schließlich wurde das Kinderheim unter die Aufsicht der Psychoanalytischen Vereinigung gestellt. Damit sollte wohl eine staatliche Stelle die Oberhoheit erhalten, aber das Institut war letztlich ein Potemkin'sches Dorf. Nur sein Sekretär, Mosche Wulff, verfügte über eine Ausbildung. Ansonsten hatte keines der Mitglieder ein tieferes Verständnis für die Psychoanalyse. Etkind vermutete hinter dieser Direktive erneut Trotzki. Er war einer der wenigen, der überhaupt die Macht hatte, sich über Kommissionen hinwegzusetzen, und der an einer wissenschaftlichen Ausrichtung des Laboratoriums interessiert gewesen wäre.[63]

Im Mai 1924 fand der 13. Parteitag der Kommunistischen Partei statt, auf dem die stalintreuen Delegierten die trotzkistische Opposition verurteilten. Die Psychoanalyse und damit das Kinderlaboratorium aber waren Projekte dieser Opposition. Als im Juli 1924 die Erzieherinnen des Laboratoriums ein Schreiben verfassten, das eine psychoanalytische Ausbildung für sie einforderte, stand das Projekt vor dem Aus. Im Mai 1925 schließlich wurde die »Liquidierung« des Laboratoriums angeordnet. Erkenntnisse und Ausstrahlung des einzigartigen Experiments waren schlussendlich irrelevant.

Der Untergang

Wagnerianertum – Auf dem 13. Parteitag der Kommunistischen Partei, vier Monate nach Lenins Tod, war der Nachfolgekampf offen ausgetragen worden. Lenins Brief an die Partei, sein sogenanntes »Testament«, in dem er Trotzkis Fähigkeiten anerkannte und Stalin als zu »roh« für seine Nachfolge verwarf, war verlesen worden. Der Georgier bot taktisch seinen Rücktritt an, aber die Mehrheit des Parteiapparats hatte er längst auf sich eingeschworen. Stalin war mit einer übergroßen Mehrheit als Generalsekretär bestätigt worden. Das hatte Folgen für alle Prestigeprojekte Trotzkis. Wie die Pädologie und andere Wissenschaften wurde nun auch die Tiefenpsychologie zum Kampfplatz. Der Ausgang stand von vornherein fest. Es waren Macht- und Überlebenskämpfe. Die Psychoanalytiker wurden immer häufiger als Trotzkisten bezeichnet und auch so behandelt. Unter den Parteigenossen wurden diese Veränderungen seismographisch wahrgenommen. Augenblicklich bröckelte die Parteiunterstützung für alles Tiefenpsychologische. Nach dem Parteitag schieden sieben Mitglieder aus der Psychoanalytischen Vereinigung aus, darunter alle Funktionäre des Narkompros.[64] 1926 wurden die staatlichen Mittel für die Vereinigung gestrichen. Das Ganze wurde zu einer einzigen Brandrede gegen die Psychoanalyse. Der Kampagnenauftakt in die neue Richtung erfolgte in der russisch-deutschen Theoriezeitschrift »Unter dem Banner des Marxismus«, dem wichtigsten Parteiblatt. Die bisherigen Artikel über den »Freudismus« waren immer wohlwollend ausgefallen.[65] Doch nun erschien ein halbes Jahr nach dem 13. Parteitag ein Pamphlet von Wladimir Jurinez, einem Schüler des

Sowjetphilosophen Abram Deborin, der gerade dabei war, zu einem der führenden marxistischen Sowjetphilosophen zu werden und ab 1926 die Chefredaktion der Zeitschrift übernahm. Möglich, dass der Angriff sich auch in diesem Macht- und Geltungsfeld abspielte.

Jurinez zerfledderte ein bereits vier Jahre zuvor erschienenes Werk des konservativ-religiösen Autors Aurel Kolani, »Psychoanalyse und Soziologie«, auf über 40 Seiten und gab an, dass Kolanis Positionen auch die von Freud seien. Freud sei ein Antikommunist, seine Lehre kein Materialismus und Marxismus und Psychoanalyse seien unvereinbar. »Heute«, so Jurinez, »dringt die Psychoanalyse mit ihrem ad hoc präparierten Wagnerianertum, mit dem restaurierten Idealismus, nach der neuesten Mode gefärbt, unbemerkt ins Lager der Marxisten, vorläufig schüchtern, schleichend, den Boden sondierend.«[66] Jurinez erwähnt gleich zu Anfang seines Artikels Trotzki, der konstatiert habe, der Reflexforscher Iwan Pawlow sei ein Materialist. Das wirkte zusammenhangslos, aber jeder Eingeweihte wusste, dass Trotzki wenige Monate zuvor einen Brief an Pawlow geschrieben hatte, um ihn für eine Kooperation seiner Reflexlehre mit Freud zu gewinnen. Jurinez' Ausführungen konnten von daher nur als Attacke auf Trotzki verstanden werden.[67]

Obwohl massiv in die Ecke gedrängt und kurz danach aus dem Politbüro ausgeschlossen, veröffentlichte Trotzki im Februar 1926 einen Aufsatz, in dem es hieß: »Der Versuch, die Psychoanalyse für ›unvereinbar‹ mit dem Marxismus zu erklären und den Freudismus einfach zu ignorieren, ist allzu einfach, genauer: einfältig. ... Wir haben keinen Grund und kein Recht, das psychoanalytische Verfahren mit einem Bann zu belegen«.[68] Doch er kämpfte hier auf verlorenem Posten: Die Psychoanalyse war von nun an eine idealistische, bürgerliche Ideologie und musste erledigt werden. Genau drei Jahre hatte es sie gegeben, über die Maßen staatlich unterstützt: von der Gründung der Psychoanalytischen Vereinigung im Mai 1921 bis zum 13. Parteitag im Mai 1924. Nun schien ihr Aus besiegelt.

Analytikerauslöschung – Mit der Streichung der staatlichen Mittel für die Vereinigung, die offiziell noch bis 1930 existierte, und der Schließung des Kinderlaboratoriums kam auch das Ende des Psychoanalytischen Instituts. In den Jahren bis zur Ausweisung Trotzkis aus der Sowjetunion 1929 ging es für die verbleibenden Befürworter der Psychoanalyse bald einmal um Leben und Tod. 1926 wurde Trotzki aus dem Politbüro ausgeschlossen, 1927 aus der Partei. Sein engster Parteigefährte und Führer der trotzkistischen Opposition Adolf Joffe kam 1925 von seinem Botschafterposten in die Sowjetunion zurück und wurde weiter von Kannabich, dem letzten Präsidenten der Russischen Psychoanalytischen Vereinigung, behandelt. Nach dem Politbürobeschluss zur Entfernung Joffes aus allen Ämtern in Partei und Sowjets verschlechterte sich sein Gesundheitszustand zusehends. Seine Ausreise in ein Sanatorium im Ausland wurde im Zentralkomitee verschleppt, die Kremlapotheke gab ihm keine Medikamente mehr, sein Geld wurde beschlagnahmt. Vier Tage nach Trotzkis Ausschluss aus der Partei erschoss sich Joffe. Sein Abschiedsbrief an Trotzki war zur Verbreitung unter den Genossen bestimmt: »Ihr und Sinowjews Ausschluss aus der Partei, der sich unausweichlich als Anfang der thermidorischen Periode unserer Revolution erweisen wird, [hat] mich nach 27 Jahren revolutionärer Arbeit auf verantwortlichem revolutionären Parteiposten in eine Lage gebracht, in der mir nichts anders übrigbleibt, als mir eine

Kugel in den Kopf zu schießen«.[69] 1927 floh Mosche Wulff, Urgestein der russischen Psychoanalyse und Freud-Übersetzers als frisch gewählter Präsident der Vereinigung. Zuvor hatte der Geheimdienst ihm nachgestellt, sein Besitz wurde enteignet, die Reise zu einem internationalen psychoanalytischen Kongress nach Innsbruck mit allen Mitteln behindert. Trotzdem fuhr er und kam von dort nicht mehr zurück.[70]

Ende der 20er Jahre startete Stalin seine nächste Industrialisierungskampagne. Auf dem 15. Parteitag im Oktober 1928 beschlossen die Delegierten ein gigantisches Programm. Und wieder wurden dazu die Wissenschaften heranbeordert. 1929 wurde der Narkompros-Chef Lunatscharski durch den dogmatischen Andrei Bubnow ersetzt. Damit war das letzte, dünne Band einer liberalen experimentellen Koexistenz verschiedener Wissenschaftsideologien gerissen. Der Freudismus war zu dieser Zeit längst als bürgerlicher Idealismus überführt. Für eine endgültige Abrechnung mit der Psychoanalyse wurde im Januar 1930 der I. Unionskongress über menschliches Verhalten in Leningrad einberufen. Der Hauptredner war Aron Salkind, ein paar Jahre zuvor noch einer der wichtigsten Kämpfer für die Psychoanalyse. Höhnisch verdammte er alles Tiefenpsychologische und offenbarte dabei die ganze Absurdität der Kampagne: »Wir brauchen einen sozial ›offenen‹ Menschen«, referierte Salkind unverblümt, »der einfach zu kollektivieren und schnell und gründlich in seinem Verhalten zu ändern ist«, um dann in die alte Phrase zu verfallen: »einen Menschen, der in der Lage ist, eine feste, bewusste und unabhängige Persönlichkeit zu sein, politisch und ideologisch gut ausgebildet.«[71] Schon ein Jahr später wurde Salkind in der Mitgliederversammlung der Parteizelle des Instituts für Psychologie, Pädologie und Psychotechnik wegen seines Vortrages auf dem Kongress der Abweichung beschuldigt.[72]

Immer mehr gerieten die Unterstützer der Laborschule und der Psychoanalytischen Vereinigung nun ins Kreuzfeuer. Manche waren nicht mehr zu greifen, sie waren geflohen oder schon tot. Andere verhaftete die Geheimpolizei. Alexander Woronski, Mitbegründer der Psychoanalytischen Vereinigung, wurde 1937 im Zuge der stalinistischen Säuberungen erschossen, seine Tochter nach Kolyma verschleppt. Der Altbolschewik und Narkompros-Spitzenfunktionär Wladimir Newksi, der die Psychoanalytische Vereinigung mitgegründet hatte, wurde 1935 verhaftet und starb 1937 im Gefängnis.[73] Vera Schmidt, die Leiterin des Kinderlaboratoriums, starb 1937 während einer Schilddrüsenoperation auf dem Operationstisch. »Niemand«, so ihr Urenkel, »hat jemals herausgefunden, ob es sich um einen unbeabsichtigten ärztlichen Fehler oder einen Mord auf Befehl Stalins handelte.«[74] Iwan Jermakow, abgesetzt als Leiter des Kinderheims und Leiter der Psychoanalytischen Vereinigung, wurde 1941 verhaftet und starb im Jahr darauf im Gefängnis in Saratow.[75] Auch die drei Brüder von Sabina Spielrein wurden Opfer der Säuberungen. Sabina Spielrein wurde zusammen mit ihren beiden Töchtern in Rostow im August 1942 von Angehörigen des SS-Sonderkommandos 10a ermordet.[76] Der Psychiater und Grenzgänger Arthur Kronfeld, der die Tochter Trotzkis behandelt hatte, emigrierte nach Moskau. 1941 beging er Selbstmord; ob aus Angst vor der deutschen Wehrmacht oder im Kontext der stalinistischen Verfolgung der Analytiker, ist bis heute nicht geklärt. Die österreichisch-sowjetische Ärztin Angela Rohr, die Anfang der 20er Jahre am Berliner Psychoanalytischen Institut ihre Ausbildung gemacht hatte, und deren Lungenkur von Freud bezahlt worden war, wurde zusammen mit ihrem Mann 1941 verhaftet. Er starb im Gulag, sie überlebte 14 Jahre Lager und ging dann in die DDR, wo ihre Hafterinnerungen nicht erscheinen durften.[77] Einer der wenigen, die den Terror überlebten, war der ehemalige Sekretär der Vereinigung, Alexander Luria. Ein Kollege an der Psychologischen Fakultät der Moskauer Universität schrieb ihm, die Partei habe beschlossen, sie beide »zu schlagen, aber nicht zu töten«.[78] Luria veröffentlichte nach den Angriffen eine Reihe von offiziell gebilligten Verunglimpfungen der Psychoanalyse, was seine Karriere und wohl am Ende auch sein Leben rettete. Er siedelte ganz in den Bereich der Neurologie um, wo er die Säuberungen überstand und 1977 in Moskau eines natürlichen Todes starb.[79]

Was im neuen Imperium an Terror stattfand, wurde sukzessive im Westen bekannt. 1927 schrieb Freud an Nikolai Ossipow, den ersten Psychoanalytiker Russlands, der 1918 nach Prag geflohen waren: »Es geht den Analytikern in Sowjetrussland übrigens recht schlecht. Irgendwo haben die Bolschewiken die Meinung gefangen, dass die Psychoanalyse ihrem System feindlich gesinnt ist. Sie kennen die Wahrheit, dass unsere Wissenschaft sich überhaupt nicht in den Dienst der Partei stellen lässt, selbst aber zu ihrer Entwicklung einer gewissen Freiheitlichkeit bedarf.«[80] Die psychoanalytische Bewegung in der Sowjetunion existierte seit 1930 nicht mehr, schrieb der in die USA geflohene Psychiater und Analytiker Ilja Perepel in der amerikanischen »Psychoanalytic Review«. Die Situation in der UdSSR sei nicht viel besser als im faschistischen Deutschland.[81]

Am Ende waren alle 14 Unterzeichner des Gründungsantrages einer psychoanalytischen Vereinigung geflohen, gestorben, abgesetzt oder hatten sich, um ihre Haut zu retten, von den Ideen Freuds distanziert. Nur wenige, die in den zwei Jahrzehnten zuvor etwas mit Tiefenpsychologie zu tun gehabt hatten, überlebten. Wenn sie mit dem Leben davonkamen, schwiegen sie. Eine ganze Generation von Ideenträgern wurde ausgelöscht. An tiefenpsychologische Ansätze erinnerte niemand mehr.

Der Große Terror

Rahmenterror – Im Zuge des Vernichtungsfeldzuges gegen die Psychoanalyse, Pädologie oder Psychotechnik ging es darum, so ein Parteibeschluss, die »Überbleibsel bürgerlich idealistischer Theorien, die in direkter Weise den Widerstand der konterrevolutionären Elemente des Landes gegen den sozialistischen Aufbau widerspiegeln, zu zerstören und zu vernichten«.[82] Das war Teil einer viel größeren Verfolgung. Faktisch ging es, mit den Worten der Altkommunistin Susanne Leonhard, die im Lager auf Valentine Adler getroffen war, um »die umfassendste und rigoroseste Kommunistenverfolgungen der Welt«.[83] Stalin ließ alle seine vermeintlichen Gegner verhaften, verschleppen oder erschießen. Von den 25 Mitgliedern der Ära Lenin überlebten nur er, Andrejew und Kalinin.[84] Nikita Chruschtschow erklärte in seiner Rede zur Entstalinisierung 1956, dass von 1225 Delegierten vom »Parteitag der Sieger« 1934 fast 80 Prozent ermordet oder in Lager verschleppt worden seien.[85] In den Schauprozessen gestanden fünfzig maßgebliche Sowjetführer der Revolutionszeit, dass sie die Revolution beenden und den Kapitalismus einführen wollten. Die gesamte Armeespitze wurde ermordet – 40 000 Offiziere. Hinzu kamen 23 000 NKWD-Offiziere. 1937/38 wurden mehr als anderthalb Millionen Menschen verhaftet, jeder zweite wurde hingerichtet. Die Gesamtzahl der Häftlinge in den Lagern verdoppelte sich von einer auf zwei Millionen.[86]

Stalin setzte auf Einschüchterung und die totale Angst. »Es ging«, so Hannah Arendt, um »eine atomisierte Massengesellschaft«.[87] Die Kremlclique entfachte in der Gesellschaft eine Hysterie. Überall gab es Spione und Feinde. Die Parteimitglieder trieben sich mit ihren Anschuldigungen gegenseitig in die Erschießungskeller. »Für meine Zeitgenossen ist das Jahr 1938 der Höhepunkt von Terror und Wahn«, so die Schriftstellerin Nadeschda Mandelstam. »Damals riefen alle, sie verstünden die Epoche, sie billigten Hinrichtung und Mord, sie freuten sich auf die lichte Zukunft, der im Voraus Menschenopfer gebracht werden müssten, während sie nachts in kaltem Schweiß zitterten und, in ein einziges Lauschen verwandelt, auf Geräusche horchten – ob ein Auto anhielt, ob das gleichmäßige Poltern von Soldatenstiefeln ertönte.«[88]

Wer als Anhänger der Psychoanalyse – und damit Trotzkis – galt, geriet ins Fadenkreuz, so wie Valentine Adler, die am 19. September 1937 zu acht Jahren Lagerhaft verurteilt wurde.[89] Aber bald erreichte der Terror auch die, die sich gegen die Psychoanalyse ausgesprochen hatten. Der Philosoph Wladimir Jurinez, der den Freudismus in der Zeitschrift »Unter dem Banner des Marxismus« kritisiert hatte, wurde 1937 erschossen. Mit ihm geriet die ganze Gruppe um diese Theoriezeitschrift, in der die Psychoanalyse als idealistisch attackiert worden war, in die Mühlen des Terrors der »Säuberungen«. Der Leiter des Narkompros, Andrei Bubnow, unter dem ab 1929 die endgültige Verdammung der Psychoanalyse erfolgt war, hörte am Abend im Radio, dass er von seinem Posten als Volkskommissar entfernt worden sei. Tage darauf erhielt er eine Nachricht von Stalin, in der es hieß, er habe gestanden, »ein Volksfeind« und ein deutscher Spion zu sein. »Viele Ausländer«, so Eugen Varga, Wirtschaftsberater von Stalin im März 1938, »sind durch die ständige Angst halb wahnsinnig und nicht mehr zur Arbeit fähig.«[90] Varga stammte aus Ungarn, war Mitglied der Ungarischen Psychoanalytischen Vereinigung gewesen, er kannte Sándor Ferenczi und die junge Lilly Hajdu. In der ungarischen Räterepublik war er Finanzminister gewesen. 1920 floh er nach Moskau. 1923 war er ein wichtiges Bindeglied zwischen der Russischen Psychoanalytischen Vereinigung und Freud, meist über die Vereinigung in Berlin. Anders als sein einstiger ungarischer Mitkämpfer Béla Kun, der 1938 in den Säuberungen erschossen wurde, überlebte Varga und starb 1956.[91]

In diesen Jahren geschah etwas mit der sowjetischen Gesellschaft, das eine Renaissance tiefenpsychologischer Ideen für Jahrzehnte enorm erschwerte, wenn nicht gar verhinderte. »Es ist, dass alles möglich ist, alle Sittengesetze der Gesellschaft abgeschafft sind«, schreibt Nadeschda Mandelstam.[92] Um zu überleben, wurde jegliche Moral über Bord geworfen. Gefühle durften keine Rolle spielen, Mitgefühl konnte man sich nicht leisten. Sich von der als »Parteifeind« entlarvten Ehefrau, dem überführten Freund oder Kampfgenossen nicht loszusagen, war ein »unbolschewistisches Verhalten«, eine »kleinbürgerliche Sentimentalität«. »Wer Erwägungen persönlicher Freundschaft über kollektive Freundschaft stellt«, dozierte André Marty in einem Vortrag 1933, »ist kein Bolschewik.«[93]

Mit dieser Erfahrung erstarb jede Idee, sich mit dem eigenen Seelenleben offen auseinanderzusetzen. Wo jede ehrliche Äußerung den eigenen Untergang bedeuten konnte, wurde der Kosmos der Träume, der unbewussten Wünsche, der Bewusstwerdung des Unbewussten, also all das, was sich nicht steuern ließ, zum umkämpften Feld oder starb irgendwann ab. Auch die Intellektuellen, die der Tiefenpsychologie so offen begegnet waren, hielten sie sich mehr und mehr auf Distanz. Nadeschda Mandelstam konstatierte angesichts der Alpträume, die sie kurz vor der zweiten Verhaftung ihres Mannes, Ossip Mandelstam, heimsuchten: »Welcher Freud würde es wagen, solche Träume mit verdrängten Komplexen zu erklären? Mit verdrängten Sexualempfindungen? Mit dem Ödipuskomplex oder ähnlichen Ungeheuerlichkeiten?«[94] Das vehemente Interesse an der Psychoanalyse erlosch. Platonow, Pasternak, Anna Achmatowa – irgendwann lehnten sie die Analyse direkt ab.[95]

Ob das anders verlaufen wäre, wenn nicht Stalin, sondern Trotzki zum großen Regenten der roten Weltrevolution geworden wäre? Am ehesten hätte es wohl eine sowjetische Version des nationalsozialistischen Göring-Instituts gegeben, wo man an einer »deutschen Tiefenpsychologie« im Dienst des NS-Staates arbeitete. Geblieben ist das Trauma des Großen Terrors. Die Selbstverleugnungen, Rechtfertigungen, Denunziationen und die Kultur der Selbstkritik in den Akten dokumentieren den Wahn dieser Jahre. Die Sinnlosigkeit von Gewalt und Schrecken grub sich tief ins Gesellschaftsgedächtnis, aber auch in die Körper und vor allem die Seelen der Überlebenden ein.

Iwan Pawlow – Leben ohne Emotion

Seelengerede – 1904 erhielt der Neurologe Iwan Pawlow den Nobelpreis für sein Werk »Vorlesung über die Arbeit der Hauptverdauungsdrüsen«, das zehn Jahre zuvor auf Russisch erschienen war. Pawlows Interesse galt den Reflexen, also der Fähigkeit des Organismus, eine Wahrnehmung zu verarbeiten und in einem automatischen Zusammenspiel von Sinnesorganen, Nerven und Muskeln zu reagieren. Pawlow hatte sich in seiner Ausbildung überwiegend mit Verdauungsphysiologie, innerer Sekretion und den Reflexfunktionen von Magen- und Speichelsekretion befasst. Hier untersuchte er jahrzehntelang in endlosen Hundeexperimenten reflexartige Reaktionen. Pawlow erbrachte den wissenschaftlichen Nachweis für konditionierte oder bedingte, also erlernte Reflexe, im Gegensatz zu unkonditionierten, gemeinhin als »natürliche« Reflexe bekannt. Diese sogenannte »Klassische Konditionierung« wurde zum Fundament des vor allem in den USA populären Behaviorismus mit seiner Lerntheorie, der Verhaltenstherapie und der Werbepsychologie. Die US-Behavioristen, die alles Verhalten ausschließlich naturwissenschaftlich ohne jeden innerpsychischen Vorgang erklären wollten, sahen denn auch in Pawlow den Stammvater ihrer Auffassungen.[96]

Mit seiner Forschung hatte Pawlow im späten Zarenreich eine Art naturwissenschaftliches Imperium aufgebaut. Ab 1890 bekleidete er eine Professur für Pharmakologie an der Kaiserlichen Militärwissenschaftlichen Akademie in St. Petersburg. Ein Jahr später richtete man ihm ein neues Laboratorium für Physiologie ein, das er bis zu seinem Tod leitete. Es wurde das wichtigste russische Zentrum für physiologische Forschung mit hunderten Mitarbeitern, Praktikanten und unzähligen Hundeexperimenten. Um die Jahrhundertwende beschloss Pawlow, die Drüsenforschung zu erweitern. Mit den Mitteln der Physiologie wollte er das menschliche Seelenleben erforschen. Alle Spekulationen über die Seele würden so ein Ende haben. Objektive Begriffe und Methoden der Physiologie übertrug er auf psychische Phänomene. Aus Pawlow, der die psychische Welt lange Zeit bekämpft hatte, wurde ein Erforscher des Psychischen. Der US-amerikanische Psychologiehistoriker David Joravsky konstatierte dazu, Pawlow »philosophierte [nun, ap] mit einem Hammer«.[97]

Psychische Vorgänge sollten sich wie physiologische Prozesse erklären lassen. D.h., auch im Psychischen sollte durch Sinnesreize ein konditioniertes Lernen möglich sein. Der Organismus wurde so nicht mehr als determiniert durch sein Erbe gedacht. »Losgelöst von der Subjektivität«, so der Pawlow-Biograph Torsten Rüting, »sollte über die Beobachtungen der Reaktion der Speicheldrüse eine Erlösung aus den Konflikten des psychischen und gesellschaftlichen Lebens möglich werden.«[98]

Pawlows Denken war jedoch stark von seinem religiösen Hintergrund geprägt. Er war 1849 als Sohn eines orthodoxen Geistlichen in Rajan in der Nähe von Moskau geboren worden. Sein Pate war der Abt eines Klosters, seine Erziehung streng religiös. Als Kind stürzte er eine Treppe hinunter und konnte vier Jahre nicht zur Schule gehen. Er besuchte das Priesterseminar, wechselte dann aber zum Studium der Naturwissenschaften nach St. Petersburg. Pawlow betrachtete seine strenge Laborzeit als klassisches Ethos einer klösterlichen Erziehung. Um sich jeder Verführung zu entziehen, verschrieb er sich einer asketischen Disziplin. Naturwissen-

Der Physiologe Iwan Petrowitsch Pawlow, 1900, vermutlich Moskau.

schaft wurde für ihn zu einer Art Ersatzreligion, ein Weg zur Erlösung Russlands und der Welt.[99]

Brunnentaucher – Pawlow war gegen die russische Revolution und kritisierte die neuen Machthaber offen. Während des Bürgerkriegs blieb das Geld für sein Laboratorium aus, seine Forschung stand still, er verarmte. 1920 bat er um seine Ausreise. Üblicherweise war man im Führungszirkel des Kremls froh, wenn bürgerliche Wissenschaftler gingen, aber auf Pawlows internationales Renommee wollte man nicht verzichten. Darüber hinaus versprach man sich von seiner Forschung einiges im Hinblick auf den Neuen Menschen. Angesichts seines Ausreisegesuchs berieten sich Lenin, Lunatscharski und Gorki. Im Ergebnis lobte Lenin den »Materialismus« in Pawlows Forschung und stattete ihn mit Geld für seine Labore aus, sodass er in den 20er und 30er Jahren unter Sonderkonditionen forschen konnte, während man sich mit seinem internationalen Ruf schmückte.

Das Verhältnis zwischen der Parteiführung und Pawlow blieb allerdings hoch ambivalent. 1928 schrieb Pawlow in einem Brief, wie die Partei denn mit völlig ungebildeten Arbeitern ihre Ziele erreichen wolle? Stattdessen seien die »gebildeten Leute zu stummen Zeugen und Handlangern degradiert und müssen zusehen, wie rücksichtslos und größtenteils stümperhaft das Leben von Grund auf umgekrempelt und ein Fehler nach dem anderen begangen wird. ... Sie machen sich in Ihrem Amt ein zu einfaches Bild vom Menschen, wenn Sie meinen, es reiche zu, dass man ihn zum Beispiel auf alle möglichen endlosen Versammlungen zwingt, wo er sich immer wieder die gleichen Belehrungen anhören muss, damit er ein wirklich gesellschaftliches Wesen werde.«[100] Das war eine klare Ansage. Die war nur möglich, weil Pawlow in der Machtclique auch seine Fürsprecher hatte. Bucharin sprach von Pawlow als »Waffe aus dem Eisenarsenal des Materialismus«.[101] Der Reflexologe war überzeugt, dass man durch die zielbewusste Rationalisierung von Emotionen zum Neuen Menschen und zur totalen Disziplinierung des Menschen und der Gesellschaft gelangen werde. Das formulierte Trotzki in seiner Gesellschaftsutopie nicht anders.

Trotzki schwebte denn auch eine Verbindung von Pawlow und Freud vor. Auf Pawlows Kritik an der bolschewistischen Führung hin schlug er ihm 1923 in einem Brief vor, er solle doch seine Lehre von den konditionierten Reflexen mit der Lehre Freuds zusammenbringen.[102] »Pawlows Reflexologie«, erklärte Trotzki in einem späteren Artikel, »verfährt gänzlich nach der Methode des dialektischen Materialismus. Sie reißt konsequent die Mauer zwischen Physiologie und Psychologie ein. Der einfachste Reflex ist physiologisch, aber ein System von Reflexen gibt uns ›Bewusstsein‹. Die Anhäufung von physiologischer Quantität ergibt eine ›psychologische‹ Qualität. ... Schritt für Schritt werden Verallgemeinerungen gewonnen: vom Hundespeichel bis zur Poesie«. Aus vielen physiologischen Daten war für Trotzki am Ende die Psyche durchschaubar. »Pawlow wie Freud«, so schrieb er, »meinen, der ›Boden‹ der Seele sei die Physiologie. Aber Pawlow steigt wie ein Taucher auf den Grund hinab und erforscht den Brunnen sorgsam von unten nach oben, Freud steht über dem Brunnen und sucht mit scharfem Blick die ständig bewegte Wasseroberfläche zu durchdringen und die Gestalt der Dinge, die im Trüben darunter liegen, zu erkennen oder zu erraten. Pawlows Methode ist das Experiment, Freuds Methode die Konjektur, manchmal die phantastische Vermutung.«[103]

Der frühe Brief an Pawlow war, so ist Etkind überzeugt, ein politischer Schachzug Trotzkis, als es noch um die Etablierung der Psychoanalyse ging. Hätte der Nobelpreisträger und die letztlich einzig verbliebene wissenschaftliche Größe der Verbindung zugestimmt, wäre die Psychoanalyse in der Sowjetunion kraft seiner Autorität beglaubigt worden. Aber Pawlow reagierte nicht.[104]

Physiologiemaschine – Pawlow versprach die vollständig rationale Erklärbarkeit von Emotionen und auch psychischer Erkrankungen. Schon vor dem Ersten Weltkrieg hatte er psychiatrische Kliniken besucht, um die störenden individuellen Unterschiede im Verhalten zu studieren. Er schuf sich eine klassische Typenlehre für eine physiologisch begründete »objektive« Psychologie und für die Behandlung an Psychiatriepatienten in einer für ihn aufgebauten Klinik.[105] So dehnte er sein physiologisches Begriffssystem auf die wissenschaftliche und klinische Psychologie aus. Mit Experimenten zur Konditionierung von Neurosen glaubte er, psychische Störungen wissenschaftlich fassen und dann auch behandeln zu können. In seiner Vorstellung ließen sich Physiologie, Psychologie und Psychiatrie in einer einzigen Naturwissenschaft zusammenführen, die sich in einer Art Massenpsychologie auch auf die Gesellschaft anwenden ließ.

Bei der Gewinnung seiner »objektiven« Datenflut aber sah sich Pawlow in einem dauernden Kampf mit der »Psyche« oder dem »Geist«. Für den kompletten Ausschluss jeder Form von Emotion, Innerlichkeit oder Individualität hatte er sich schon vor dem Weltkrieg eine rigide Sprachpraxis auferlegt: »Wir waren«, so erklärte Pawlow schon 1904 in seiner Ansprache zum Nobelpreis im Hinblick auf seine Tierexperimente, »vor allem bemüht, unsere Denkweise und Sprechweise streng zu disziplinieren, damit sie in keiner Weise die seelischen Zustände des Tieres berühren.« Er verbot seinen Assistenten jede gefühlsmäßige Äußerung zu den Experimenten und verhängte einen Spracherlass im Labor. Bei Geldstrafe war es den Mitarbeitern verboten, vermenschlichende Wendungen wie »Der Hund erriet, wollte, wünschte, dachte …« zu gebrauchten. Alles sollte in der Sprache messbarer Fakten formuliert werden.[106]

In den Laborexperimenten sollten die Hunde von allen Einflüssen abgekoppelt werden. Unter gewaltigem Aufwand wurden nun Laboratorien errichtet, in denen Tier und Mensch getrennt waren: die Hunde aufgehängt in Gestellen mittels Gurten und die Experimentatoren in Nebenräumen wie beim Röntgen, um von dort aus die komplizierten Reizapparaturen zu steuern. Alles schallisoliert, ohne jeden Kontakt, die Tiere immer im selben Modus, in der Hoffnung auf konstante Ergebnisse. Das Labor sollte zu einer Physiologiemaschine werden.[107]

Aber die individuelle Persönlichkeit der Versuchshunde bzw. ihrer Psychen war eine »gefährliche Fehlerquelle«. Die Hunde unterschieden sich in ihrer Spontanität, ihrer Gangart, den unterschiedlichen Stimmungslagen. Die Vorstellungen des Hyperrationalisten Pawlow über das Leben widerlegte schon die alltägliche Praxis seiner Forschung.[108]

Doch diese Tatsache wehrte Pawlow ab. Er blieb eisern dabei, dass in der Hirnrinde gelernt werde und da auch der Sitz aller erlernten Reflexprozesse sei. Tatsächlich aber forschte Pawlow in seinen verdauungsphysiologischen Experimenten inzwischen weniger zu Reflexen als vielmehr zum Verhalten.[109] Zu einer Revision oder Erweiterung seines Ansatzes war er nicht fähig. Er und seine Mitarbeiter unterließen alles, was ihr Reflexdogma hätte in Frage stellen können. Alle elektrophysiologischen und biochemischen Entdeckungen lehnte er ab. Jede Kritik an seiner Forschung schlug er in den Wind und verteidigte seinen Szientismus. Der »Nervismus« blieb in der sowjetischen Wissenschaft die steuernde Instanz, zum »cortikalen Dogmatismus« dekretiert. Die Schüler Pawlows experimentierten in dieser Richtung, fanden, was sie suchten, und fälschten teils ihre Ergebnisse. Die Idee einer Beherrschung des Organismus über die Hirnrinde wurde zum verhängnisvollen Erbe weit über Pawlow hinaus.[110]

Lyssenkismus – Parallel zu Pawlows Dogmatismus spielte sich Ähnliches auf dem Feld der Genetik ab. Beide Wissenschaften wurden im Verbund zu Begründungsbausteinen bolschewistischer Gesellschaftspolitik. Eine Genetik, die die Entwicklung des Einzelnen von seinen Genen abhängig machte, wurde von Stalin zur revolutionsfeindlichen Auffassung stilisiert. Stattdessen galten die Evolutionsvorstellungen des Botanikers Jean-Baptiste de Lamarck aus dem 19. Jahrhundert, wonach veränderte Umweltbedingungen zu körperlichen Veränderungen führten, die sich vererbten. Pawlow meinte sogar, dass veränderte psychische und geistige Eigenschaften vererbbar seien.[111] Als Exekutor dieser Vorstellung diente Stalin ein proletarischer Autodidakt und Hochstapler, Trofim Lyssenko. Seine pseudowissenschaftlichen Theorien von der Vererbung der Eigenschaften setzten sich in den 30ern und Anfang der 40er Jahre immer stärker durch. Die Rede war von der »neuen sowjetischen Biologie«. Was sich mit Pawlow herstellen ließ, ließ sich mit Lyssenko vererben. Damit war die Höherentwicklung der Menschheit organisierbar. Lyssenko verteufelte die Genetiker als »Fliegenliebhaber und Menschenfeinde«. Keiner der Vererbungsspezialisten wagte es mehr zu widersprechen. Wer es tat, starb – wie die Fürsprecher der Psychoanalyse – im Gefängnis.[112]

Entschlüsselte Repression – Während die Psychologie, Pädologie und Psychotechnik untergingen, erlebte Pawlows Reflexologie ihren großen Aufschwung. Alles, was man mit Blick auf den Neuen Menschen bis dahin durch Psychologie und Psyche erreichen wollte, konzentrierte sich nun auf Pawlows Reflexforschung. In den Versuchsreihen ging man zur Konditionierung von kleinen Kindern über.[113] Insbesondere in der Psychologie, Medizin und Pädagogik wurde die Pawlow'sche Reflextheorie und die »Lehre der Höheren Nerventätigkeit« zur entscheidenden Doktrin. Ideologisch aufgeladen als »sowjetische Wissenschaft« zur Befreiung der Menschheit, schien sie in Kürze alles menschliche Denken und Handeln erklär- und damit beherrschbar machen zu können. Ein neues Verhalten war so herstellbar. Pawlow und seine Physiologie-Fabrik wurden zum Garanten für die Schaffung des Neuen Menschen.

Stalin sah in Pawlows Ideen die biologische Widerspiegelung seiner Herrschaft. Das Nerven- und Herrschaftssystem und die biologische und staatliche Ordnung basierten auf denselben Verzweckungsprinzipien. Hier die totale Herrschaft der »führenden Abteilung« Gehirn, dort das allmächtige Politbüro. Herrschaft und Terror bekamen so den Nimbus eines Naturgesetzes.[114] Pawlows skurrile Auffassungen wurden zum ideologischen Fundament von Stalins Macht. Und sie begründeten seine gesellschaftliche Umerziehungsideologie mit Repression und Terror. Pawlow bewies: Der Mensch ist unbegrenzt wandlungsfähig und radikale Veränderungen der Umwelt ergeben ein anderes Verhalten, das sich vererbt. Das könne, so Stalin, heute schmerzhaft sein, aber es sei legitimiert für das Ziel der zukünftigen sozialistischen Gesellschaft.

Während Stalin jeden Parteigenossen für eine Bemerkung abseits der Parteilinie ermorden ließ, ordnete er an, den erklärten Antikommunisten Pawlow wie jemanden aus dem Politbüro zu behandeln: ein Konto für ausländische Währungen, unbegrenzte Auslandsreisen, einen Chauffeur, importierte Lebensmittel (was sonst kaum jemandem zustand). Es kam zur Verlegung von Straßen und Straßenbahnen für den Ausbau von Pawlows Forschungslaboren zu einem gigantischen Wissenschaftsimperium mit einer Armee von Schülern und Mitarbeitern.[115]

Von der Begeisterung für Pawlows naturwissenschaftliche, »entemotionalisierte« Forschung zum Inhumanen war der Weg kurz. Schon 1926 startete der junge Staat ein Projekt zur Kreuzung von Mensch und Affe. In der neu gegründeten Affenstation in Französisch-Guinea wollte man unter der Leitung des international anerkannten Tierzuchtexperten Professor I. I. Iwanow Schimpansenweibchen mit menschlichem Sperma besamen. Genehmigt wurde der Versuch in der Akademie der Wissenschaften, in der auch Pawlow saß. Als die Weibchen nicht trächtig wurden, kam Iwanow auf die Idee »afrikanische Frauen mit Schimpansensperma« im örtlichen Krankenhaus zu besamen. Aber der Gouverneur der Insel verweigerte die Erlaubnis. Daraufhin zog man mit den Affen auf eine Zuchtfarm im georgischen Suchumi. Hier suchte man weiter nach einem »allgemein anwendbaren Verfahren« zur Zeugung des Neuen Menschen. Bald ging es vor allem um die Neue Frau. Auch dieses Versuchsvorhaben wurde von der Kommunistischen Akademie mit großer Zustimmung gebilligt. »Entsprechend dem allgemeinen Klima der Epoche«, schreibt der Historiker Kirill Rossijanow, »waren die betroffenen Frauen aufgerufen, sich der Versuchsdisziplin unterzuordnen. Zur Teilnahme an der Kreuzung schien es ratsam, mindestens fünf Frauen ausfindig zu machen, denen bevorstand, nicht weniger als ein Jahr unter den Bedingungen strenger Isolation auf der Affenzuchtfarm in Suchumi zu leben.« Das Ganze endete erst, als im Sommer 1929 das einzige geschlechtsreife Männchen namens Tarzan auf der Farm starb.[116] Damit war der Versuch beendet, aber noch im selben Jahr pries ein sowjetischer Genetiker in einem Artikel: »Die Lösung des Problems, wie die Auslese in der menschlichen Gesellschaft zu organisieren sei, wird zweifellos nur im Sozialismus möglich – nach der endgültigen Zerstörung der Familie, dem Übergang zur sozialistischen Erziehung und der Trennung von Liebe und Zeugung. … Biologisch ist die Liebe die Summe unbedingter und bedingter Reflexe und wird begleitet von der Fortpflanzung.«[117]

In Pawlows Ansatz lag eine »Entseelung«, die sich von den Tierexperimenten auf menschliche Belange übertrug. Mitgefühl, Angst, Verzweiflung hatten keinen Platz in seinem Weltbild. Er sah die Hunde und Menschen nicht als lebende Wesen, sondern als Maschinen. Zu bemitleideten Menschen, die nach einem Schlaganfall nicht mehr sprechen konnten, meinte Pawlow nur: »Der Mensch ist ein Apparat, was haben die Leute nur in ihren Köpfen, wenn sie irgendetwas mehr sehen als einen Apparat.«[118] Für tierische, aber auch menschliche Qualen schien er keinerlei Empfinden zu haben. Alles Mitgefühl angesichts der quälenden Experimente an zahllosen Versuchstieren verflüchtigte sich hinter neutralen Formulierungen. Ähnliches zeigte sich auch beim amerikanischen Behavioristen John B. Watson, der Pawlow zu seinem »Meister« erklärt hatte. Skrupellos quälte er 1920 in Experimenten Kinder, z. B. »Little Albert«, und befürwortete die Ermordung und Versklavung von psychisch Kranken.[119]

Die stalinistischen Repressionen gingen einher mit gesellschaftlichen Restriktionen, fortschrittliche Entwicklungen wurden rückgängig gemacht. Die Abtreibung wurde verboten, die Ehe reinstitutionalisiert, Scheidungen schwieriger und teurer gemacht. Die Frau sollte wieder zurück an ihren »Platz« heimischer Sklaverei. Man pries die »Freuden der Mutterschaft«, stellte die Homosexualität wieder unter

Strafe, verbot Pornographie (wobei bewusst vage formuliert wurde, was das sei), stoppte die wissenschaftliche Untersuchung der Sexualität und ersetzte die Sexualerziehung durch »Moralerziehung«.[120] Der Sowjetgegner Pawlow billigte diese Durchdisziplinierung der Gesellschaft, auch den Terror und die Repression. Auch er wollte die »rückständigen Massen« disziplinieren, sprach vom »sozialistischen Experiment« und nannte Stalin den »großen sozialen Experimentator«.[121]

Höllenstürze – Während des deutschen Vernichtungsfeldzuges gegen die Sowjetunion von 1941 bis 1945 ordnete sich alles dem Überleben des Landes unter, auch die Repression, die Schauprozesse und ideologischen Dogmen. Was nützlich schien, wurde gefördert. Die Bedeutung von Wissenschaft und Technik für die moderne Kriegsführung wuchs mit jedem Kriegsmonat, und damit die Autorität der naturwissenschaftlich-technischen Intelligenz. Spezialisten erhielten mehr Autonomie, fürchteten immer weniger die ideologische Eisenfaust, drängten auf wissenschaftliche Standards, entfernten sich von Pawlow. Nach dem Sieg über Nazideutschland forderten sie selbstbewusst bessere Arbeitsbedingungen, neue Institute, höhere Einkommen und internationale Kontakte.[122]

Ähnliches spielte sich auf der außenpolitischen Bühne ab. Mit dem Vorrücken der Roten Armee kamen die Länder ganz Osteuropas unter die Herrschaft Stalins. Nie war das Imperium so groß gewesen. In keinem der Länder, außer in Jugoslawien und der Tschechoslowakei, konnte die dortige kommunistische Partei demokratische Wahlen gewinnen. Aber genau diese Parteien sollten nun unter dem Schutz der Roten Armee sowjetische Satellitenstaaten aufbauen. Deren Parteimitglieder waren seit Kriegsbeginn nicht mehr im

Zugriff des Kremls gewesen. Entweder sie waren geflohen, nach England, in die Schweiz, die USA oder Lateinamerika, und hatten Jahre ohne Parteidogma erlebt, vielfältigste Kontakte geknüpft, mehr als nur die heimische Parteizeitung gelesen, oder sie waren im Widerstand, in den Gefängnissen und Lagern auf sich allein gestellt gewesen. Mit Kriegsende waren sie stolz auf den Sieg und voller Hoffnung, nun umsetzen zu können, was sie sich jahrelang im Untergrund, in der inneren Emigration oder als Zwangsrekrutierte der Wehrmacht für ihre Länder erhofft hatten.

In den Augen Stalins waren sie alle eine Gefahr. Für ihn mussten absolut ergebene Genossen die nationalen Parteien und danach den kommunistischen Staat aufbauen. Das konnten nur Moskowiter sein, jene Moskauüberlebenden, die während der Terrorjahre in der Sowjetunion stalinisiert worden waren. Sie hatten die widersprüchlichsten Erklärungen zur Politik des Kremls unter Todesangst verinnerlicht, waren gedrillt im Parteigehorsam und ihre Akten mit allen Politverfehlungen lagen als Druckmittel in den Moskauer Archiven. Als neue Garde hatten sie die Spitzenpositionen in ihren Ländern zu übernehmen. Nach kurzen Phasen der Nachkriegsliberalisierung, die oft auch Ideen der Tiefenpsychologie aufleben ließen, halfen sie, das stalinistische Sowjetklima der 30er Jahre, das sie geprägt hatte und dem sie gerade entronnen waren, nun auf ihre Heimatländer zu transformieren. Aber in manchen Ländern gab es diese »Moskauer« gar nicht mehr, da die gesamte, in die Sowjetunion geflohene Parteispitze in den Säuberungen ermordet worden war.[123] Umso mehr mussten die neuen Parteispitzen auf einen Kadavergehorsam eingeschworen und alle selbstbewussten Eigeninitiativen strikt beendet werden.

Stalin statuierte dazu ein Exempel. Dessen Name: Tito.

Nicht die Rote Armee, sondern Josip Tito, selbst ein Stalinist, hatte mit seiner Partisanenarmee Jugoslawien vom Faschismus befreit. Darauf gründete sich sein Selbstbewusstsein. Eine Unabhängigkeit, die auf keinen Fall ansteckend werden und sich auf Stalins Satelliten übertragen durfte. Der Diktator wiederholte, was ihm schon einmal die Macht gesichert hatte: Partei-Säuberungen, die Entfachung einer Hysterie, den Höllensturz höchster Parteiführer in Schauprozessen. Die Vorbereitung dazu begann ab 1948. Überall wurde Material zu führenden Funktionären gesammelt, Parteiverfolgungen liefen an. Ungarn bildete den Auftakt. Dann folgte Bulgarien. Auch hier hatte man in Moskau ein Opfer ausgesucht, Trajtscho Kostow, Mitbegründer der bulgarischen Partei. Er wurde im Dezember 1949 hingerichtet. In Rumänien kam es zu Verhaftungen, in der ČSSR zu einem Schauprozess, in Polen und der DDR bereitete man einen vor. Die Moskauer Prozessdrehbücher hatten ein weitverzweigtes, international agierendes und schwer durchschaubares Verschwörungs- und Spionagenetz konstruiert, das sich in verschiedenen Schauprozessen aufgreifen ließ. Groteske Bedrohungsszenarien wie »trotzkistische, faschistische, titoistische Mordbanden im Auftrag des CIA« kursierten. Der Terror war gekoppelt an die Vorstellung einer jüdischen Verschwörung. Die Säuberungs- und Prozesslawine endete erst mit dem Tod Stalins 1953, acht Jahre nach Kriegsende.[124]

Die politische Regression ging einher mit der Regression der Wissenschaften. Auch hier wurden die 30er Jahre wiederholt. Ausgewählte Wissenschaftler beschuldigte man, sich von den ideologischen Grundlinien entfernt und Faschismus und Imperialismus Einfallstore geöffnet zu haben. Kampagnen wurden gestartet, Wissenschaftsfunktionäre stellvertretend gestürzt. Und wieder diente der Pawlowismus, ebenso wie der Lyssenkismus, als ideologische Richtlinie, auf die alle Wissenschaften eingeschworen werden sollten. Und wieder war es die Psychologie, die vor das ideologische Tribunal zitiert werden sollte. Zum abschreckenden Sturz war Pawlows Nachfolger Leon Orbeli bestimmt.

Leon Orbeli avancierte nach Pawlows Tod 1937 zum mächtigsten Manager einer staatlich geförderten biomedizinischen Großforschung, die auch nicht vor eugenischen Versuchen Halt machte.[125] Sein Forschungsimperium mit 28 Laboratorien und 2750 Angestellte verglich man mit den gigantischen Industrieprojekten der Dnjeperstaudämme. Orbeli hielt das Reflexkonzept für überholt und erweiterte die Forschung vor allem auf militärischem Gebiet. Mit Gasgemischen für Taucher und Stratosphärenpiloten oder Bewegungsplänen und dem Einsatz von Amphetamin und Pervitin bei den Soldaten wurde das Institut das Basislaboratorium für die Wehrfähigkeit der Sowjetunion. In der Zurückdrängung dieses Freiraums ließ Stalin seinen potentiellen Nachfolger Andrei Schdanow erneut Leute in Kultur, Partei, aber auch Wissenschaft verhaften. Wieder füllten sich die Lager. 1948 inthronisierte Stalin auf einer Tagung erneut Lyssenkos »Neue Biologie«. Wissenschaftliche Forschungs-, Ausbildungs- und Schulprogramme zur Genetik verschwanden, ebenso die restlichen genetischen Lehrbücher. Die zur Staatsdoktrin aufgeblasene Theorie, dass Eigenschaften von Kulturpflanzen nicht durch Gene, sondern nur durch Umweltbedingungen bestimmt würden, führte zu verheerenden Missernten und Hungersnöten und im »Großen Stalinplan zur Umgestaltung der Natur« mit der Fruchtbarmachung von Wüsten, Umleitung von Flüssen und der Anpflanzung zehntausender von Baumsprösslingen zu ökologischen Desastern. Der Lyssenkismus galt bis 1962 als Staatsdoktrin.[126]

Mit der Reinstallierung Pawlows sollte das Dogma für die Psychologie, Biologie, Medizin und Pädagogik erneuert und Orbeli gestürzt werden. Als Bühne des Inquisitionstribunals organisierte man 1950 einen großen Pawlow-Kongress. Der wissenschaftlich kaum ausgewiesene Konstantin Bykow wurde als Gegenkandidat zu Orbeli aufgebaut. Bykow veranschlagte die Kontrolle des gesamten Organismus, also auch der Psyche, wieder in der Großhirnrinde. Im Plenum saßen 1400 Physiologen, Kliniker, Biologen, Psychologen und Philosophen aus 56 Städten der Sowjetunion. Orbelis Gegenkandidat Bykow hielt das Hauptreferat. Stalin hatte es redigiert. Fast alle Beteiligten wurden der Vernachlässigung der Pawlow'schen Lehre bezichtigt. Orbeli begann seinen Vortrag damit, dass es hier vorherbestimmte Angeklagte gebe und man nicht einmal über die Anklagepunkte informiert worden sei, während doch selbst Verbrecher vorher die Anklageschrift bekämen. Noch sprach er aus dem Selbstverständnis seiner jahrelangen Macht heraus. Doch am Ende der Tagung kroch er zu Kreuze, entschuldigte sich für seine »politisch falsche« Kritik.[127]

Das war das Ende einer schwachen Liberalisierungsphase und des mächtigsten Wissenschaftspolitikers im Sowjetstaat samt all seiner Schüler. »Es [war] die Vergewaltigung, die Verurteilung, die Verdammung von Menschen«, so später Lothar Pickenhain, Medizinprofessor und Übersetzer der Werke Pawlows in der DDR, zum Moskauer Pawlow-Kongress, »[so]dass sie im Tiefsten betroffen sind, in ihrer Persönlichkeit fast zerstört werden. Sie sollen zerstört werden.«[128] Im Ergebnis wurden wieder alle Wissenschaften, in denen es um spontane, autonome und selbstorganisierte

Prozesse ging, dem Parteiapparat untergeordnet. Es kam zu Verhaftungen und Berufsverboten von Wissenschaftlern und Medizinern. Jeder Austausch, jede Kooperation mit ausländischen Forschern war damit beendet. Die Wissenschaft in der Sowjetunion wurde von den internationalen Entwicklungen abgekoppelt. Stattdessen stilisierte man die Pawlowtagung zum Meilenstein der Entwicklung der sowjetischen Wissenschaften. Orbeli hatte während des Krieges den »cortikalen Dogmatismus« Pawlows widerlegt, so der Pawlow-Forscher Rüting, nun aber war die »totalitäre Hegemonie des höchsten Organs [wieder, ap] eingeführt«.[129]

Vertriebene »Faschisten« – Was hieß nun dieser Neopawlowismus für die Psychologie? 1948 war ein Artikel in einer sowjetischen Philosophiezeitschrift erschienen. In ihm warf der Schreiber dem führenden Sowjetpsychologen Sergej Rubinstein vor, in seinem Werk »Grundlagen der allgemeinen Psychologie« von 1940 das Unbewusste nicht ausdrücklich geleugnet zu haben. So habe Rubinstein »reaktionären, idealistischen Unsinn in die sowjetische Psychologie eingeführt, indem er unterstelle, dass die Quelle gewisser psychischer Prozesse subjektiv, d. h. irgendwo in unserem Inneren gelegen sei«. Der Lehrbuchautor habe »blinde Triebe und unbewusste Gefühle« eingeführt. Alle seine Begriffe vom Unbewussten seien »insgesamt von Freud, Lewin und anderen ebenso reaktionären bourgeoisen, idealistischen Psychologen entlehnt«.[130]

Der Artikel war nicht nur die Eröffnung einer neuen Anti-Freud-Kampagne, sondern auch der Auftakt zur letzten antisemitischen Hetzorgie Stalins. Auf ihrem Höhepunkt wurde in einer Zeitung eine Liste jüdischer Ärzte an der Zentralklinik für forensische Psychiatrie veröffentlicht, die sich geweigert hätten, an ihren Patienten die »vaterländische russische [Pawlow-]Psychiatrie« anzuwenden, und stattdessen die »falschen und gefährlichen Theorien zweier Juden«, Freud und Bergson, propagiert hätten. Dem folgte die Verhaftung der meist jüdischen Kremlärzte im Januar 1953 sowie die Vorbereitung eines weiteren Schauprozesses, bei der jüdische Ärzte in der gesamten Sowjetunion in Attacken denunziert wurden. Freud stand dabei als »internationaler Jude« gegen den vaterländischen Pawlow.[131] Stalins Tod im März beendete den Wahnsinn.

Tiefenpsychologie und Psychoanalyse wurden dabei im Zuge des Kalten Krieges zu einer Ideologie des Imperialismus. Schon ihre Erwähnung konnte schwere Folgen haben.[132] Freud wurde als Vorläufer des Rassenwahns und Wortführer der nationalen Unterdrückung dargestellt. Die Werke von Adler und Freud seien »ideologische Ausrüstungen« des Nazismus. 1951 hieß es im philosophischen Lexikon der UdSSR: »Die wissenschaftliche Psychologie bestreitet entschieden die Existenz des Freudschen ›Unbewussten‹. ... Die deutschen Faschisten haben sich der Lehre Freuds bedient.«[133] Die psychosomatische Medizin »ermangele der rationalen Begründung. In ihr lebten abergläubische religiöse Praktiken wieder auf, von den Gesängen der ägyptischen Tempelpriester angefangen.« Hingegen sei Pawlow nur aus ideologischen Gründen im Westen nicht rezipiert. »Die anglo-amerikanischen Kriegstreiber«, heißt es in einem Lehrbuch von 1953, »die das Blut des heroischen koreanischen Volkes vergossen, die Massenvernichtungswaffen und Bakterien einsetzten – diese sogenannte bourgeoise Wissenschaft hat einen Wahnsinnsfeldzug gegen die fortschrittlichen Lehren Pawlows unternommen. Diese blutrünstigen anglo-amerikanischen Verbrecher hassen den großen russischen Wissenschaftler, den Friedenskämpfer I. P. Pawlow.«[134]

Daran änderte auch Stalins Tod nichts. So hieß es in einem Handbuch der Philosophie 1955: »Freudismus: Eine reaktionäre, idealistische Richtung, die in der bourgeoisen wissenschaftlichen Psychologie weit verbreitet ist. … Die wissenschaftliche [d. h. marxistische, ap] Psychologie lehnt daher den Freud'schen Begriff des Unbewussten entschieden ab und betrachtet das Bewusstsein als eine Eigenschaft der Materie, nämlich des Gehirns. Die wissenschaftliche Psychologie verlacht die Behauptung, dass der Sexualtrieb bereits in der Frühkindheit entstehe. … Das reaktionäre Wesen des Freudismus zeige sich besonders in den lächerlichen Versuchen, soziale Phänomene erklären zu wollen. … Freudismus wie Neo-Freudismus stehen jetzt in den Diensten des Imperialismus, welcher diese ›Lehren‹ von der Unterordnung des Bewusstseins unter das Unbewusste dazu benutzt, die niedrigsten und widerwärtigsten Triebe zu rechtfertigen und zu entwickeln.«[135] Auch nach Chruschtschows Entstalinisierung fand keine Aufarbeitung statt. Die dogmatischen »Pawlowianer« blieben in ihren Positionen. Pawlows Erbe beeinflusste noch Jahrzehnte alles Tiefenpsychologische und jede Erzählung über Bewusstsein und Psyche in der Sowjetunion.[136]

»Unbewusstes, Libidobedürfnisse – überhaupt die menschliche Sexualität«, so das Fazit des marxistischen Analytikers Manfred Thielen in seiner Untersuchung zur Sowjetischen Psychologie der 80er Jahre, »Bedürfnisse nach kreativer Tätigkeit außerhalb der Produktionssphäre usw. waren aus diesem Konstrukt [dass alles Psychische eine Widerspiegelung der objektiven Realität ist, ap] a priori ausgeschlossen.« In der sowjetischen Psychologie spiegele sich, so Thielen, das stalinistische Menschenbild im Sinne von: »Arbeit als erstes Lebensbedürfnis, maximale Arbeitsleistung und Identifizierung mit dem Arbeitsprozess als Vergegenständlichung der Persönlichkeit; aktive und bewusste Unterordnung der Menschen unter die ... Gesellschaftsgesetze; Verinnerlichung der ökonomischen und politischen Normen des Staates und der Partei« und vor allem »Verdrängung aller autonomen, spontanen, lustvollen und kreativen Bedürfnisse und Fähigkeiten«.[137]

Erstickung – Gesellschaftliche Restriktionen, aber vor allem der Terror hatten Folgen. Psychische Gewalt wirkt sehr lange fort, ihre Auswirkungen sind noch spürbar, wenn die Zeit der Paranoia lange vorüber ist, konstatiert die Schriftstellerin Swetlana Alexijewitsch als Ergebnis ihrer biographischen Spurensuche in Osteuropa. »Denn die Verschreckten glauben nicht an das endgültige Ende der Gewalt. Sie haben erfahren, wie leicht es ist, Opfer erzwungener Umstände zu werden, und wie leicht die Schwelle überschritten wird ins Reich der Gewalt [...]. Misstrauen und Angst werden zur zweiten Natur, die man nicht einfach ablegen kann.«[138] Die traumatischen Zurichtungen und Mentalitätsprägungen des Stalinismus hielten sich dauerhaft. »Die Angst hat uns erstickt«, schrieb die Lyrikerin Nadeschda Mandelstam 1966, »sie tut es noch heute. Es gibt wenige, die sich davon befreit haben.« – »Beruhigt haben wir uns erst in den sechziger Jahren.«[139] Wolfgang Leonhard, Sohn von Susanne Leonhard, der einstigen Mitgefangenen von Valentine Adler, und aufgewachsen in der Sowjetunion, spürte noch 1987 »bei der Ankunft am Moskauer Flughafen wieder die Angst der Vergangenheit«.[140]

Es blieb die Angst – und eine Lektion: Wer nicht Opfer

werden wollte, musste versuchen, als Täter zu überleben. Der Stalinismus hatte auf der totalen Dehumanisierung seiner Kader basiert. Terror und Verrat, an deren Ende Verschleppung und Tod standen, hatte man als legitime, ja einzig richtige politische Mittel akzeptiert. Auch die Entstalinisierung schuf nicht das gesellschaftliche Klima, sich damit auseinanderzusetzen. Für Alexander Etkind ist Russland sogar 20 Jahre nach dem Zusammenbruch der Sowjetunion noch »das Land der Unbegrabenen«, ein Land, in dem die Folgen des Stalinismus noch immer lebendig sind und Handlungen, Denken und Psyche bestimmen.[141] Dazu kam in der ganzen Sowjetunion und in Osteuropa ein Verbot des Sprechens über den Sowjetterror und die Vertreibungen. Für die Idee einer Introspektion, das Unbewusste und damit Unkontrollierte offen zu legen und sich so zu befreien, blieb kein Raum.

Soschtschenko – Was das hieß, zeigt sich am Schicksal des Schriftstellers und Satirikers Michail Soschtschenko. Der im ukrainischen Poltawa geborene Soschtschenko war in der Roten Armee ein Kämpfer der ersten Stunde im Bürgerkrieg gewesen. Mit satirischen Geschichten, vielfach in Zeitungen publiziert, wurde er in den 20er und 30er Jahren zu einem der meistgelesenen sowjetischen Autoren. Das Land lachte mit Soschtschenko. Aber der als Oberleutnant im Ersten Weltkrieg schwer verwundete Soschtschenko war stark depressiv, hatte deshalb eine Lehranalyse absolviert und sich mit der Neurosentheorie von Freud und der Verhaltensforschung von Pawlow befasst. Freuds Gedanken flossen in seine Literatur ein. Ende der 20er, Anfang der 30er Jahre kamen in seinen satirischen Geschichten oft Patienten zu Ärzten mit einem psychoanalytischen Hintergrund.[142]

Der schwerst depressive Soschtschenko beschäftigte sich lange damit, eine analytische Autobiographie auf der Suche nach den Ursachen für sein Leiden zu schreiben. Schließlich fing er 1942 in Alma-Ata damit an, wohin er im Krieg aus dem belagerten Leningrad im Herbst 1941 evakuiert worden war. Hinter ihm lagen vier Jahre des Schreckens. Zuerst in den stalinistischen Säuberungswellen und dann bei der Belagerung Leningrads durch die deutsche Wehrmacht. Mit Schuldgefühlen hörte er im fernen Kasachstan immer wieder vom Schicksal der Leningrader, von denen am Ende eine Million ihr Leben verloren – erschossen, erfroren, verhungert. Soschtschenko sah in dem Text seinen Beitrag zur Verteidigung des Landes. Er wollte seinen Lesern Mut machen und zeigen, wie sie Ängste überwinden können. In seiner psychischen Selbsterkundung schrieb er über die Depressionen und Neurosen, die ihn von Kindheit an geplagt hatten.

Der erste und zweite Teil erschien 1943 in den Sommernummern der Zeitschrift »Oktober« unter dem Titel »Vor Sonnenaufgang«. Die Ausgabe war schnell ausverkauft. Offensichtlich hatte er einen Nerv getroffen. Aber man hatte die politische Stimmung falsch eingeschätzt. Schnell wurde die Veröffentlichung von der Zensur gestoppt. Soschtschenko wurde aus der Redaktion der Satirezeitschrift »Krokodil« ausgeschlossen. Die Lebensmittelzuteilung für Schriftsteller wurde ihm gestrichen und er musste aus dem Hotel in Alma-Ata ausziehen. Im Dezember 1943 verteidigte er sich auf einer Präsidiumssitzung des sowjetischen Schriftstellerverbands: Er habe ein antifaschistisches Buch geschrieben. Der Schriftsteller Nikolai Tichonow, der sich begeistert gezeigt hatte, als Soschtschenko ihm während der Arbeit an der Erzählung Kapitel daraus vorlas, schrieb nun in einer

Zeitschrift, das Buch sei »dem Geist und Charakter der sowjetischen Literatur zutiefst fremd«.

Drei Jahre war Ruhe, der Krieg nahm alle Kräfte in Anspruch. Im April 1946 erhielt Soschtschenko noch, zusammen mit einer Reihe anderer Schriftsteller, die Medaille »Für heldenmütige Arbeit im Großen Vaterländischen Krieg 1941–1945«. Dann aber geriet er in die »Schdanowschtschina«. Vier Monate nach der Verleihung der Medaille, am 14. August, verurteilte das Zentralkomitee der KPdSU das Buch scharf. Man verabschiedete einen Beschluss gegen Zeitschriften, die Texte von Soschtschenko publiziert hatten. Nun hieß es auf einmal, sein »nichtswürdiges Betragen während des Krieges« sei noch gut in Erinnerung; er habe »dem sowjetischen Volk beim Kampf gegen die deutschen Invasoren in keiner Weise geholfen«. Soschtschenkos Werk sei »der sowjetischen Literatur fremd«. »In dieser Erzählung«, hieß es in der Kritik, »wird die Realität aus spießbürgerlicher Sicht dargestellt – hässlich verzerrt, banalisiert, das seichte Hin und Her der subjektiven Gefühle steht im Vordergrund.«[143]

Der ZK-Sekretär Schdanow giftete in einem Referat: »In dieser Novelle enthüllt Soschtschenko seine fade, niederträchtige Seele. ... Es ist schwer, in unserer Literatur etwas Scheußlicheres zu finden als jene ›Moral‹, die Soschtschenko in seiner Novelle ›Vor Sonnenaufgang‹ predigt, und in der er die Menschen und sich selber als garstige, lüsterne Tiere schildert, die weder Scham noch Gewissen besitzen.«[144] Der Schriftsteller bekam Schreibverbot, seine Werke durften nicht mehr gedruckt werden, seine Herausgeber distanzierten sich von ihm, 1946 wurde er aus dem Schriftstellerverband ausgeschlossen, sein Name erschien nirgends mehr.

Der Höhepunkt des Großen Terrors war zehn Jahre her, aber die Zeiten saßen den Überlebenden in den Knochen. Damals hatte schon der Verdacht, die falschen Leute zu kennen, genügt, um erschossen oder zu jahrzehntelanger Lagerhaft verurteilt zu werden. Es wurde einsam um Soschtschenko. Freunde und Bekannte zogen sich zurück, wechselten die Straßenseite. Sein Zimmer Nr. 119 lag im vierten Stock des fünfstöckigen Gebäudes »Wolkenkratzer der Schriftsteller« in Leningrad an einem Kanal, einst eine Art großer Künstler-WG aus Romanciers, Poeten, Dramatikern, Übersetzern. Ein privilegiertes Leben hatten sie hier geführt. Aber dann wurden Kollegen und Freude abgeholt. Wohnung für Wohnung, Woche für Woche. Stets im Morgengrauen.[145]

Soschtschenko saß nach seiner Verdammung die Nächte über auf der Treppe über seiner Wohnung und wartete. Nacht für Nacht. Ihn sollten die Häscher nicht im Bett überraschen. Vom Treppenabsatz konnte man auf den Hof schauen und sie kommen sehen. Tagsüber schlug er sich mit Übersetzungen durch und verdiente als Schuhmacher etwas dazu, ein Handwerk, das er in seiner Jugend erlernt hatte. Wie lange wird er so gelebt haben, ein, zwei Jahre? Bis er hoffen konnte, nicht in einem Genickschusskeller zu enden.

Erst nach dem Tod Stalins 1953, fünf Jahre später, traute man sich, ihn zu rehabilitieren. Er wurde wieder in den Schriftstellerverband aufgenommen. »Ich habe viele Fehler und Verstöße begangen in 32 Jahren schriftstellerischer Arbeit, aber ich bin niemals ein antisowjetischer Schriftsteller gewesen«, schrieb er. Ein Jahr später fiel er erneut in Ungnade, als er bei einem Treffen mit englischen Studenten sagte, dass er mit der Kritik des längst verstorbenen Schdanow nicht einverstanden gewesen sei. Vom

Schriftstellerverband zu Selbstkritik gezwungen, erklärte er: »... in einer solchen Situation ist mein literarisches Leben und Schicksal beendet. Ich kann keinen Ausweg finden. Ein Satiriker muss ein moralisch reiner Mensch sein, doch ich bin erniedrigt.« Erst 1956, drei Jahre später, konnten wieder einige (unpolitische) Erzählungen von ihm erscheinen.[146]

Arm und isoliert lebte er auf seiner Datscha bei Leningrad und starb 1958 mit 64 Jahren. Die erste vollständige Ausgabe von »Vor Sonnenaufgang« erschien zehn Jahre später zuerst in den USA. In der DDR kam das Buch 1977 unter dem Titel »Schlüssel des Glücks« im Reclam-Verlag heraus, in Russland erst 1987. Das Unbewusste blieb in der Sowjetunion ein Tabu, ja, ein gefährlicher Abgrund.[147]

»Mensch, mach Dich nicht verrückt, sagte Nottker. Was heißt denn Neurose in dieser neurotischen Gesellschaft. Diese Gesellschaft erklärt jeden für krank, der sich nicht dem Leistungsprinzip unterwirft. Diese Gesellschaft ist krank, verkrüppelt sind Sinnlichkeit, Zärtlichkeit und Spontanität ...«
– »... aber das Andere, was Du willst, das ist noch sehr fern. Nein, sagte Ulrich, und sprang auf, nein. Das ist das Nächste. Wenn wir uns nicht selbst ändern, was soll sich dann ändern?«
Uwe Timm, Heisser Sommer.[1]

»Hast Du Dich heute schon eingebracht? *Nö? Dann hast Du also wieder* abgeblockt? *Typisch, Du willst einfach keine* Gefühle zulassen. *Du solltest endlich einmal* erfahren lernen ...*Also da musst Du die Dinge an* Dich heranlassen. *Du musst Dich* öffnen. *Du musst* Ängste abbauen. *Du musst die Gefühle in dir* hochkommen lassen. *Ganz* spontan. *Es darf in dir nicht alles* zu sein. *Du musst zu* deinen Gefühlen stehen, *zu deinen* Ängsten, *deinen* Verletzlichkeiten, *du darfst auf keinen Fall* abgehoben *daherlabern; du musst* betroffen *sein. Dann versuchst du, das alles ein bißchen* auszuphantasieren. *Na ja, und dann wartest du ab: vielleicht lernst du ja dann* umgehen mit *deinen* verlorenen Lebensjahren, *vielleicht kommt deine Energie ins Fließen, vielleicht bist du imstande, selbst auf den anderen* zuzugehen, *vielleicht werden sich deine* Probleme in Erfahrungen auflösen. *Wenn du dabei einmal* flippst, *macht das nichts. Wir werden Dich* auffangen.«
Dieter Zimmer in der *ZEIT*.[2]

3 BRD: Die durchtherapeutisierte Gesellschaft

Alexander Mitscherlich – der Popularisierer

Nürnberg, 1946 – Überall lagen Schuttberge. Im Hotelzimmer konnte man durch die Decke in den Himmel sehen. Es war November, klirrend kalt. Der 38-jährige, soeben in Heidelberg zum Privatdozenten ernannte Neurologe Alexander Mitscherlich und sein Assistent saßen eingemummt in alles, was sie hatten, vor einem Berg von Akten. Täglich brachten Boten der Staatsanwaltschaft und der Verteidiger Unterlagen. Der unbekannte Mitscherlich war von der Westdeutschen Ärztekammer beauftragt worden, den Prozess gegen 20 KZ-Ärzte und drei Organisatoren von Medizinverbrechen zu dokumentieren. Dazu hatte sich sonst niemand bereit gefunden.[3] Mitscherlich ahnte, dass ihn das seine Karriere kosten würde. Am 9. Dezember 1946 wurde die Verhandlung im großen Saal 600 des Nürnberger Justizpalastes eröffnet. Das amerikanische Militärgericht verhandelte ohne Umschweife auf Deutsch und Englisch. Mitscherlich pendelte einen Winter lang zwischen Hotel und Gerichtsterminen. Es waren zerrissene Monate. Einerseits täglich grauenvolle Enthüllungen: Unterdruck- und Unterkühlungsversuche, Fleckfieber-Impfstoffversuche, Knochentransplantationen, Menschenversuche mit Chemiewaffen, Wundinfektionen, 100 000 Euthanasietote. Unfassbare Verbrechen traten zu Tage, die ihm schwer zusetzten. Die Angeklagten zeigten sich keiner Schuld bewusst, genauso wie sich die Nürnberger nicht für den Prozess interessierten – Ärzte konnten doch keine Verbrechen begangen haben! Andererseits hielt das Gefühl der Erlösung durch die endlich erfolgte Befreiung an. Mitscherlich und seinem Mitarbeiter ging es darum, an etwas teilzuhaben, das den Anbruch einer neuen Gerechtigkeit in der Welt anzuzeigen schien. Das wollten sie dokumentieren.[4]

139 Verhandlungstage, 80 Zeugen, dann am 20. August 1946 die Urteile: sieben Todesurteile, lange Zuchthausstrafen, sieben Freisprüche. Anderthalb Jahre bearbeiteten sie die Unterlagen. 1947 erschien ihre Dokumentation unter dem Titel »Diktat der Menschenverachtung. Der Nürnberger Ärzteprozess und seine Quellen« in einer Auflage von 25 000 Exemplaren. Sie verschwand vom Markt, ohne – wie vorgesehen – an die deutsche Ärzteschaft verteilt worden zu sein. Es kam zu Auseinandersetzungen und Unterlassungsklagen namhafter Medizinprofessoren, Mitscherlich sprach rückblickend von einer Rufmordkampagne. In der Ärztekammer war man vom Versagen einzelner Standesvertreter ausgegangen, die Dokumente zeichneten jedoch das Bild vom Versagen eines Berufsstandes.[5] 1949 erschien der Abschlussbericht unter dem Titel »Wissenschaft ohne Menschlichkeit« mit einem Vorwort der Ärztekammer. Es herrschte Papiermangel, aber alle westdeutschen Ärzte sollten ein Exemplar bekommen. Die Auflage betrug 10 000. Für die Öffentlichkeit erschien erst 1960 eine Ausgabe beim Verlag S. Fischer.[6]

Sakrosankter Demokratietext – Mit dieser Herausgabe hatte sich der Privatdozent Alexander Mitscherlich die Spitzen des Berufsstandes zum Feind gemacht. Eine Lehrstuhlberufung rückte in weite Ferne. Aber Mitscherlich, 1908 in München geboren, der immer gegen seinen Vater gekämpft hatte, einen kleinen soldatisch national-konservativen Fabrikanten in Franken, ein Gegner der Weimarer Republik, ließ sich nicht beirren. Während des Nationalsozialismus hatte er acht Monate in Gestapohaft gesessen. Das war sein Schlüsselerlebnis. Vor diesem Hintergrund wurde die Psychoanalyse für ihn wichtig. Bei einem ungenauen Blick auf die NS-Jahre haftete ihr der Mythos einer im Nationalsozialismus verfolgten Wissenschaft an.[7] Als vermeintliche Wissenschaft des Widerstands war sie auf der Seite des Guten, gesellschaftlich sanktioniert, und ihre Wiedereinführung ein Akt der Wiedergutmachung gegenüber den vertriebenen jüdischen Analytikern, namentlich Freud. In diesem Duktus verstand Mitscherlich sein überaus erfolgreiches Werben um die Verbreitung der Psychoanalyse in Deutschland in den nächsten Jahren, die ihn in den Augen mancher zu einer Art deutschem Freud werden ließ.[8] Mitscherlich machte, so der Psychoanalysehistoriker Michael Schröter, »eine Umformung Deutschlands nach dem humanistischen Vorbild Freuds zu seinem Lebenskonzept«.[9] Dabei verfügte Mitscherlich in Sachen Tiefenpsychologie über keine solide Ausbildung. Eine Analyse machte er erst 1959. Er baute die bundesrepublikanische Freud-Schule weniger auf der Basis von Fachwissen denn mit einem politisch-moralischen Bezug auf.[10]

Als einer der ersten nahm er Kontakt zu emigrierten Analytikern in den USA auf und lud sie nach Deutschland ein. Für ihn sprach seine Dokumentation des Ärzteprozesses.

»Nur durch Mitscherlich«, so der in Frankfurt geborene und in die USA emigrierte jüdische Analytiker Erik H. Erikson, »war ich in der Lage, nach Deutschland zurückzukommen.« Diese Wiederanknüpfung, so Michael Schröter, »wird bisweilen als sein wichtigster Beitrag zur Renaissance der hiesigen Psychoanalyse nach dem Krieg angesehen.«[11]

Mitscherlich gründete 1947 die bis heute wichtige Publikationsreihe »PSYCHE. Zeitschrift für Tiefenpsychologie und Menschenkunde in der Forschung und Praxis«. Zum 100. Geburtstag Freuds 1956 organisierte er zusammen mit Max Horkheimer und Theodor W. Adorno eine Vorlesungsreihe zur Psychoanalyse, die in Heidelberg und Frankfurt mit rund 300 Zuhörern, darunter Bundespolitiker und renommierte Wissenschaftler, stattfand. Ziel war es, die verfemte Lehre zu rehabilitieren, erweitert durch das Vorhaben, mit Freud die Republik wieder an die westliche Welt heranzuführen. 1960 gründete Mitscherlich in Frankfurt das Institut und Ausbildungszentrum für Psychoanalyse und Psychosomatische Medizin, das vier Jahre später in »Sigmund-Freud-Institut« umbenannt wurde und das er bis 1967 leitete. Von 1973 bis 1976 hatte er an der Frankfurter Universität einen Lehrstuhl für »Psychologie, insbesondere Psychoanalyse und Sozialpsychologie« inne, der in das »Institut für Psychoanalyse« umgewandelt wurde, ausgestattet mit drei Professuren. Damit wurde Frankfurt zum deutschen Zentrum der Psychoanalyse und Tiefenpsychologie.

Mitscherlich entwickelte eine Sozial- und Massenpsychologie aus einer Verbindung von Psychoanalyse, Soziologie, Sozialpsychologie und Politik, die den Nerv der Zeit traf. Er knüpfte dabei an einer Entwicklung der Soziologie der 50er Jahre an, die stärker noch als bis dahin zur Sozialpsychologie und zur Wissenschaft vom sozialen Verhalten der Menschen, d.h. von den sozialen Konsequenzen psychischer Dispositionen wurde. Die Folie dafür war der Klassiker der amerikanischen Nachkriegssoziologie, David Riesmans »Die einsame Masse« von 1950, der seine Sozialdiagnose nicht auf die Strukturen der amerikanischen Gesellschaft stützte, sondern auf eine Charakterlehre und Psychologie. Im westdeutschen »psychological turn« der 60er Jahre stiegen Psychoanalyse und Sozialpsychologie zu Leitwissenschaften auf. Mitscherlich sah das Individuum durch die Industriegesellschaft bedroht. Die Masse, die Verunsicherung, das einflusslose Leben, die Angst waren Grundthemen der Zeit. Im Rationalismus der Moderne sei der Mensch von seinem Unbewussten abgeschnitten. Diesen kulturpessimistischen Ansatz verband Mitscherlich mit massenpsychologischen Überlegungen zu einer eigenen analytischen Sozialpsychologie, basierend auf einer rigoros »politisierten, humanistisch-moralischen Grundhaltung«, deren Höhepunkt das mit seiner Frau Margarete verfasste, 1967 erschienene Buch »Die Unfähigkeit zu Trauern. Grundlagen kollektiven Verhaltens« war.[12]

Mit ihrer Diagnose lieferten die beiden einen »sakrosankten Demokratietext der deutschen Nachkriegsgesellschaft«, der einen »auf Selbstkritik insistierenden, psychologischen Zugang« zu Gesellschaft und deutscher Geschichte, insbesondere zum Nationalsozialismus, populär machte.[13] Das fiel in die Zeit einer aufkommenden Bereitschaft in der deutschen Öffentlichkeit, sich mit dem Nationalsozialismus und dem gesellschaftlichen Umgang von Schuld und Verstrickung auseinanderzusetzen.

»Praeceptor Germaniae«[14] – Mitscherlich wurde zur moralischen Instanz und zu einem der akademischen Väter der 68er, auch weil er der Überzeugung war, dass man die Grundlagen der Bundesrepublik revolutionieren müsse. Sein Einfluss auf die Protestbewegung, so Clemens Albrecht, der Chronist der Frankfurter Schule, sei höher gewesen als derjenige der kritischen Theorie.[15] Dass das Sprechen über Gesellschaft bei charismatischen Studentenführern wie Rudi Dutschke immer aufgeladen war mit psychologischen Überlegungen, hatte vor allem mit Mitscherlich zu tun. Psychoanalyse und Psychotherapie wurden als befreiende gesellschaftliche Instanzen mit emanzipatorischen Ressourcen verstanden. Sie verbanden sich mit Utopie, und die Utopie verband sich mit Emotionen.

Durch Mitscherlichs öffentliche Auftritte erfuhr die Psychoanalyse als Theorie einen unerhörten Aufschwung.[16] Sie wurde zum Mittel der Politik, der Aufklärung, der Demokratie, als verspräche sie eine bessere Zukunft. Dabei hatte Mitscherlich, so ein Zeitgenosse, eine Resonanz, »die man sich heute wirklich schlecht vorstellen kann«.[17] 20 Millionen Menschen verfolgten die Verleihung des Friedenspreises des Deutschen Buchhandels 1969 an ihn. »Ich möchte«, so der Preisträger in seiner Rede, »gerne als Person zurücktreten und die Ehrung als eine auffassen, die durch mich die Psychoanalyse erreicht.« In den Kritiken war von einem »neuen Denken« die Rede, einem »Plädoyer für eine psychoanalytisch orientierte Sozialpsychologie«, einer »Hoffnung, mit psychoanalytischer Erkenntnis Muster kollektiven Verhaltens [zu] erkennen und fortan die Geschicke der Menschheit positiv beeinflussen zu können«.[18] Mitscherlich sei, so hieß es nachher, ein »Seelenarzt der Gesellschaft …, dessen Therapie in einer Zeitkritik bestand«.[19] Man stilisierte ihn und er sich selbst zur Gründerfigur der deutschen Nachkriegspsychoanalyse.[20] Problematisch war daran, dass für Mitscherlich Freuds Ideen der »Standard« waren und er in jeder Weiterentwicklung einen Verrat sah. »Freund und Feind schieden sich ... für Mitscherlich in ihrer Haltung zur Psychoanalyse.«[21] Damit propagierte er eine Orthodoxie, die sich auf die Ausbildung von Analytikern in seinem Umfeld auswirkte. Andererseits war Mitscherlich ein Zeitmagnet, der zentrale Fragen der Gesellschaft nach Hitler thematisierte. Für ihn war die Tiefenpsychologie die Lösung. Wirkliche Antworten aber blieb er schuldig. Das musste am Ende zu Enttäuschungen führen.[22] Man müsse »die Renaissance psychoanalytischen Gedankengutes in den 1960er Jahren als sehr zeitgebunden interpretieren«, so der Mitscherlich-Biograph Tobias Freimüller, »und der Person Mitscherlichs dabei einen zentralen Einfluss zuschreiben«.[23] Als Mitscherlich 1982 starb, war die Utopie einer erneuerten Gesellschaft durch tiefenpsychologisches Wissen schon wieder verblasst.

Demokratieaufbau

Self-re-education – Die US-amerikanischen Nachkriegsüberlegungen zur Demokratisierung des nationalsozialistischen Deutschlands rekurrierten auf Erkenntnisse der modernen amerikanischen Sozialpsychologie. Ihr Begründer war der 1933 in die USA geflohene Kurt Lewin. Lewins Schule war die experimentelle Berliner Gestaltpsychologie der Zwischenkriegszeit gewesen, die sich mit Fragen der

Wahrnehmung beschäftigte. In den USA widmete er sich der Kleingruppenforschung mit der Frage nach den sozialen Auswirkungen verschiedener Erziehungsstile. Lewin konnte nachweisen, dass Verhaltensweisen, Einstellungen und Werte durch Erfahrungen in der Gruppe entstehen und prägte dafür den Begriff der »Gruppendynamik«. Im experimentellen Vergleich unterschiedlicher Führungsstile zeigte sich, dass eine demokratische Führung mit Partizipation und Kommunikation – im Gegensatz zu Laissez fair oder autoritärem Stil – zu Eigenverantwortlichkeit in der Gruppe führt. Auf störende Gefühle wie Aggressionen ließ sich durch Selbstreflexion reagieren.[24] Voraussetzung war eine realistische Selbst- und Fremdwahrnehmung der Gruppenmitglieder, die – so zeigten die Versuche – trainiert werden konnte. Ein wesentliches Mittel dazu war die von Lewin entwickelte Methode des »Feedback« in der Gruppe. Bei seinen Experimenten hatte der stark an Berlin hängende Lewin immer auch die erschreckende Entwicklung der deutschen Gesellschaft vor Augen. Wie war hier nach dem Krieg eine demokratische Gesinnung zu implementieren? Lewin entwickelte dazu ein spezielles Gruppentraining und gründete ein gemeinnütziges »National Training Laboratories Institute«, das bis heute besteht. 1947 fand in dem Institut in Maine das erste Sensitivity-Training statt.

Auf Lewin griffen die amerikanischen Besatzer für den Demokratieaufbau in Deutschland zurück: Wertevermittlung und Demokratieschulung durch emotionale Erfahrungen in Gruppen in möglichst vielen Gesellschaftsbereichen. Nicht die Siegermacht verordnete Haltungen, sondern zusätzlich zur nötigen Aufklärung sollte über Gruppenprozesse eine kulturelle »self-re-education« stattfinden und ein »demokratischer Lebensstil« nach dem US-amerikanischem Vorbild erlernt werden.[25]

Die amerikanische Demokratieschulung war ein Erfolgsmodell. In der Ausbildung der Pädagogen drängte man preußisch-autoritäre Erziehungsvorstellungen zugunsten reformpädagogischer Ideen zurück. 1955 gelangte die Idee der Gruppendynamik sogar ins Konzept der »Inneren Führung« der Bundeswehr. 1969/70 verbreitete sie sich in der sozialliberalen Bundesrepublik von der Lehrerfortbildung, den psychoanalytischen Bálint-Gruppen für Pfarrer bis zur Akademie für Führungskräfte der Post. Ihre Grundsätze diffundierten derart in die bundesrepublikanische Gesellschaft hinein, dass heute bei Themen wie Mitgestaltung, flachen Hierarchien, Selbststeuerung, Synergien etc. der gedankliche Ausgangspunkt kaum mehr bekannt ist.[26]

»All you need is love« – Mit den großen NS-Prozessen wie dem Ulmer Einsatzgruppenprozess, dem Eichmann-Prozess in Jerusalem und den Frankfurter Auschwitz-Prozessen, Ende der 50er, Anfang der 60er Jahre, trat die Frage nach der Psyche der Täter auf den Plan. Was war von Hannah Arendts »Banalität des Bösen« zu halten, was von den 1956 erschienenen autobiographischen Aufzeichnungen des Auschwitz-Kommandanten Rudolf Höß? Die Frage nach der Täterschaft wurde zum brennenden Thema. Die Folterer und Kriegsverbrecher: Waren es nur deformierte Einzelne? Das Experiment des US-Psychologen Stanley Milgram 1961 schien zu zeigen, dass eine Mehrheit »ganz normaler« Bürger bereit war, autoritäre Anweisungen bis zu tödlichen Folgen für andere zu befolgen. Offensichtlich war das Kriegsende nicht einfach der beschworene Neuanfang, die Stunde Null. Militärisch-autoritäre Strukturen lebten weiter, über den Willen zum Gehorsam ließ sich das Unmenschliche jederzeit abrufen. Die bundesrepublikanische Gesellschaft blieb also latent faschistisch.[27]

Wer Mitte der 60er Jahre auf diese Fragen Antworten suchte, stieß im Westen auf die psychologisierende Gesellschaftskritik der 1950 aus dem Exil zurückgekehrten Frankfurter Schule. In den USA hatte die Arbeit zur Vorurteilsforschung, genauer: zum Antisemitismus, zu ihrem Schwerpunkt gehört. Damit knüpften sie direkt bei Erich Fromm an, der schon 1929/1930 in der von ihm geleiteten sozialwissenschaftlichen Arbeiter- und Angestelltenerhebung ausführlich über die autoritäre Persönlichkeit geschrieben hatte. 1936 waren in der »Studie zu Autorität und Familie« des Instituts die wesentlichen Kapitel zum autoritären Charakter von ihm verfasst worden. In dem 1941 veröffentlichten »Escape from Freedom« präsentierte Fromm weitere Überlegungen dazu.[28] Nachdem Adorno Fromm aus dem Institut verdrängte hatte, übernahm Adorno die Leitung einer Forschergruppe zum Antisemitismus in den USA. Adornos gemeinsam mit seinen Mitarbeitern verfasste zweibändige, fast tausend Seiten umfassende und teils sehr disparate Untersuchung erschien 1950 unter dem Titel »The Authoritarian Personality«. Obwohl die Untersuchung immer nur in Teilen und erst 1973 ins Deutsche übersetzt wurde, wurde die Erklärung der Einstellungen und Persönlichkeitsmerkmale des autoritären Charakters im Kontext der NS-Prozesse ungeheuer populär.[29]

Während Horkheimer und Adorno in ihrem revolutionslosen Kulturpessimismus schwer verständlich waren, traf ihr ehemaliger Institutskollege Herbert Marcuse den Nerv der aufkommenden Studentenbewegung. Der 1933 in die USA emigrierte Heidegger-Marxist und ehemalige Berliner

Wandervogel war 1945 nicht nach Deutschland zurückgekehrt. Sein Versuch, den jungen Marx mit Freud zu verknüpfen, die Mischung aus ökonomischer Klassenanalyse, Persönlichkeitstheorie, »Entfremdung«, Kulturkritik und neorevolutionärem Sozialismus schien die richtige Mixtur zur Strukturanalyse der kapitalistischen Gesellschaft abzugeben. Vor allem aber betonte er alles Psychische.

»Dieser Essay«, heißt es im Vorwort von Marcuses Hauptwerk »Triebstruktur und Gesellschaft. Ein philosophischer Beitrag zu Sigmund Freud« aus dem Jahr 1957, »verwendet psychologische Kategorien, da sie zu politischen Kategorien geworden sind. Die traditionelle Grenze zwischen der Psychologie einerseits und der politischen Sozialphilosophie andererseits ist durch die Lage des heutigen Menschen unscharf geworden. So wandeln sich psychologische in politische Probleme: private Verwirrungen spiegeln heute in viel unmittelbarer Weise die Verwirrung des Ganzen wider, und die Heilung persönlicher Störungen hängt viel direkter als ehedem von der Heilung der Gesamtstörung ab.«[30] In diesem und seinem zweiten Hauptwerk »Der eindimensionale Mensch« von 1967 entwickelte Marcuse eine politische Psychologie. Mit seiner unkonkret-suggestiven, ja fast beschwörenden Sprache und seinem revolutionär-utopischen Denken – für das er fälschlicherweise den Antiutopisten Freud als Gewährsmann in Anspruch nahm – samt seinen politischen Aktivitäten in der amerikanischen Bürgerrechtsbewegung eignete er sich weit mehr als Horkheimer und Adorno zu einem Star, ja Propheten der Studentenbewegung. Marcuse, so der Historiker Paul Nolte, sah eine »Bewegung großen Stils im Gange gegen die Übel der psychischen Unterdrückung und für das Bedürfnis, man selber zu sein«.[31] Getragen sah Marcuse diese Bewegung nicht mehr vom Proletariat, sondern von Minderheiten und dem »emanzipierten« Individuum, was der studentischen Lebenswelt deutlich näherkam als der kollektivistische Marxismus älterer Prägung.

Auf ihrer Suche nach einer tiefenpsychologischen Gesellschaftsanalyse stießen die Studenten auch auf die Schriften des 1957 verstorbenen Wilhelm Reich. Seine »Massenpsychologie des Faschismus« von 1933 drehte sich um Familie, faschistische Ideologie und unterdrückte Sexualität. Das passte für viele Jugendlichen zu den verstockt-toxischen Familienverhältnissen der Nachkriegsjahre. Reich propagierte eine durchaus schlichte Trieb- und Befreiungsidee: viel Sex, viel Freiheit. Dennoch war sein Einfluss auf die Neue Linke »ohnegleichen«.[32] »Make love not war« wurde zum Symbolspruch der 68er. Aus der simplen Analyse, dass man in einem körperfeindlichen und autoritären Land lebe, dass man selber damit de facto proto-faschistisch war, gab es nur einen Ausweg: die sexuelle Befreiung. Die suchte man auch in der 1967 in Berlin gegründeten Kommune 2. Dem Modell folgten unzählige Wohnexperimente, bis das kollektive Zusammenleben, oft in endlosen Auseinandersetzungen mit den dabei auftretenden zwischenmenschlichen Konflikten, zum weit verbreiteten Lebensentwurf in Studentenkreisen wurde.

Im selben Jahr gründeten sich die ersten Kinderläden, »Versuchslabore«, bei denen man die eigene Nazierziehung loswerden wollte, bevor man sie an die Kinder weitergab. Die Raubdruck-Rezeption der Psychoanalyse in der Kinderladenbewegung bis hin zu Vera Schmidts Bericht über das Moskauer Kinderlaboratorium war einzigartig.[33] Was in den kleinen Ladenlokalen mit wenigen Kindern geschah, erregte große mediale Aufmerksamkeit. Alexander Neills »Erziehung in Summerhill« – 1969 als populäre Neuausgabe bei rororo erschienen –, wurde innerhalb von zwei Jahren 650 000-mal verkauft. Neill, der mit Wilhelm Reich eng befreundet war, leitete sein Schulexperiment von der Psychoanalyse ab.[34]

Emotionalität wurde politisch und bald zu einer säkularisierten Religion. Gefühle hätten, so die Milieuauffassung, in einer autoritären, aber auch rational-modernen Welt keinen Platz. Alles musste nun von Zwängen befreit werden und »authentisch« sein. »All you need is love« wurde zum zweiten Dogma. In dieser Hinwendung zu Expressivität und Emotionalität sieht Paul Nolte einen tiefen Umbruch in der Mentalitätsgeschichte der westlichen Moderne, der ihr Selbstverständnis dauerhaft prägte. Für Prag, Warschau und Ost-Berlin war zu diesem Zeitpunkt genau das Gegenteil angesagt.[35]

»Verrückt wie jedes Durchschnittsarschloch« – Mitscherlich zeichnete in seinen vielgelesenen Büchern das Bild einer kranken Gesellschaft. Für ihn war klar: »In dieser Gesellschaft müssen Prozesse im Gang sein, die massenhaft solches ›neurotisches‹ Verhalten erzeugen.«[36] Diese Position lag auf einer ähnlichen Wellenlänge wie die Auffassungen von Analytikern wie Horst-Eberhard Richter oder Carl Rogers, die die gesamte Gesellschaft für krank und therapiebedürftig erklärten. Am Ende galt: Nicht die Irren gehören in die Klinik, sondern das irre System muss beseitigt werden. Wahnsinn und Psychose seien gesellschaftliche Phänomene, zu deren Lösung es eine Revolution brauche.

Eine Psychiatrie-Enquete von 1977, beauftragt vom Parlament, ausgearbeitet von einer 200-köpfigen Sachverständigenkommission, wurde weithin wahrgenommen. Der Bericht zur Lage der Patienten war vernichtend und stieß in der Psychiatrie viele Reformen an. Psychotherapie machte man zum Lehrfach in der Ausbildung der Ärzte. Die Ideen radikaler, sich oft gegenseitig widersprechender Antipsychiater wie David Cooper, Ronald D. Laing, Thomas Szasz oder des Italieners Franco Basaglia wurden nicht nur Fachleuten ein Begriff. Im Film »Einer flog über das Kuckucksnest« von Miloš Forman aus dem Jahr 1977, einer der größten Erfolge der US-amerikanischen Filmgeschichte, fragt Jack Nicholson als Hauptdarsteller seine Mitpatienten: »Was glaubt ihr denn, was ihr seid, verdammt noch mal, verrückt oder was? Ihr seid nicht mehr oder weniger verrückt als jedes Durchschnittsarschloch draußen auf der Straße!« Während man das im Westen auf ein krankmachendes kapitalistisches System bezog, verstand man im Osten das Kuckucksnest symbolisch für ein Leben in der Diktatur.[37]

Krankenkassenumschlag

Therapie des Normalen – Dass Therapien in Westdeutschland zu einem massenhaften Phänomen wurden, hängt eng mit deren Anerkennung durch die Krankenkassen zusammen. 1964 verfasste Albert Görres, ein katholischer Philosoph und Mediziner, für die Deutsche Forschungsgemeinschaft (DFG) einen Bericht, dass die Psychoanalyse für die Psychotherapie und psychosomatische Medizin unerlässlich sei. Der Bericht empfahl, den Mangel an Psychotherapeuten baldmöglichst durch tiefenpsychologisch geschulte Mediziner beheben zu lassen. Es gab damals kaum mehr als 200 Ärzte, die eine analytisch-therapeutische Methode gelernt hatten. An der richtigen Stelle analytische Ärzte zu platzieren, so der Bericht, würde viel gesellschaftliches Leid verhindern. »Wer einen engstirnigen und pedantischen Betriebsführer mäßigt,« hieß es, »hilft damit meist gleichzeitig auch vielen Arbeitnehmern in diesem Betrieb und ihren Familien.«[38]

Wenige Jahre später legte die Analytikerin Annemarie Dührssen zwei Studien zur Wirksamkeit der analytischen Psychotherapie vor. Demnach verhindere Psychotherapie massive Gesundheitskosten. So könne z. B. eine früh behandelte Depression einen Arbeitsausfall und jahrelange Klinik- und Gesundheitskosten samt Frühverrentungen auffangen. Die Kosten-Nutzen-Rechnung überzeugte. Am 3. Mai 1967 beschloss der Bundesausschuss der Ärzte und Krankenkassen die Richtlinien über »tiefenpsychologisch fundierte und analytische Psychotherapie in der kassenärztlichen Versorgung«. Vier Jahre später schlossen sich auch die Ersatzkassen an. Das sozialstaatliche Fürsorgeversprechen weitete sich auf die psychotherapeutische Behandlung aus. Jeder in ganz Westdeutschland konnte nun ambulante psychotherapeutische Behandlung bei ausgebildeten Ärzten in Anspruch nehmen, vergütet durch die Krankenkasse. Das war einzigartig in der Welt und der eigentliche Kipppunkt in der Rezeption analytischer Psychologie im Land.[39]

Mit der nun steigenden Nachfrage nach Therapien wurde der massive Mangel an ausgebildeten Ärzten offensichtlich. Institute für Psychotherapie und Psychoanalyse wurden gegründet sowie psychoanalytische Arbeitsgemeinschaften und Seminare mit einer intensiven Zusammenarbeit universitärer Lehrstühle zu Ausbildungszwecken ins Leben gerufen.[40]

Gleichzeitig vervielfachte sich die Zahl der Psychologiestudienplätze im Rahmen der Bildungsexplosion. Während sich die Gesamtstudentenzahl vervierfachte, verzehnfachte sie sich im Fach Psychologie von 2000 (1960) auf 20 000 (1981). 2012 waren es 54 000 Studierende.[41] Psychologie zu studieren war auf einmal attraktiv. Das Fach erfuhr binnen Kurzem eine beispiellose gesellschaftliche Akzeptanz. 1972 sah man sich gezwungen, einen Numerus clausus einzuführen. Die meisten Psychologiestudenten entschieden sich für Klinische Psychologie mit Diagnostik und Behandlung, also im Hinblick auf die therapeutische Praxis. Damit verstärkte sich die Tendenz, dass die Psychologen in den klinischen Bereich vorstießen und den Ärzten Konkurrenz machten, ja, sie in Prävention, Diagnostik, Beratung und Therapie sogar schließlich verdrängten.[42]

Ab 1971 wurde die delegierte Psychotherapie eingeführt. Das erlaubte Psychiater in ihren Praxen, Psychologen anzustellen, deren Stunden über die Kasse abgerechnet werden konnten. Die Krankenkassenleistungen für Psychotherapie nahmen jährlich zu. Wer von den Absolventen nicht therapeutisch arbeitete, drängte auf neue Arbeitsfelder. Psychosoziale Beratungsstellen, in den frühen 60er Jahren noch beinah unbekannt, gab es in den 70er Jahren überall, 1980 waren es 2000. Allein die Beratung von Studierenden verdoppelte sich zwischen 1973 und 1976 auf 48 000 Konsultationen.[43] 2011 gab es 185 000 Psychotherapeuten in Deutschland in eigener Praxis. Das war nicht nur eine deutsche, sondern eine westeuropäische Entwicklung. 2011 gab es 300 000 ausgebildete Psychologen in Westeuropa, fast ebenso viele Psychologiestudenten und 80 000 Psychiater. In den USA waren es 1970 noch 30 000 Psychologen, 1995 eine Viertelmillion.[44]

Von der Therapieversorgung der kleinen Gruppe Schwerstdepressiver, Paranoiker oder Suizidgefährdeter durch die Mediziner kam es zu einer Psychologisierung leichterer Symptome und Befindlichkeiten durch Psychotherapeuten und Psychologen. Therapie war nicht länger etwas für Kranke. Die Grenzen zwischen Therapie und Beratung verwischten sich. War man bis zu diesem Zeitpunkt misstrauisch, ja, ablehnend gegenüber Leuten, die sich Zeit für Seelisches nahmen, wurde das nun zur gesellschaftlich akzeptierten Selbstverständlichkeit – zumindest in akademischen Kreisen. Psychotherapie wurde »normal«. Eine Studie kam zu dem Schluss, dass ein Drittel der Westdeutschen einmal in ihrem Leben behandlungsbedürftig sei.[45]

Vom Gang nach Innen

»Nur war es ihm manchmal unangenehm, daß er nicht auf dem Kopf gehen konnte« – »Das Phänomen dieser Bereitschaft der Nachkriegsgeneration, sich mit dem eigenen Selbst auf dem Weg einer Psychologisierung und aktiven Therapie auseinanderzusetzen, liegt in dieser besonderen historischen Konstellation«, konstatiert Brigitte Lohff, die ehemalige Leiterin des Instituts für Ethik, Geschichte und Philosophie der Medizin der Universität Hannover, und meint damit die Nachkriegslagerung dieser Generation.[46] Zwei Bewegungen griffen in einer historisch einmaligen Situation ineinander, einerseits staatliche und institutionelle Demokratisierungsbestrebungen nach dem Sturz Deutschlands in die Barbarei, andererseits der Versuch der

Studentengeneration, sich vom Nationalsozialismus abzusetzen und eine politische Utopie zu begründen. Beides zusammen garantierte die besondere Vormachtstellung des Psychologischen. Vordergründig war es eine Amerikanisierung, tatsächlich aber die Rückkehr europäischer Ideen in amerikanisierter Form.

Bei Lichte besehen entpuppte sich das Hoffnungsprojekt Sozialpsychologie mehr als eine Veränderungshoffnung denn als realistische Option. In der Studentenbewegung trennten sich die Wege: Es gab die sektiererischen K-Gruppen, wo alles Psychologische nur noch als »Zahnrädchenschleiferei« eines kranken Systems interpretiert wurde und wo man postulierte: Wer sich mit sich selber beschäftigt, fällt aus für die Revolution.[47] Und es gab die Jugendkultur der späten 70er mit einer starken Innerlichkeit.

»Die Art der Politisierung der 68er hatte etwas zurückgelassen«, so der Literaturhistoriker Helmut Böttiger, »womit der Einzelne nun allein zurechtkommen musste – eine Leerstelle der Gefühle, für die man noch keine richtigen Worte finden konnte.« Die politische Linke habe Emotionalität, Unmittelbarkeit der eigenen Bedürfnisse, Körperlichkeit und Ganzheitlichkeit vernachlässigt.[48] Die psychologischen Theorien der Frankfurter Schule, aber auch die Sozialpsychologie Mitscherlichs versprachen etwas, was auf die Gesellschaft bezogen werden konnte. Am Ende blieb es Theorie und Programm. Für die unpolitischen, unzensierten Gefühle, Träume, Ängste und Beziehungsprobleme des Einzelnen war angesichts des durch und durch politisierten und bei Mitscherlich hochmoralischen Raumes kein Platz. So oft auch Psychologisches thematisiert wurde, es blieb unausgefüllt – im Politgeschwafel vom Klassenbewusstsein hielt sich das Unvermögen, über Gefühle zu sprechen.

Anfang der 70er Jahre erschien immer mehr Literatur, die ein fragiles und gespaltenes Ich thematisierte. So Peter Schneiders Erzählung »Lenz« zu der gleichnamigen Novelle Georg Büchners. Wer bin ich? Was sind meine Sehnsüchte? Wo und warum scheitere ich bei ihrer Verwirklichung? Neue Formen der Selbsterkundung und Selbstreflexion erschienen. Auch dabei spielte der Nationalsozialismus als innere Traumalandschaft eine zentrale Rolle. Seinem eigenen kleinbürgerlichen – und damit »faschistischen« – Sozialisationsmuster könne man nur mit einer schonungslosen Introspektion entkommen. Beispielhaft im Kultbuch »Die Reise« von Guntram Vesper, Sohn des NS-Autors Bernward Vesper, der vom »Hitler in mir« sprach.[49] Aber Introspektion gab es auch bei einem jüdischen Autor wie Peter Weiss, der Anfang der 50er Jahre zwei Analysen gemacht hatte, ebenso wie Erich Fried, eine andere Kultfigur der Zeit.[50] Weiss' Auseinandersetzungen mit sich und der Politik mündeten in sein Lebenswerk »Ästhetik des Widerstands«, ein Referenzwerk dieser Jahre.

In der zeitgenössischen Literatur spiegelte sich die Auseinandersetzung einer Generation mit sich selbst wider. Nicht das Vorhandensein psychologischer Theorien war der Auslöser dieser Art Innerlichkeit, sondern ein Lebensgefühl, eine Stimmung, die das psychologische Angebot aufgriff.

Das übertrug sich auf die Folgegenerationen. In den westdeutschen gymnasialen Oberstufen der 70er Jahre wurde in Deutsch-, Philosophie-, Soziologie- oder Religionskursen Freud, Marcuse oder Fromm diskutiert, las man Hesses Steppenwolf und sah sein Leben in Woody Allens »Stadtneurotiker« von 1977 gespiegelt. Selbst bei den Autonomen der 80er Jahre interessierte man sich nicht für Ideologie, sondern für sich selbst.[51]

Das therapeutische Jahrzehnt – In der Wende zum Subjektiven verteidigte die Psychoanalyse als Therapie ihren guten Ruf. Aber sie war kompliziert, langatmig, schwer verständlich und nicht massentauglich. Die Situation änderte sich erst Mitte der 70er Jahre durch das Aufkommen der Humanistischen Psychologie aus den USA, mit den Ideen und Konzepten von Abraham Maslow, Charlotte Bühler, Carl Rogers, Karen Horney und Fritz Perls oder des US-Analytikers Jakob Moreno, dem die Gruppentherapie ihren Ursprung verdankte, als er aus dem Stegreiftheater das Konzept des Psychodramas entwickelte. Dabei bildeten sich zwei Schwerpunkte heraus: die Familien- und die Gruppentherapie.

Mit neuen Erziehungsidealen und sich verschiebenden Wertmaßstäben, einer veränderten Sexualität, der Zunahme von Scheidungen, mehr Kinderkrippen, Kindergärten und Vorschulerziehung wuchs das Interesse für die psychischen Dynamiken in den Familien.[52] Auch die dazugehörigen Therapien kamen aus den USA. Sie entstand dort zwischen 1940 und 1960. Als eine Art »Mutter der Familientherapie« gilt die US-Amerikanerin Virginia Satir mit ihrer Methode der Familienskulptur. Diese Ansätze wurden in Deutschland ab den 50er Jahren rezipiert. Karen Horneys »Der neurotische Mensch unserer Zeit« erschien 1951 auf Deutsch und wurde zum Bestseller. Die Familie war nach Horney die Ursache des neurotischen Verhaltens. In der Familienpsychotherapie-Welle ging es nicht um Klinikkrankheiten, sondern um dysfunktionale Beziehungen im Alltag. Familien sollten eine emotionale Entwicklung hin zum autonomen, aber bindungsfähigen Individuum ermöglichen.[53] Hier flossen nun, anders als in der orthodoxen Psychoanalyse, die Erkenntnisse der Bindungsforschung, z. B. des britischen Kinderarztes und Psychoanalytikers John Bowlby, ein.

Beratungseinrichtungen, Privatpraxen, Sozialarbeit und Sozialpädagogik setzten auf familientherapeutische Ansätze. 1974 gab es in der Bundesrepublik 1263 Familien-Psychotherapeuten, im Jahr 2000 waren es 12 086. Die Aufnahme einer Familientherapie ging oft von der Konsultation einer Erziehungsberatungsstelle aus, von denen es 1950 nur 23 gab, 1980 waren es mehr als 750.[54] Arbeiteten anfänglich oft Ärzte in den Beratungsstellen, so wurden sie bald von Sozialarbeitern, Pädagogen und Psychologen ersetzt. Erneut vermischten sich Beratung und Behandlung, Normalität und Krankheit.

Ein zweiter Schwerpunkt der Entwicklung war die Gruppentherapie.[55] Selbsterfahrungs- oder »Encounter«gruppen – hierarchiefrei und oft kurzlebig basierend auf Carl Rogers »Personenzentrierter Gesprächspsychotherapie« – wurden in Deutschland durch das Hamburger Professorenpaar Anne-Marie und Reinhard Tausch populär. Dazu kam die Gruppentherapie nach Ruth Cohns Themenzentrierter Interaktion und Fritz Perls' Gestalttherapie. Zum berühmtesten Vertreter wurde der Gießener Psychoanalytiker Horst-Eberhard Richter mit seinem Bestseller »Die Gruppe« von 1972. Dabei sah Richter in der Gruppe weit mehr als eine Therapieform. Die Gruppe sollte die Keimzelle der neuen Gesellschaft sein sowie der Experimentierraum des Selbst auf dem »langen Marsch durch das Unbewusste«. Notwendig sei dazu die permanente, selbstkritische Arbeit im Kollektiv.

Nicht lange, und es gab einen regelrechten »Kult der Gruppe«. Die Gruppentherapie wurde zum Vademecum für Selbstveränderung und verbreitete sich rasch bis hinein in Wirtschaftsunternehmen. Hatte die katholische Kirche in den 50er und 60er Jahren noch gegen Freud polemisiert, wurden nun in den Klöstern Gesprächsrunden nach Ruth Cohn eingerichtet. Tiefenpsychologisches Wissen fand Eingang in die Religionspädagogik und in die Seelsorge der Priesterausbildung. 1970 gab es bundesweit eine halbe Million Teilnehmer an Selbsthilfegruppen. Die meisten waren zwischen 20 und 50 Jahre alt und aus der akademischen Mittelschicht. Mit ihnen wurden die 70er Jahre in Westdeutschland zum »therapeutischen Jahrzehnt«.[56]

Subjektivierungsgeschichte – Im Spannungsfeld zwischen dem stark normierten kassenärztlichen Gesundheitssystem und einem grauen, nicht regulierten Therapiemarkt wuchs ein umkämpftes Feld der Psychotherapie und Beratung. Durch die regressive Anerkennung entstanden neue Angebote. So wurden immer weitere Bereiche der Gesellschaft von der Therapeutisierung erfasst. In den 70er Jahren kamen unentwegt neue Settings hinzu, die fast alle aus den USA stammten. Ende der 60er Jahre gab es bereits 200 verschiedene therapeutische Schulen, und sage und schreibe 10 000 spezifische Therapietechniken.[57] Deutsche Selbsthilfegruppen studierten Ratgeber aus den USA der 50er/60er Jahre, übernahmen Begriffe wie »consciousness-raising-group«, »sensitivity training«, »encounter group« und »awareness fitting«.

Vor allem in der linken Szene westdeutscher Großstädte, dem linksalternativen Milieu, etablierte sich dieser Psychomarkt. Der Schweizer Historiker Philipp Sarasin sieht im Jahr 1977 den Umschwung, mit sich nach dem Ende einer utopischen Hoffnung eine Wende nach Innen in dieser Szene abzeichnete.[58] Die »große Psycho-Straße«, hieß es 1979 im Kursbuch, »auf der von der kalifornischen Küste über New York, London, Amsterdam ständig neue Therapieformen in die BRD importiert« wurden, beeinflusste das linke Milieu maßgeblich: »Berlin, Frankfurt, Heidelberg sind Import- und Verteilzentren für den regionalen Gebrauch«.[59] Es gab Selbstanalyse, Psychodrama, Urschreitherapie, Gestalttherapie, Hypnose, Selbsthypnose, Bioenergetik, Rolfing, Konzentrationstraining, Autogenes Training, Encounter Gruppen, Marathongruppen, sinnliche Erweiterung, Aggressionstraining, Realitätstherapie, rational-emotive Therapie.

Dazu kam eine neue Spiritualität. Auch das war eine Welle aus den USA mit ihren New-Age-Instituten, der Verkündung des Endes des Materialismus und der Wiederherstellung der ursprünglichen kosmischen Energie. Ihren Höhepunkt erreichte die Esoterik-Strömung mit dem Buch »Wendezeit« des österreichisch-amerikanischen Physikers Fritjof Capra, das 1983 auf Deutsch erschien und in dem er östliche Mystik mit moderner Physik verbinden wollte. Capra avancierte zum Guru. Wie weit New Age damals schon über das popkulturelle Feld verstreut war, zeigte sich 1968 im US-amerikanischen Rock-Musical »Hair«, das noch im selben Jahr in Deutschland aufgeführt wurde, und als erfolgreichstes Musical überhaupt gilt. Gefeiert wird darin der Eintritt in das Zeitalter des Wassermanns, in dem Harmonie, Zusammenarbeit und Frieden die alten, auf Konfrontation ausgerichteten Wege der Konfliktlösung ersetzen sollten. Befreit von allen Äußerlichkeiten wie Institutionen, Kirchen, Normen und Regeln findet man alles Wichtige in sich selbst: Wahrheit, Freiheit, Spiritualität und sogar Gott.[60]

Ausgangspunkt für viele dieser Bewegungen war das kalifornische Esalen-Institut, 1962 gegründet, gemeinnützig und interdisziplinär, wo in Workshops die unterschiedlichsten Ansätze ausprobiert, vermischt und propagiert wurden. Das hing mit der spirituellen Sinnsuche jener Jahre zusammen. So schwappte eine Welle der Orientalisierung nach Europa, die eigentlich eher eine »Californication« war. Bewegungen wie das hinduistische Hare Krishna, der Zen-Buddhismus, Taoismus, T'ai Chi Ch'uan und Tantra wurden populär. Ab Anfang der 70er Jahre pilgerten Tausende zum indischen Guru Bhagwan nach Poona. Indische Meditationstechniken wurden en vogue. Zu Beginn der 80er Jahre gab es 54 Meditationszentren in Westdeutschland. 1978 betrieben 73 000 Akademiker Transzendentale Meditation. Mitte der 70er machten mindestens 100 000 Westdeutsche Yoga.[61]

Über die Medien erhielten Kommune-Experimente und Bewegungen wie Bhagwan gehörig Aufmerksamkeit. Der Psychoboom führte aber nicht nur zu einer Ausweitung des Therapieangebots. Es entstand ein großer Markt an Lebensberatung, Volkshochschulangeboten, privaten Instituten, Kursen und Seminaren. Das bedeutete eine rasante Popularisierung psychologischer Ideen.[62] Der Anteil der Bücher mit psychologischem Inhalt verdreifachte sich in den 70er Jahren. Erich Fromms »Kunst des Liebens« erschien in der 60. Auflage, die Erfahrungen des amerikanischen Psychiaters Thomas A. Harris in »Ich bin ok, Du bist ok. Wie wir uns selbst besser verstehen und unsere Einstellung zu anderen verändern können« von 1963 ist mittlerweile an die zehn Millionen Mal verkauft worden. Die Zeitschrift »Psychologie heute« erschien 1972 in 100 000 Exemplaren. In den öffentlich-rechtlichen Sendeanstalten wurde mit »Hilferufe – Menschen in der Krise« im WDR oder »Kontakte – Magazin für Lebensfragen« im ZDF ein Millionenpublikum angesprochen. In »Psychotreff – auf dem Weg zueinander« zeigten Reinhard und Anne-Marie Tausch ab 1978 im SWF 15-mal einen Zusammenschnitt der Gruppengespräche eines von ihnen durchgeführten Therapiewochenendes mit anschließender Live-Diskussion. Die Publikumsresonanz war enorm. Die Sendung mache »süchtig«, hieß es als Rückmeldung. Viele Zuschauer suchten daraufhin Therapieangebote für ihre Lebenskrisen.[63]

Der Philosoph und Soziologe Arnold Gehlen sah in diesem Psychoboom eine zwangsläufige Folge der Entwicklung, dass traditionelle Autoritäten wie Kirche, Staat und Familie ihre Leitfunktionen verloren hätten.[64] Statt bei Verwandten und Pfarrer suche man nun bei psychotherapeutischen Heilslehren Rat. Auch Horst-Eberhard Richter sprach von einem Verlust der Glaubenssicherheit.[65] Spätestens mit der Popularisierung durch das Fernsehen und die Medien war die Psychologisierung in der Breite der westdeutschen Gesellschaft angekommen. Emphatischer Träger einer Therapierung der Gesellschaft war aber vor allem die Studentenbewegung und das aus ihr entstehende links-alternative Milieu. Zum harten Kern dieses Milieus gehörten Ende der 70er Jahre geschätzte 300 000 bis 600 000 Aktivisten, sein Sympathisantenkreis wird von Meinungsforschungsinstituten auf 5,6 Millionen geschätzt. 1979 zählten die Neuen Sozialen Bewegungen 1,8 Millionen Aktivisten. Das waren so viele wie die Mitglieder aller Parteien der Bundesrepublik. Ihre Kernthemen waren ökologische, aber auch Psychothemen wie »Angst«, »Beziehungen«, »Dynamiken«.[66] Eine Vielzahl von politischen, kulturellen und intellektuellen Feldern wurde nun grundlegend von der Tiefenpsychologie beeinflusst.[67]

1976 konstatierte Helmut Enke, Hochschullehrer in Stuttgart, mit Forschungen zur Gruppenpsychotherapie: »Die Psychologisierung der Gesellschaft ist nicht aufzuhalten.«[68] Dabei wurden auch Hoffnungen enttäuscht. Im Versuch, Verkrustetes aufzubrechen, entstanden neue Dogmen. Vieles erscheint im Nachhinein als eine Mode, manche Rückschau fiel bitter aus. Die Sozialpsychologie revolutionierte nicht die Gesellschaft, Reichs Sexpropagierung folgte kein Aufstand der Massen, die Kinder der Kinderläden vereinsamten bei einer fehlenden Orientierung und der Selbstverwirklichungsmanie ihrer Eltern, Mitscherlichs psychoanalytisch geraunter Versprechen blieb die Antworten schuldig, Selbsterfahrungs-WG-Sitzungen arteten in endloses »Gelaber« und Orte skrupelloser Selbstentblößung und inquisitorischer Gruppentraktierung aus, Therapeuten entpuppten sich als Scharlatane, manche Therapien schadeten mehr, als dass sie nützten, ja, wurden zu Orten des Missbrauchs, in der dogmatischen Wiederaneignung der orthodox-freudianischen Analyse verhinderte man Entwicklungen, psychologische Theorien mussten als Deckmantel für Machtstrukturen herhalten, die Schließung der italienischen Psychiatrien wurde für die 100 000 entlassenen Patienten zum kolossalen Schaden.

Den Kult der Betroffenheit und das Übergreifen therapeutischer Formen in den Alltag machten für den Großsoziologen Richard Sennet die 70er Jahre zu einer »Tyrannei der Intimität«. Der ehemalige Marxist und Individualpsychologe Manès Sperber konstatierte, dass der 68er-Bewegung keine Umsetzung der Psychologie gelang und ihre Bilanz diesbezüglich als zwiespältig im Sinne des »Elends der Psychologie« ausfalle.[69] Aber es entstand eine, so heißt es in der Soziologie, »in nie dagewesenem Ausmaß ... durchpsychologisierte Kultur, welche die Individuen unentwegt zur Selbstreflexion und Selbsttransformation animiert.«[70] Emotionen und das subjektive Erleben wurden zu Zentralkategorien des Blicks auf das eigene Leben und die Gesellschaft. Das traf vor allem für die Mittel- und Oberschicht, und hier wiederum vermehrt für bestimmte Milieus zu, prägte aber von da aus die gesamte Gesellschaft. Damit war die westdeutsche Gesellschaft am Ende einer langen Subjektivierungsgeschichte in den 70er Jahren eine prägnant andere als noch 1945. In ihrem Selbstverständnis, ihren gesellschaftlichen Einrichtungen und in den Schwerpunkten ihrer Lebensgestaltung.

Die selbstoptimierte und -verwirklichte Gesellschaft – In den westlichen Gesellschaften der 80er Jahre entwickeln sich zwei gegenläufige und doch eng verzahnte Tendenzen. Beide beruhten auf einer »Gesellschaft der Singularitäten«.[71] Auf der einen Seite wurden psychologische Ansätze immer mehr zu Hilfsmitteln einer Selbstoptimierung. Michel Foucault sprach von »Technologien des Selbst«, um »aus eigener Kraft oder mit Hilfe anderer eine Reihe von Operationen an seinem Körper oder an seiner Seele, an seinem Denken, seinem Verhalten und seiner Existenzweise vorzunehmen, mit dem Ziel, sich so zu verändern, dass er [der Einzelne, ap] einen gewissen Zustand des Glücks, der Reinheit, der Weisheit, der Vollkommenheit oder der Unsterblichkeit erlangt.«[72] Die Arbeit am Selbst, einst ein Weg zur Demokratisierung der Gesellschaft, und der Anspruch, Gefühle zu haben, dienten immer mehr dazu, ein individuelles, autonomes und handlungsfähiges Selbst zu sein, oder es mit Hilfe von Therapie und Beratung zu entwickeln. Die Soziologin Eva Illouz hat diese Vorstellung in ihrem Buch »Die Errettung der modernen Seele. Therapien, Gefühle und die Kultur der Selbsthilfe« für das therapeutische Feld durchdekliniert.[73] Das passte zum neoliberalen Modell des »flexiblen« Kapitalismus, in dem der Einzelne funktionieren soll. Aus den Techniken der Selbstveränderung wurden Formen des

Eigenmanagements. Therapien sollten nun fit machen, die Effizienz steigern, coachen. Solche Selbstoptimierungen wurden nun gesellschaftlich nicht nur legitimiert, sondern auch erwartet, ja verlangt. Gefordert wurde die unabschließbare Arbeit am Selbst.[74] Dazu braucht es keine Gemeinschaften mehr und es dient auch nicht mehr der Gemeinschaft. Die Philosophin Isolde Charim spricht von einem »Narzissmus«, dem wir uns selber unterwerfen, ein antigesellschaftliches Prinzip, das zur herrschenden Ideologie wurde.[75] Ausdruck dieser Entwicklung ist, dass die Verhaltenstherapie an den Universitäten, den Ausbildungsstätten und auf dem Therapiemarkt die »ineffizienten« tiefenpsychologischen Ansätze verdrängt.

Auf der anderen Seite wurde im Zuge der Individualisierung der Anspruch an eine Selbstverwirklichung immer dominanter. In der Pluralität der Lebensstile galt es aus der Vielzahl der Möglichkeiten die richtigen Lebensentscheidungen zu treffen. Zu Prüfsteinen der Qualität des Lebens wurden dabei Emotionen und subjektives Erleben. Beides musste also reflektiert, nicht verdrängt, sondern verstärkt wahrgenommen werden.[76] Selbstverwirklichung verknüpft sich dabei mit dem Ideal eines authentischen Lebens, dem »wahren« Selbst mit seinen Wünschen, Emotionen und Wertvorstellungen, »individuell« und nicht »wie alle anderen zu sein«.[77] Das betriff in erster Linie, so der Soziologe Andreas Reckwitz, eine kosmopolitische Mittelschicht, mehrheitlich Akademiker, rund ein Drittel der Gesellschaft. Sie sind für ihn die Erben der Psychologisierung der Bevölkerung. Ihnen geht es um Selbstentfaltung und Identitätsbildung auf den Feldern von Arbeit, Geschlecht, Familie und Freundschaft. Individuell und glücklich – so die Zielvorstellungen.[78]

So legte sich in den 80er Jahren das Fundament für eine Entwicklung, die bis heute anhält. Einerseits galt es, sich mit psychologischen Techniken selbst für eine Leistungsgesellschaft zur Erlangung von Sozialprestige und sozialem Erfolg zu optimieren; andererseits sich selbst zu verwirklichen, indem man seine Wünsche und Möglichkeiten entfaltet. Diese Selbstentfaltung soll dabei nicht außerhalb der Gesellschaft, sondern in ihr erfolgen. Ein Anspruch, der selten gelingt und Enttäuschungen und emotionale Krisen nach sich zieht.[79]

Im Zuge dessen hat sich die gesellschaftliche Rolle der Psychologie fundamental verändert. Das politische Projekt der Selbstverwirklichung und der Arbeit am Selbst kommerzialisierte sich. Die Psychologie als Gesellschaftskritik wurde Teil der Gesellschaft, als reines Instrument, ohne politische Absichten, ohne politische Utopie.

»Die Psychoanalyse ist eine antihumanistische, barbarische Ideologie, denn sie macht die tierischen Triebe zur Grundlage der menschlichen Psychologie und verleugnet die Beherrschung des Tierischen in uns durch die Kraft des menschlichen Bewusstseins.« Robert Havemann, 1951.[1]

»Mit der politischen Teilung Deutschlands nach dem Kriege setzte auch eine psychologische (und psychopathologische) Trennung zwischen den Bürgern der beiden deutschen Staaten ein.« Friedrich Rudolf Gross, DDR-Klinikleiter.[2]

»Max Frisch sagte eines Tages zu uns«, ›Ich verstehe eines nicht, dass ihr meine Bücher immer nur als Beleg für die Deformation des Kapitalismus seht. Gibt's denn bei Euch keine Eheprobleme?‹« Annette Simon.[3]

»Seele gab es ja gar nicht. Seele war ja nichts weiter als Kitschwort aus dem Westen.«, Achim Freyer, DDR-Regisseur.[4]

4 Osteuropa: Sowjetischer Nachvollzug

Dietfried Müller-Hegemann – tödliche Schlaftherapie

Leipzig, Universitätsklinik, 1962 – Der Patient war tot. Er wachte nicht mehr aus der Schlaftherapie auf. Ein jüdischer SED-Genosse, Arzt, emigriert aus dem nationalsozialistischen Deutschland, Cheflektor des Verlages »Volk und Gesundheit«. Ein »bedeutender Mann«, einer, dem die Schlaftherapie vor allem dienen sollte – Dr. Rudolf Neumann. Seine Frau Hilde Neumann, neben Hilde Benjamin eine der zentralen Juristinnen der DDR, zuständig für NS-Anklagen, war drei Jahre zuvor gestorben. Eine vierköpfige Untersuchungskommission benachrichtigte nur drei Tage nach der Auftragserteilung unter »Streng vertraulich!« Politbüromitglied und SED-Chefideologe Kurt Hager, in der Klinik seien »ernsthafte ärztliche Versäumnisse ... aufgedeckt« worden. Nicht nur Neumann sei »durch die ... medikamentöse Behandlung vergiftet« worden. Mit der gleichen Therapie sei schon die 37-jährige Patientin T. gestorben. Eine »Reihe von Patienten [müsse] dadurch zu Tode gekommen sein«, »mit großer Sicherheit« als Folge der Schlaftherapie. Einen Tag später wurden Walter Ulbricht sowie Erich Honecker informiert.[5]

Die oberste Parteispitze war in Aufregung. Hochrangige Genossen, psychisch angeschlagen, starben in der Psycho-

Prof. Dietfried Müller-Hegemann, Universitätsklinik Leipzig, 1960.

therapieabteilung, einer der angesehensten psychiatrischen Kliniken im Land. Aber nicht nur das. Der verantwortliche Klinikleiter war der 53-jährige Pawlow-Papst Ostdeutschlands, dessen »Leipziger Schule« das Feld der DDR-Psychiatrie bestimmte: Prof. Dietfried Müller-Hegemann, der die Wissenschaft des Landes von der Medizin bis zur Biologie zehn Jahre zuvor auf dem großen Pawlow-Kongress der DDR im Auftrag der Politführung auf die neue Stalin-Pawlow-Linie eingeschworen hatte.[6]

Die Schlaftherapie ging auf Pawlow zurück. Im Experiment ließen die neurotischen Symptome von Hunden bei Reizreduzierung nach, also hatte Pawlow schon dreißig Jahre zuvor Patienten in seiner Klinik in narkotischen

Dauerschlaf versetzt. Der ehemalige Psychoanalytiker und Altkommunist Müller-Hegemann war Vorreiter der Schlaftherapie in der DDR, schon 1951 hatte er versucht, Patienten mittels Schlafkuren zu therapieren.[7] Zwischen 1953 und 1973 wurden in etlichen DDR-Krankenhäusern Schlaftherapie-Abteilungen eingerichtet. Seelische Störungen sollten geheilt werden, indem die Patienten – meist in 6-Bett-Zimmern – zwischen 8 bis 12.30, 14.30 bis 18.30 und 20.30 bis 6 Uhr schliefen. In den Wachphasen gingen sie zur Toilette, aßen, machten Gymnastik. Schätzungsweise 3000 bis 3500 Patienten wurden auf diese Weise behandelt. Geforscht wurde zur Methode kaum. Misserfolge führte Müller-Hegemann auf mangelnde Erfahrung zurück.[8] Nun gab es also mindestens einen toten SED-Genossen, ein Krankenhaus in Aufruhr und eine beunruhigte Politführung.

Dietfried Müller-Hegemann war systematisch von der politischen Führung des neuen Staates für sein Amt als Klinikleiter aufgebaut worden. Man suchte Ersatz für die altgediente bürgerliche Garde der Medizindirektoren mit Leuten, die die Sowjetideologien parteigehorsam umzusetzen bereit waren. Müller-Hegemann schien dazu prädestiniert. Aber nun?

Pawlow-Aufstieg – Dietfried Müller-Hegemann war 1910 in Laibach, der Hauptstadt Sloweniens, heute Ljubljana, noch in der k.u.k. Monarchie als Sohn eines protestantischen Pfarrers geboren.[9] Als der Vater 1917 starb, zog die Mutter mit dem einzigen Sohn nach Dresden und ihr neuer Mann, der Ingenieur Dr. Otto Müller, adoptierte den Jungen, der von diesem Zeitpunkt an die Namen beider Väter trug. Mit 17 Jahren trat Dietfried Müller-Hegemann dem Kommunistischen Jugendverband bei, 1931 der mittlerweile durchstalinisierten KPD. Ein Jahr zuvor hatte er mit dem Medizinstudium in München begonnen, wechselte nach Wien, Königsberg und schließlich nach Berlin. Nach der Machtübernahme durch die Nazis druckte er mit einer kleinen Gruppe illegal eine Studentenzeitung, getarnt als Mitglied des NS-Studentenbundes. Ab 1937 war er Assistenzarzt an der psychiatrischen Klinik der Charité. Gleichzeitig begann er am nationalsozialistischen »Göring-Institut« eine Ausbildung für »deutsche Psychologie«. Müller-Hegemann sprach später von dem »höchst lebhaften Interesse der faschistischen Machthaber in Deutschland an der Tiefenpsychologie, das zum Aufbau eines Monster-Instituts in Berlin, dem Reichsinstitut für psychologische Forschung und Psychotherapie im Reichsforschungsrat, führte«.[10] Und tatsächlich hatte die Psychologie im NS-Deutschland – entgegen der allgemeinen Annahme – Konjunktur. Ein eigenes Diplomstudienfach Psychologie führten als erstes die Nationalsozialisten im Jahr 1941 ein, auch mit Blick auf Expertisen zur Rekrutierung. Psychologie sollte als Hilfsmittel von Kriegsführung und Diktatur dienen.[11]

Sechs Jahre lang, von 1937 bis 1943, absolvierte Müller-Hegemann seine Ausbildung in der Gruppe A, Psychoanalyse, unter der Leitung von Harald Schultz-Hencke. Schultz-Hencke war einer der ersten Ausbildungskandidaten am Berliner Psychoanalytischen Institut gewesen, hatte hier 1927 und 1928 als Dozent gewirkt und zusammen mit Otto Fenichel das sogenannte Kinderseminar, den Diskussionszusammenschluss der meist linken Jungen am Institut, betrieben. Wegen Modifikationen an Freuds Lehre hatte Schultz-Hencke Lehrverbot bekommen und in der Folge seine neoanalytische Auffassung der Psychoanalyse entwickelt. Der junge Assistenzarzt Müller-Hegemann besuchte die Seminare des 18 Jahre älteren Schultz-Hencke, ließ sich von ihm bei seiner Arbeit an der Charité in Einzelgesprächen supervisieren und machte bei ihm seine Lehranalyse. Zwar brach er die Sitzungen nach 200 Stunden ab, aber die persönliche Bindung und Hochschätzung für Schultz-Hencke, der 1953 starb, blieb zeitlebens bestehen. Bestens ausgebildet, wusste der junge Assistenzarzt um die Tiefenpsychologie.

1939 wurde Müller-Hegemann als Stabsarzt eingezogen, kam 1940 und 1941 an der Ostfront zum Einsatz und arbeitete ab 1943 im Lazarett in Berlin-Tempelhof und in Potsdam. Er wurde Mitglied am Göring-Institut, hielt Vorträge und beteiligte sich intensiv an den Diskussionen.[12] In den allerletzten Kriegstagen kam er in sowjetische Kriegsgefangenschaft und in verschiedene russische Lager, zuletzt nach Skopin, Lager Nr. 4791. Der Umgang im Lager Skopin zwischen den sowjetischen und den sechs deutschen Ärzten fand »auf Augenhöhe« statt.[13] Er wurde Leiter einer Antifa-Schule, in der Wehrmachtssoldaten in einer kommunistischen Schnellbleiche entnazifiziert und in der DDR vielfach als »nominelle« Nazis zum Staatsaufbau übernommen wurden. Nach drei Jahren, im Oktober 1948, kehrte er nach Ostberlin in die sowjetische Besatzungszone zurück, trat sofort der SED bei und wurde als Opfer des Faschismus, OdF, anerkannt.

Im Chaos der Trümmerstadt begann der Heimkehrer sofort wieder, an der Nervenklinik der Charité zu arbeiten. Eine Rückkehr nach fünf Jahren, vielleicht sogar in dieselben Klinikräume. Der 38-Jährige lernte die gleichaltrige Anneliese Nessel kennen, eine aufstrebende Publizistin, Kultur- und Parteifrau, und es wurde, wie damals in Berlin üblich, nach ein paar Monaten geheiratet. Innerhalb eines Jahres wurde er Oberarzt. Nur Wochen später, am 7. Oktober 1949, wurde die DDR gegründet und die Phase des »Es-muss-demokratisch-aussehen-aber-wir-müssen-alles-in-der-Hand-haben«, wie Parteiführer und Moskau-Überlebender Walter Ulbricht es einst in Stalins Auftrag vorgab, war passé.

Nun ging es um den parteilich-sozialistischen Umbau der Gesellschaft. Und der Rückkehrer brachte dafür alles mit: Parteimitgliedschaft seit frühester Jugend, keine Abweichungen von der Parteilinie, NS-Widerstand, den Status eines Opfers des Faschismus. Das Fehlen der proletarischen Klassenzugehörigkeit kompensierte die Antifa-Indoktrination im Lager. Wer hier den Kriegsgefangenen die Staatsideologie eingetrichtert hatte, war geeicht. Dazu zehn Jahre ärztliche Praxis, samt Russischkenntnisse aus den Lagern. Sein Profil war bestens.

So versprach der Staatssekretär für das DDR-Hochschulwesen Gerhard Harig dem frisch beförderten Oberarzt ohne Leitungserfahrung und wissenschaftlichem Ausweis gleich die Leitung der Psychiatrischen und Nervenklinik der Universität Leipzig. Müller-Hegemann sollte als Spitzenfunktionär im Gesundheitswesen aufgebaut werden. Seine ideologische Verwendbarkeit stellte der karrierebewusste Psychiater sogleich öffentlich unter Beweis: In einer in der Fachwelt sehr wahrgenommenen und vermutlich mit Parteistellen abgesprochenen Replik auf einen Artikel Harald Schultz-Henckes – den die Parteiführung gern als Aushängeschild auf einem Lehrstuhl der Humboldt-Universität gesehen hätte –, schrieb der ehemalige Schüler seinem Lehrer, dieser müsse einsehen, dass in West-Berlin »Kriegshetze, Finanzbankrott, ... Massenarbeitslosigkeit [und] Irrationalismus« vorherrschten, wohingegen im Osten »Siege über die eigenen Ausbeuter, über die fremden Eindringlinge und über den Mangel an Bedarfsgütern« errungen worden seien – in einer »Gesellschaft, die den einzelnen glücklich und geborgen in ihr sein lässt.«[14]

Wenige Monate später, im Juni 1950, wurde der zielstrebige Oberarzt auf die große neuntägige Pawlow-Tagung in Moskau delegiert. Dass das bei aller Fassadenpolitik eine Einschwörungsveranstaltung war, auf der Karrieren beendet und ganze Wissenschaftszweige verstümmelt wurden, samt Verdammung der Psychoanalyse und Psychosomatik, konnte auch den anwesenden Ausländern nicht verborgen bleiben.

Zwei Wochen später forderte der 3. Parteitag der SED, ganz auf Moskau-Linie, die wegweisenden »Errungenschaften der Sowjetwissenschaften« zur Richtschnur für alle Wissenschaftsdisziplinen im Land zu machen. Dabei war klar, dass das der Pawlow-abstinenten bürgerlichen Wissenschaftselite, zwölf NS-Jahre eingeschworen auf den »sowjetischen Untermenschen«, nicht einfach zuzumuten war. Das würde Kampagnen brauchen, symbolträchtige Tagungen, neue Texte, entsprechend aktivistische Protagonisten. Mit seinem Moskau-Besuch stand Müller-Hegemann dafür in den Startlöchern.

In Vorbereitung der Klinikübernahme siedelte Müller-Hegemann vier Monate nach seiner Rückkehr aus Moskau, am 1. Dezember 1950, nach Leipzig über. Schon nach 14 Tagen und ersten Begegnungen mit den neuen Kollegen und Kolleginnen erkundigte sich der unbekannte Oberarzt im Ministerium bei Harig nach der Umsetzung des »Versprechens« zur Klinikleitung.[15] Das aber war nicht ohne Aufsehen einzulösen, weil der berühmte Hirnspezialist Richard Arwed Pfeifer zuvor vom Ministerium aus dem Ruhestand geholt worden war, um die vollkommen zerstörte Klinik wieder in Gang zu bringen. Briefe gingen zwischen Ministerium, Unirektorat und Klinik hin und her, in denen sich die Fakultät weigerte, den hochgeschätzten Direktor nun einfach »fallenzulassen«.

Zwei Monate nach Dienstantritt in Leipzig reichte Müller-Hegemann seine Habilitation ein, eine Arbeit über Psychotherapie bei schizophrenen Patienten, ein Thema, über das er schon am »Göring-Institut« gearbeitet hatte. Ein wichtiger Karriereschritt. In der Arbeit fand sich kein Pawlow, eher noch Freud.[16] Im Zentrum steht die Arbeitserziehung des Sowjetpädagogen Anton Makarenko. In Müller-Hegemanns Antrittsvorlesung an der Humboldt Universität 1951 zum Thema »Die zwei Wege der Psychotherapie« kam die Psychoanalyse dann nicht mehr vor.[17] Hier hörten wohl auch politische Funktionäre zu, deren Bewertung sich einzig nach der Erwähnung der Namen »Freud« und »Pawlow« richtete.

Auf einem Ostberliner Psychiater-Kongress im April 1951 ließ sich immer noch kein Redner für ein Grundsatzreferat zu Pawlow finden, auch nicht nachgereicht im Tagungsband. Auf Drängen des ZK der SED kam es nur zu einer – wohl von den meisten Teilnehmern so gar nicht gewünschten – »dominierenden Festlegung« auf die Theorie Pawlows und den Vorwurf an die Genossen im Gesundheitsministerium, bisher kein Material aus der Sowjetunion übersetzt zu haben. Noch war die Mehrzahl der Mediziner völlig unbeleckt und im Stillen wohl auch uninteressiert an den Erkenntnissen über in Gestellen hängende Hunde. Die Ärzte, so der Pawlow-Übersetzer Lothar Pickenhain, hätten nichts mit Pawlow anfangen können, seine Lehre sei von den meisten nicht akzeptiert worden, »einfach aus Opposition, weil es von oben kam«.[18] Die Politführung stand vor einem Dilemma – zwischen dem Drängen des Kremls auf Sowjetisierung der Wissenschaften und der Gefahr, weitere bürgerliche Wissenschaftler zu verlieren. Bis zum Mauerbau ging jeder zweite Ostmediziner in den Westen.[19]

In der Zwischenzeit wurde Müller-Hegemann weiter in Richtung Lehrstuhl samt Klinikübernahme geschoben. Im Juli 1951 setzte man ihn als Chefarzt der Landesanstalt Dösen ein, die man mit der psychiatrischen Universitätsklinik Leipzig zu einem »Psychiatrischen Kombinat« zusammenlegen wollte. Die Pawlow'sche Physiologie sollte zur offiziellen Doktrin gemacht werden, zum Dogma. 1951 wurde die staatliche Pawlow-Kommission gegründet, im selben Jahr die »Pawlow-Zeitschrift für höhere Nerventätigkeit«, und während Walter Ulbricht nach einer Kritik Stalins die fehlende Pawlow-Rezeption in der DDR-Psychologie anmahnte, erschienen die ersten Übersetzungen des Physiologen.[20] Im Februar 1952 organisierte die Universität Leipzig in Dresden die erste Pawlow-Tagung. Als Schirmherr wurde der Neurologe Emil Ritter von Skramlik eingesetzt, ein Ameisenforscher, ohne jede Pawlow-Kenntnisse, der aber Russisch konnte und als Professor für Neurologie der Humboldt-Universität in Schwarzmarkgeschäfte mit den Russen verwickelt war.[21] Die vorbereitete Resolution forderte das Ministerium für Gesundheitswesen auf, in »breitem Umfang den deutschen Ärzten die Pawlowsche Lehre ... zugänglich zu machen«, »in allen Fachkreisen«. In der Folge wurden Pawlow-Vorlesungen im Medizinstudium obligatorisch. Dazu sollte, so die Tagungsforderung, ein Pawlow-Laboratorium eingerichtet werden.[22]

Das zentrale Referat hielt Müller-Hegemann über das zweite Signalsystem bei Pawlow in Verbindung mit Stalins sprachwissenschaftlichen Überlegungen. Damit empfahl er sich für die Leitung der schon angekündigten großen Pawlow-Tagung, nun auch international und hochkarätig aus der Politik besetzt. Zusätzlich zur Theorie konnte der Pawlow-Experte in spe nun auch Erfahrungen mit der Schlaftherapie ins Feld führen. Aber als einfacher Oberarzt war Müller-Hegemann für die Tagungsleitung kein repräsentatives Aushängeschild. Das Wissenschaftsministerium drängte erneut auf die Ablösung von Richard Arwed Pfeifer, bis er sich schließlich dem Druck beugte und Müller-Hegemann im Juli 1952 die kommissarische Leitung der Klinik und die Hauptvorlesung an der Uni, nun zu Pawlow, übernahm.

Tagungsdurchbruch – Ein halbes Jahr später, am 15./16. Januar 1953, fanden sich 1800 Teilnehmer zur großen Pawlow-Tagung in Leipzig ein, nun hochoffiziell veranstaltet vom Ministerium für Gesundheit der DDR. Hauptleitung: Prof. Dietfried Müller-Hegemann.[23]

Vordergründig ging es um eine Fachtagung, hintergründig aber sollten politische und osteuropäische Leitlinien initiiert werden. Das musste gut ausgehandelt, die Rollen festgelegt werden. Eine politisch eingesetzte Kommission bereitete, wie schon in Moskau, im Geheimen alle Details vor.[24] Müller-Hegemann wurde von zwei Leuten flankiert: dem Österreicher Walter Hollitscher, Dekan der philosophischen Fakultät und Rektor der Humboldt Universität, und Alexander Mette, Herausgeber der Fachzeitschrift »Psychiatrie, Neurologie und medizinischen Psychologie«.

Alle drei stammten aus bürgerlichen Elternhäusern, hatten Medizin studiert und ab Mitte der 20er Jahre eine Analytikerausbildung absolviert. Sie waren die Einzigen in der DDR, die überhaupt eine analytische Ausbildung vorweisen konnten – Müller-Hegemann allerdings ohne Abschluss.

Die Psychoanalyse war über Jahrzehnte ihr Lebensthema gewesen.

Mette mit seinen 56 Jahren war dabei fast ein Jahrzehnt älter als die beiden anderen. Er war neben dem Medizinstudium von 1926 bis 1932 in Leipzig bei der aus Ungarn geflohenen Therese Benedek in der Analyse gewesen und hatte sich danach in Berlin bei Karin Horney einer Kontrollanalyse unterzogen. Seit 1928 war er Mitglied der Deutschen Psychoanalytischen Gesellschaft, 1932 in die Internationale Vereinigung eingetreten. Von 1928 bis 1946 betrieb er als niedergelassener Nervenarzt eine gut laufende psychoanalytische Praxis in Steglitz. 1933 sprachen postierte SA-Leute seine Patienten an, Mette sei Jude, was nicht stimmte. 1945 trat er sofort der neu gegründeten KPD ein. In der Sowjetischen Besatzungszone stellte er sich als von der Gestapo gemaßregelter Psychoanalytiker vor, der nun im zerstörten Berlin erste Vorträge und Veranstaltungen zu Freud hielt. Mit Unterstützung der KPD wandte er sich an die Humboldt-Universität, um auf einen Lehrstuhl für Psychologie zu kommen. Aber die pädagogische Fakultät lehnte ihn, ähnlich wie Müller-Hegemann, einstimmig ab, hier nun mit der Begründung, er sei »Anhänger der Psychoanalyse«. Nach einem Umweg in die Gesundheitspolitik übernahm er als Alleinherausgeber die ostdeutsche Fachzeitschrift »Psychiatrie, Neurologie und medizinischen Psychologie«, 1950 wurde er Mitglied der Volkskammer, 1952 Cheflektor im Verlag »Volk und Gesundheit«. Mittlerweile hatte er Freud durch Pawlow ersetzt und huldigte Stalin als »großem Denker«.[25]

Der 42-jährige Österreicher Walter Hollitscher hatte neben seinem Studium der Medizin und Philosophie eine Ausbildung in der Wiener psychoanalytischen Vereinigung absolviert. Vor den einmarschierenden Nazis floh er, ebenso wie Freud, 1938 nach London. Dort wurde er Assistent an einer psychoanalytischen Klinik und machte bis 1942 eine Lehranalyse. Er verehrte Anna Freud und war am Gesamtregister der Werke Freuds beteiligt. Nach 1945 übernahm er im Parteiauftrag das Amt für Kultur und Volksbildung in Wien. 1949 holte man ihn auf den Lehrstuhl für Philosophie, also faktisch für Marxismus-Leninismus, an die Humboldt-Uni im neu gegründeten SED-Staat.

Müller-Hegemanns Aufgabe war die Kongressleitung. So sollte er als deutsche Autorität für Pawlow eingeführt werden. Mette sollte in die Diskussionen eingreifen, sie zusammenfassen und in die richtige Richtung führen. Und Hollitscher war als oberster Marxist-Leninist-Stalinist im Land dazu bestimmt, den vernichtenden Schlag gegen die Psychoanalyse zu führen. Dass er das vollständig und schonungslos machen würde, davon konnte man in der perfiden Parteilogik ausgehen.

Noch 1947 hatte Hollitscher, inzwischen schon in Wien, in Verkennung des Kommenden, in London ein Buch veröffentlicht, »Sigmund Freud – An Introduction«, mit dem Ziel, Psychoanalyse und Soziologie zu einer Sozialen Psychologie zu verschmelzen. In der Literaturliste standen die damaligen Theoriegrößen des tiefenpsychologischen Feldes: Franz Alexander, John Bowlby, Erik H. Erikson, Otto Fenichel, Sándor Ferenczi, Erich Fromm, Karin Horney, Wilhelm Reich, Hans Sachs etc. Allein der Name Pawlows fehlte.[26]

In einem Aufsatz in der ostdeutschen Kulturzeitschrift »Aufbau« zum Thema Psychoanalyse kritisierte er 1949 noch die mangelnde Rezeption Freuds. 1951 ließ er denselben Text noch einmal in einem in Ostberlin herausgegebenen Sammelband seiner Nachkriegsaufsätze abdrucken.[27] 1949 hatte man Hollitscher zum Direktor des soeben gegründeten Instituts für Philosophie an der Universität Unter den Linden gemacht. Das war in der Phase, als die von Moskau geschürte Spionagemanie in den osteuropäischen Ländern hochkochte. Überall sah man Trotzkisten, Verschwörer, Saboteure. Wie in anderen Ostblockländern gab es auch in der SED massive Parteisäuberungen. Namenslisten wurden erstellt, Akten angelegt, man beschuldigte sich gegenseitig. Kontrollkommissionen durchleuchteten die ganze Partei. Hohe Funktionäre wurde zu 25 Jahren Lagerhaft verurteilt. Parteigenossen begingen Selbstmord. Ein gigantischer Apparat mit 30 000 Parteimitgliedern in 6000 Überprüfungskommissionen in Grund-, Kreis-, Landes- und Sonderkommissionen war dazu installiert worden. 100 000 Sozialdemokraten flohen, 400 von ihnen starben, von 700 000 ehemaligen sozialdemokratischen Mitgliedern im Jahr 1946 gab es 1952 nur noch höchsten 80 000 in der SED. 1,6 Millionen Mitglieder zählte die SED vor den Säuberungen. Danach waren es 317 000 weniger. Mehr als eine Viertelmillion, also jedes fünfte Mitglied, verlor die Partei durch Austritte, Ausschlüsse, Streichungen oder Überprüfungsverweigerungen. Am Ende dieser jahrlangen Phase waren die Genossen, die die Säuberungen überstanden hatten, eingeschüchtert, diszipliniert und hatten stalinistische Denkschemata verinnerlicht, die über Jahrzehnte weiterwirkten.[28]

In diesem Klima griff der Stalinist Robert Havemann, Direktor des Instituts für Physikalische Chemie an der Humboldt-Universität und Informant des sowjetischen Geheimdienstes, vielleicht sogar in dessen Auftrag, Hollitschers zwei Jahre zuvor erschienenes Buch in der »Einheit«, dem Parteiorgan der SED, an. In einer Ausgabe, zusammen mit Stalins Rede zum Programm der Komintern und einem Artikel zu Stalins Leitsätzen über die sozialistische Industrialisierung, schrieb Havemann von »gefährlichen Schwächen« der Hollitscher-Texte, einem »Mangel an Parteilichkeit und Unversöhnlichkeit gegenüber reaktionären Ideologien«. Hollitscher stelle die »Psychoanalyse als große wissenschaftliche Entdeckung« dar. »Erkennt der Genosse Hollitscher heute, dass die Psychoanalyse grundsätzlich nichts mit Wissenschaft zu tun hat, sondern im Gegenteil nur ein Beispiel dafür ist, wie die barbarische Ideologie des Imperialismus eine noch unentwickelte Wissenschaft – die Psychologie – mit einem Schlag zu zerstören versucht? Die Psychoanalyse ist eine antihumanistische, barbarische Ideologie, denn sie macht die tierischen Triebe zur Grundlage der menschlichen Psychologie und verleugnet die Beherrschung des Tierischen in uns durch die Kraft des menschlichen Bewusstseins. Die Psychoanalyse ist ein krasser Versuch der Leugnung des menschlichen Bewusstseins vermittels der Erfindung des sogenannten ›Unbewussten‹ im Menschen. ... In dieser Irrlehre sinkt der Mensch auf die Stufe des Tieres herab. ... [Sie ist, ap] eine schamlose Verherrlichung des moralischen und kulturellen Verfalls der verfaulenden kapitalistischen Wirtschaftsordnung. In der Sowjetunion wurde Anfang der 30er Jahre die Diskussion über die Psychoanalyse abgeschlossen und ihr reaktionärer, unwissenschaftlicher und mystischer Charakter nachgewiesen.« Die Herausgabe des Buches durch den Aufbau-Verlag sei nicht zu rechtfertigen.[29]

Hollitscher gehörte zu den Westemigranten, die pauschal im Verdacht standen, potentielle Verräter zu sein, und er hatte jüdische Wurzeln, die er eisern verschwieg. Aber er konnte sich nicht sicher sein, ob das in den Akten der Partei-Kontrollkommission nicht längst vermerkt war. Hollitscher war evangelisch getauft, aber seine Mutter und Großmutter waren in Auschwitz ermordet worden. Weder in seinen Lebensläufen für die Humboldt-Universität noch in den Personalbögen, die ausdrücklich nach der Verfolgung von Familienangehörigen fragten, gab er das an. Selbst in seinen autobiographischen Darstellungen von 1981 fehlt ein Hinweis darauf.[30]

Nach Havemanns öffentlicher Attacke blieb Hollitscher nichts anderes übrig, als sich von Freud abzuwenden. Er übernahm mit einem Artikel in der »Einheit« zu Iwan Pawlow als »Grundlage der wissenschaftlichen Physiologie und Psychologie« 1952 die parteioffizielle Einleitung zur »Pawlow-Kampagne« in der DDR.[31] Doch der eigentliche Kniefall vor der Parteidoktrin und der Verrat an seinem Denken der letzten Jahrzehnte sollten noch kommen. Kurz vor dem Erscheinen des Artikels, im April 1952, notierte Wilhelm Pieck nach einem Besuch bei Stalin: »Prozesse durchführen«. Partei und Bürger müssten gegen die Agenten, Staatsfeinde, Schieber und Saboteure zusammenstehen. Es gehe um Terror gegen die »herrschende Klasse«. Es herrsche »Krieg«.[32]

In Prag fand vier Monate später, im November 1952, der Prozess gegen den Generalsekretär der tschechoslowakischen KP, Rudolf Slánský, statt. In das in Moskau geschriebene Drehbuch des Schauprozesses floss Stalins Wahnvorstellung einer jüdischen Verschwörung ein. »Während der Untersuchung entdeckten wir«, verkündete Klement Gottwald, der Präsident der Tschechoslowakei, »wie Verrat und Spionage die Reihen der kommunistischen Partei unterwandern. Ihr Ziel ist der Zionismus.« Slánský habe »aktive Schritte unternommen«, so die »Prawda«, Gottwalds Leben mit Hilfe »handverlesener Ärzte aus dem feindlichen Lager zu verkürzen«. Mit weiteren zehn jüdischen Funktionären wurde Slánský im November 1952 zum Tode verurteilt.[33]

Einen analogen Prozess wollte Stalin auch für Ostdeutschland.[34] In der Parteizeitung, dem »Neuen Deutschland«, hieß es, dass sich der Feind »jeden Tag, jede Stunde und an jedem Ort« bemühe, »die Partei zu treffen«.[35] Die »antijüdische« Paranoia sollte nun auch in der DDR greifen.[36] Die Staatssicherheit durchsuchte die Büros der jüdischen Gemeinde in Berlin. Im Januar und Februar flohen rund 400 Gemeindemitgliedern. Parteiintern wurden Kaderunterlagen von SED-Mitglieder mit »jüdischer Abstammung« überprüft.[37] Die Sowjets forderten, das »Zionisten-Gesindel« aufzuspüren. Im ZK der SED wurde beschlossen, dass alle Mitglieder im Februar und März 1953 die Anklagereden Andrej Wyschinskis aus den 30er Jahren zu lesen hätten.[38]

Diesen Vorlauf zum großen deutschen Schauprozess verfolgten alle SED-Funktionäre genau. Wer würde als nächstes verhaftet? Wer würde gegen die eigene Person aussagen? Hollitscher kannte das alles genau. Auch er hatte vor dem Slánský-Prozess denunzierendes Material an die Partei-Kontrollkommission geliefert.[39]

Hollitscher war Westemigrant, er hatte in den Parteiunterlagen verschwiegen, dass er auf Einladung der englischen Psychoanalytischen Vereinigung 1938 nach Großbritannien hatte flüchten können, stattdessen gab er seine Einreise als Delegierung der KPÖ aus. Dazu hatte er seine jüdischen Wurzeln gegenüber der Partei verheimlicht, er war Arzt und war Anhänger einer inzwischen als »imperialistisch-kapitalistischen« Lehre gebrandmarkten Ideologie, in deren internationaler und damit verdächtigter Vereinigung er Mitglied gewesen war, ja, vielleicht sogar noch immer in den Mitgliederlisten aufgeführt war. Und nun sollte er das ideologische Hauptreferat des Pawlow-Kongresses halten. Es war klar, dass sein Bekenntnis zu Stalin, die Berufung auf Pawlow und seine Distanzierung von Freud umfassend, ja total sein mussten. Es durfte nicht der geringste Zweifel an seiner Parteitreue bleiben.

Bei der Eröffnung gaben drei Männer mit Kremlprägung die Ziele des Kongresses vor: Prof. Maxim Zetkin, Überlebender der stalinistischen Säuberungen, 1945 Deutschlandrückkehrer und nun eifriger Aufbaufunktionär des ostdeutschen Gesundheitswesens, CDU-Blockpartei-Minister Luitpold Steidle, Stalingrad-Überlebender und in der sowjetischen Kriegsgefangenschaft im instrumentalisierten Nationalkomitee Freies Deutschland, dem Zusammenschluss von Wehrmachtsoldaten in der Kriegsgefangenschaft, stalinistisch auf Kurs gebracht, und der Staatssekretär Prof. Gerhard Harig, während der Säuberungen der 30er Jahre in Moskau verhaftet, 1938 abgeschoben ins nationalsozialistische Deutschland und Überlebender des KZ Buchenwalds. Die Tagung sollte über Deutschland hinaus die Einschwörung auf Pawlow im Ostblock vorgeben. So referierten statt Wissenschaftlern stellvertretende Minister und Akademiepräsidenten aus den UdSSR, Polen, der ČSSR, Rumänien, Bulgarien und überboten sich darin, auf die Wichtigkeit der Pawlow'schen Lehre hinzuweisen. Im großen Auditorium saß die naturwissenschaftliche Leitungselite im Land, wohlwissend, dass in den kommenden zwei Tagen die Marschroute der nächsten Jahre und Jahrzehnte für ihre Disziplinen ausgerufen werden würde.

Im Eingangsreferat »Die Bedeutung der Lehre Pawlows für die Theorie und Praxis der Medizin« musste Müller-Hegemann beweisen, dass er inzwischen die sowjetische

Literatur zu Pawlow kannte, und sich als Fachmann und souveräner Tagungsleiter präsentieren. In den folgenden Spezialvorträgen mühten sich die Referenten ab darzulegen, was das zweite Signalsystem nach Pawlow für die Sportmedizin, die Einrichtung von Krankenhäusern, das Verhältnis von Mutter und Kind oder die Sozialhygiene bedeutete.

Hollitscher, der über die Bedeutung Pawlows für die Philosophie referierte, zitierte – als einziger des ganzen Kongresses – endlos Stalin. Um dann zu dem Schluss zu kommen: Pawlow bedeute die »Verwirklichung des Marxismus in der Psychologie«. Psychologie und Freud waren nicht sein Thema, und er hätte wie Müller-Hegemann Freud mit keinem Wort erwähnen müssen. Aber genau das war Hollitschers Auftrag, und so stellte er als Meisterphilosoph und damit parteiamtlich für die versammelten DDR-Wissenschaftsfunktionäre fest: Die bürgerlich-idealistische Psychoanalyse diene einzig zur Anpassung an die kapitalistische Gesellschaft und der Ausbeutung, dem Kolonialismus und dem Krieg. Sie sei der »antihumane Ausdruck des Imperialismus«. In ihr hätte das »Unbehagen in der imperialistischen Phase der kapitalistischen Gesellschaftsordnung ... einen wissenschaftsfeindlichen und antihumanen Ausdruck gefunden.«[40] Das war fast wörtlich aus dem Angriff Havemanns zwei Jahre zuvor entnommen und ähnelte der Diktion der laufenden antisemitischen Kampagne.

Von dieser Radikalität Hollitschers, der sich noch drei Jahre zuvor beschwert hatte, dass Freud nicht genügend wahrgenommen werde, war Mette offensichtlich überrascht. Er versuchte in der Diskussion noch etwas von Freud zu retten, indem er – neben aller Bedeutung von Pawlow – Freuds Nutzen für die psychotherapeutische Praxis ins Spiel brachte. Die Situation offensichtlich verkennend, konstatierte er auch noch seine eigene Geschichte als Analytiker und dass er »wohl der einzige im Saal« sei, der je in der Internationalen Psychoanalytischen Vereinigung gewesen wäre. Das stimmt nicht ganz: Auch Hollitscher war Mitglied der Internationalen Vereinigung gewesen – worüber dieser aber schwieg.[41]

Mettes Intervention blieb ohne jede Reaktion. Stattdessen rief man dringlich zur Umsetzung der Sowjetlehre auf. Minister Steidle beschwor das Warten von »Millionen von Menschen« auf die Aufklärung über Pawlow. Einstimmig beschlossen die 1800 Teilnehmer die schon vor der Tagung vorbereite Resolution: die Lehre Iwan Pawlows in Zukunft neben der Medizin auf den Gebieten der Biologie, Veterinär-Medizin, Psychologie, Pädagogik, Sprachwissenschaften und Philosophie anzuwenden. Noch einmal wurde zementiert, was auch im Vorwort des Tagungsbandes seinen Niederschlag fand: dass man sich von der »reaktionären, spekulativen Konstruktion bürgerlicher Psychologie«, wie der Tiefenpsychologie, verabschiede.[42] Sieben Wochen nach der Tagung starb Stalin. In Mettes Zeitschrift »Psychiatrie, Neurologie und medizinische Psychologie« erschien die Tagungsresolution neben dem Nachruf auf den größten Führer aller Zeiten. In der Zeitschrift »Das deutsche Gesundheitswesen« fand sich neben dem ausführlichen Tagungsbericht die Mitteilung über die »Entlarvung der terroristischen Ärztegruppe in der Sowjetunion«. Die Ärzte hätten mit schädlichen Behandlungsmethoden im Auftrag des US-Geheimdienstes führende Persönlichkeiten in der Sowjetunion ermordet.[43]

Zur gleichen Zeit verschwand Hollitscher spurlos. Es war mitten im Semester, und der Rektor erschien nicht mehr zu seinen Vorlesungen. Nirgendwo war er aufzufinden, niemand wusste etwas. Vor dem Hintergrund der Verhaftungen war man aufgescheucht. Arnold Zweig schrieb an den Generalstaatsanwalt, was mit Hollitscher sei, ob er verhaftet worden sei oder entführt? Alexander Abusch, führender Kulturfunktionär, der 1949 im Zusammenhang mit den Säuberungen ins Fadenkreuz der Häscher geraten war, während der Verhöre eine traumatische Zeit durchlaufen hatte und inzwischen als Informant für die Stasi arbeitete, schrieb in einem Bericht an seinen Führungsoffizier, dass Brecht, Eisler und Becher die Staatssicherheit verdächtigten, Hollitscher verhaftet zu haben.[44]

Und tatsächlich hatte die Stasi Hollitscher entführt und verhört in einer Villa an einem unbekannten Ort. Er wurde im Kontext des Slánský-Prozesses verdächtigt, ein Verschwörer zu sein. Das war freilich keine Initiative der Stasi selbst. In der erst ein Jahr zuvor offiziell gegründeten Staatssicherheit der DDR machte man zu dem Zeitpunkt keinen Schritt, der nicht vom sowjetischen Geheimdienst abgesegnet worden war, insbesondere bei der Verhaftung höchster SED-Kader in Vorbereitung eines Schauprozesses. Solche Verhaftungen waren von sowjetischen Stellen angeordnet.

In einem Geheimbericht an den Stasioffizier Erich Mielke heißt es zur Verhaftung: Hollitscher habe »während seiner Emigrationszeit in England mit Personen, die im Zuge der Entlarvung der Slánský-Bande genannt wurden, in Verbindung [ge]stand[en].« Der Philosophieprofessor war fassungslos angesichts seiner Verhöre: »Damals wie heute würde ich lieber mein Leben lassen, als der Sache der Partei einen Schaden zuzufügen. Ihr müsst mir dies glauben, Genossen!« Aber für die Häscher war er schon abgeurteilt: Sie sahen ihn als »charakterlos« und »unglaubwürdig«, »jüdisch-bürgerlicher Herkunft«, »eitel, im höchsten Maße leichtfertig u. großsprecherisch«.[45]

Aber noch bevor man das übliche fiktive, nicht selten erfolterte Spionagekonstrukt um ihn weiter spinnen konnte, schlug die Nachricht vom Tod Stalins wie eine Bombe ein. Über Nacht war alles anders. In den sowjetischen und osteuropäischen Polit- und Geheimdiensträngen herrschte Unsicherheit. Was war zu tun? Wer würde nun die Anweisungen geben? Besser wollte man nichts unternehmen, für das man nachher zur Rechenschaft gezogen werden konnte. In den Akten hielten die Stasimänner fest, dass man bei Hollitscher keine verdächtigen Verbindungen nach England hätte nachweisen können. Aber man wollte die Anklage in der Schwebe lassen, sodass man sie jederzeit wieder aufnehmen konnte. Die Tschekisten unterstellten ihm Aktenfälschung und falsche Ansichten und griffen Havemanns Anschuldigungen erneut auf. »Statt die materialistische Philosophie gründlich und richtig zu lehren, waren zu allen Zeiten seine Vorlesungen auf Universitäten mit feindlichen positivistischen Auffassungen durchsetzt. Er hat damit Verwirrung in den Köpfen der Studenten hervorgerufen.« Um ihn erpressbar zu machen, erzwang man seine Spitzeltätigkeit. Ehrlichkeit, so die Feststellung von Seiten der Stasi, könne er in Österreich als Geheimer Mitarbeiter (GM) »Mizzi« für die Staatssicherheit der DDR unter Beweis stellen. Hollitscher unterschrieb eine Verpflichtungs- und Schweigeerklärung. Am nächsten Tag wurde er nach Österreich abgeschoben.

Für die Mediziner Hollitscher, Mette und Müller-Hegemann, allesamt langjährige Kenner der Psychoanalyse und der Lehre Freuds, war der Pawlow-Kongress der Ort ihres öffentlichen Bekenntnisses. Nicht umsonst hatte man gerade sie ausgesucht. Wie immer ging es in den stalinistischen Bekenntnis-, Demütigungs- und Anklageritualen nicht um einzelne Protagonisten, sondern um die Wirkung auf andere und das unter Kontrolle zu bringende Wissenschaftsfeld. In dieser Stimmung aus ideologischem Fanatismus, Angst und Camouflage fehlte jeder Raum für eine Beschäftigung mit Emotionen. Ab Mitte der 50er Jahre gab es in der DDR keine Tiefenpsychologie mehr.[46]

Während seine Diskreditierung der Psychoanalyse Hollitscher nicht gerettet hatte, war der Kongress für Mette ein weiterer Schritt hin zu seiner Professur für Psychotherapie, wobei man auf eine Habilitationsschrift wegen seiner Verdienste für die Lehre Pawlows verzichtete. Mette wurde Mitglied der staatlichen Pawlow-Kommission, 1956 Leiter der Hauptabteilung Wissenschaft im Ministerium für Gesundheitswesen, 1958 Mitglied des Zentralkomitees, und wechselte 1959 den Lehrstuhl, nun zur Geschichte der Medizin. Im selben Jahr schrieb er in einem Aufsatz: »Die Widersprüche bei Freud streifen zuweilen das Groteske.«[47]

Und auch für Müller-Hegemann war die Tagung der Ausgangsort seiner weiteren Karriere als maßgeblicher Wissenschaftsfunktionär in der DDR. Überall galt er nun als Spezialist einer Sache, von der kaum jemand etwas verstand. Ein Sowjetisierer, der den Wissenschaftsbetrieb pawlowisierte, und dafür als »Verdienter Arzt des Volkes« ausgezeichnet wurde. Auf dem 4. Parteitag der SED im März 1954 referierte er über die Schwierigkeiten bei der Propagierung der Lehre Pawlows. Schließlich bestimmte er als Leiter der Hauptabteilung Wissenschaft am Ministerium für Gesundheitswesen in Berufungs- und Kaderverfahren den medizinischen Nachwuchs. Mit zwei Kliniktagen in Leipzig und zwei Berliner Ministeriumstagen in der Woche mutierte er zum steuernden Medizinfunktionär. Kein Jahrzehnt hatte sein Aufstieg vom Assistenzarzt zum wichtigsten Psychiater des Landes gedauert. Dabei war Müller-Hegemann immer durch und durch parteitreu. »Er hat«, so der Psychiater Harro Wendt, der unter Müller-Hegemann gearbeitet hatte, »Ulbricht [immer, ap] hochgelobt.«[48]

1960 wurde von Müller-Hegemann die Gesellschaft für ärztliche Psychotherapie gegründet. Seine »Leipziger Schule« bestimmte in den 60er Jahren die Psychotherapielandschaft der DDR.[49] Müller-Hegemann, so sein Assistent Kurt Höck, »machte hier den Steilstarter und hat die ideologische Linie bestimmt.« Indem er »ganz radikal den Standpunkt vertrat: Psychoanalyse ist dekadent und führt zu nichts.« »Müller-Hegemann wurde der radikalste Gegner der Psychoanalyse, den es überhaupt gab.«[50]

Faschismusrückfall – Nur einmal gab es einen Freud'schen Rückfall in der Karriere von Müller-Hegemann, und zwar bei seiner Analyse des Faschismus. 1955 veröffentlichte er eine »Psychologie des deutschen Faschisten«, ein Fazit der Anamnesen von »mehreren Hundert faschistischen Personen«, die er »während 10 Jahren in Kliniken, Lazaretten und Ambulatorien, teils auch in der Kriegsgefangenschaft betreut« hatte.[51] Die psychologische Analyse, wohl schon bei Kriegsende verfasst, ging noch auf den neopsychoanalytischen Einfluss am Göring-Institut zurück. Die politische Analyse stand unter dem Diktum der Faschismusthese der Komintern als der »faschistischen Herrschaft«, als »offene Terrorherrschaft der reaktionärsten, chauvinistischsten, imperialistischsten Elemente des deutschen Finanzkapitals«.[52] Aus beiden Ansätzen entwickelte er so etwas wie eine Klassenpsyche, die er 1955 in einem kleinen, aber traditionsreichen Rudolstädter Verlag veröffentlichte. Der Antisemitismus einer rassistischen Ideologie spielte darin keine Rolle. Pawlow wird noch nicht einmal erwähnt.[53] So ideologisiert der Ansatz war, so einzigartig waren die psychologischen Überlegungen im Kontext einer frühen DDR-Faschismus-Analyse. Und augenscheinlich gab es auch ein Bedürfnis dafür – innerhalb weniger Wochen war die erste Auflage verkauft.

Aber schon dieses Minimum an psychologischen Überlegungen nahm man im Ministerium mit Schrecken zur Kenntnis. Es kam, so ein Funktionär, »zu zahlreichen internen Auseinandersetzungen«. Der Staatssekretär Kurt Winter verfasste ein vernichtendes Gutachten und konnte Kurt Hager, Leiter der Abteilung Wissenschaft und Propaganda, überzeugen, eine Neuauflage des Buches zu verhindern.[54] Die Angelegenheit aber wurde verschwiegen. Müller-Hegemann war bei der Sowjetisierung der Wissenschaften schlicht zu wichtig, als dass man dies mit einer öffentlichen Abstrafung gefährden wollte.

Das Buch lag auf Halde, der Konflikt oberflächlich gesehen auch, nicht aber die permanenten machtstrategischen Aussteuerungen auf dem Feld der Wissenschaftspolitik. Als sich Müller-Hegemann nicht in das Politprojekt der Trennung der neurologisch-psychiatrischen Klinik-Lehrstühle einspannen lassen wollte, beschloss das Wissenschaftsministerium, dem Leipziger Forschungsmanager die Werkzeuge zu zeigen. Staatssekretär Kurt Winter, Hauptvertreter des Trennungsvorhabens, der kurz zuvor noch die Leipziger Universität unter Druck gesetzt hatte, Müller-Hegemann als Klinikleiter zu akzeptieren, veröffentlichte in der »Deutschen Zeitschrift für Philosophie« eine vernichtende Rezension zu Müller-Hegemanns Faschismus-Analyse – drei Jahre nach deren Erscheinen. Der Ort der Veröffentlichung war nicht zufällig. Der Chefredakteur der Zeitschrift, der Philosoph Wolfgang Harich, war im Jahr zuvor in einem Schauprozess wegen »Bildung einer konterrevolutionären Gruppe« von der SED zu zehn Jahren Zuchthaus verurteilt worden. Sechs weitere Angeklagte bekamen langjährige Zuchthausstrafen. Seitdem war die Zeitschrift ein reines Parteisprachrohr.[55]

Winter hielt in seiner Kritik Müller-Hegemann vor, seine Ausführungen seien »unwissenschaftlich«, »primitiv«, »absurd«, »idealistisch«, ja, »westliche Sensationsliteratur«. Er stifte im ideologischen Kampf der Universitäten »Verwirrung« und falle mit Freud auf »das Niveau der Tiefenpsychologie« herab.[56] Winter umriss das ideologisch festgeschriebene Niveau der sowjetischen und osteuropäischen Faschismus-Analyse als Widerspiegelung ökonomischer Verhältnisse. Die achtseitige Frontalkritik kam einer symbolischen Exekution gleich. Müller-Hegemann traf sie völlig unerwartet. Erst vier Ausgaben und ein dreiviertel Jahr später reagierte er in Form der eingespielten Parteiunterwerfung. In seiner Antwort wies er vermeintlich selbstbewusst alle Kritik als »vulgärmarxistisch« zurück. Ihm werde eine »psychoanalytische Vergangenheit angedichtet«, dabei habe er immer nur »kritische Arbeiten über die Psychoanalyse veröffentlicht«. Im letzten Absatz legte er dann den erwarteten Kotau hin: Natürlich habe die Schrift »zahlreiche ernste Schwächen«, ihre historischen Ausführungen wiesen »hochgradige Mängel« auf. Zu erklären sei dies dadurch, dass sie schon 1944 entstanden und die Entwicklung nun viel weiter fortgeschritten sei. Er selbst sehe seine Schrift kritisch, so sehr, dass »eine unveränderte Neuauflage nicht zu vertreten sei«. Winters Kritik sei »sehr erwünscht«, aber dass er damit drei Jahre seit dem Erscheinen gewartet habe, sei »alles andere als kameradschaftlich gewesen«.[57]

Unter dem Artikel merkte die Redaktion an, dass man sich »eine abschließende Stellungnahme zu dem … Meinungsstreit in einem nächsten Heft« vorbehalte. Die Stellungnahme erschien nie. Sie war auch nicht nötig. Müller-Hegemann war zu Kreuze gekrochen und hatte sich öffentlich von seiner jahrelangen Arbeit, seiner Auffassung als Psychiater und seinen psychologischen Überlegungen zum Faschismus distanziert. Seine Abschwörung warf so hohe Wellen, dass man sie auch in der westdeutschen Zeitschrift »Psyche« wahrnahm.[58] Dabei schätzte man Müller-Hegemann in der DDR als so parteitreu ein, dass man seine bisherige Reisefreiheit ins nichtsozialistische Ausland weiter gewährte und die Staatsicherheit ihn nicht ins Visier nahm. Bis zum Schluss gab es keine Akte über den Klinikdirektor.[59]

Fallengelassen – Die Kritik aus Berlin spielte der Opposition, die sich an der Klinik gegen den selbstgerecht auftretenden Müller-Hegemann aufgebaut hatte, in die Hand. Besonders die seit 1961 für die 24 Betten der Psychotherapiestation zuständige Oberärztin Christa Kohler war zu seiner Gegenspielerin geworden.[60] In einer Zeit, als nur jeder fünfte DDR-Professor für Medizin in der SED war und nur 16% der Assistenten,[61] war Kohler eine stramme Parteisoldatin. Ehrgeizig und selbstbewusst wusste sie auf der Klaviatur der parteilichen Parallelstruktur von unten nach oben zu spielen, mit Klagen bis direkt ins Politbüro. Kohler dachte über neue Konzepte mit Musik- und Bewegungstherapie samt Gruppensitzungen zur ideologischen Festigung der Patienten nach. Bei der Umsetzung fühlte sie sich von der Karrierelinie ihres Klinikchefs, dessen Büro am anderen Ende der Stadt lag, gehindert. Der Konflikt eskalierte durch den Schlaftod des Genossen Neumann. Müller-Hegemann machte gegenüber dem Ministerium Kohler für dessen Tod verantwortlich. Sie wiederum warf ihm in Telegrammen an die Parteiführung fehlende ideologische Führung in der Klinik vor.[62] Das war Wasser auf die Mühlen von Müller-Hegemanns Hauptfeind im Wissenschaftsministerium Kurt Winter.

Der Klinikdirektor war dem Ministerium zu eigenmächtig geworden: seine Faschismus-Analyse, seine verhaltene Kritik an der kurz zuvor gebauten Mauer, die Unruhe in der Klinik, seine Opposition gegen die politische Reorganisation der Kliniken. Zudem ging die Pawlow-Ära langsam aber sicher ihrem Ende entgegen. Mit Chruschtschows Entstalinisierung am XX. Parteitag der KPdSU 1956 war Pawlow zwar nicht obsolet geworden, aber sein Dogmatismus verlor seine Allgemeingültigkeit. Die Pawlow-Kommission war Ende der 50er Jahre aufgelöst worden. Müller-Hegemann versuchte zwar, sie noch einmal zu installieren, klagend darüber, dass »einige Leute in der DDR Pawlow wie einen toten Hund zu begraben suchen«.[63] Vergeblich. Man brauchte Müller-Hegemann nicht mehr und wollte den Fall zum Anlass nehmen, ihn zu entmachten. Die eingesetzte Untersuchungskommission zum Tod Neumanns lieferte auch das Material dazu.[64]

Doch dann geschah etwas Erstaunliches: Kriminalpolizei und Justiz nahmen – trotz politischen Drucks – die Ermittlungen an sich und kamen prompt zu einem völlig anderen Ergebnis. Sowohl Müller-Hegemann wie Kohler waren keine Versäumnisse nachzuweisen. Neumann hatte 14 Tage vor seinem Tod das letzte Mal den Psychopharmaka-Mix für die Schlaftherapie bekommen. Er war – so das Untersuchungsergebnis – seinen vielfältigen Krankheiten erlegen. Und bei der Patientin T. lag offenbar ein Selbstmord mit anderen Medikamenten vor. Weitere Tote im Zusammenhang mit den Schlafkuren ließen sich nicht ermitteln.

Wie korrekt diese medizinische Einschätzung war, also ob die Verabreichung des von Müller-Hegemann angewiesenen Kalibromat-Präparats – dessen Vergiftungserscheinungen bei Dauerschlaftherapien bekannt waren und das deshalb andernorts nicht mehr verwendet wurde – tatsächlich keinerlei Einfluss auf die Todesfälle hatte, lässt sich nachträglich nicht beurteilen. Müller-Hegemann und Kohler jedenfalls konnten weiterarbeiten.[65]

Systemwechsel – Während der Untersuchung war Müller-Hegemann sieben Monate freigestellt worden. Als er in die Klinik zurückkam, hatten die Jungen ihren Reformideen schon Taten folgen lassen. Vor den Klinikfenstern gab es keine Gitter mehr. Sofort flammten die alten Grabenkämpfe wieder auf. Müller-Hegemann, im Partei- und Soldatenmilieu sozialisiert, war kein Mann für Kompromisse. Nun war er isoliert. Die Fakultät hatte ihn nie gewollt. Die Zusammenarbeit wurde zusehends schwieriger, bis der Klinikbetrieb vor dem Aus stand. Nach einem Jahr gab er auf und trat von der Leitung der Klinik und vom Lehrstuhl zurück. Faktisch war es eine Entlassung.

Zwischen dem Tod des Patienten Neumann und Müller-Hegemanns Abgang lagen mehr als drei Jahre. Für den Erfolgsverwöhnten ein jäher Absturz. Vom gefeierten Vorreiter einer neuen sozialistischen Psychiatrie war er zu einem Arzt geworden, in dessen Therapien die Klienten starben, dessen Untergebene sich erfolgreich gegen ihn stellten, der bürgerlichen Unsinns beschuldigt wurde und gegen den man in der Parteispitze arbeitete, sodass er über Monate damit rechnen musste, wegen ärztlichen Kunstfehlern für Jahre inhaftiert zu werden. Darüber hinaus agierte seine Frau Anneliese gegen ihn, von der er sich in dieser Zeit getrennt hatte.[66]

Darüber hinaus musste er nun erleben, wie seine Gegenspielerin Christa Kohler seinen Platz einnahm. Sie setzte in der von ihm gegründeten Psychotherapie-Abteilung die Schlaftherapie ab. Die von ihr entwickelte »Kommunikative Psychotherapie« prägte von diesem Zeitpunkt an die klinische Therapielandschaft des Landes mehr und mehr. Basierend auf einem sogenannten »marxistischen Menschenbild« wurden darin – so das Fazit von Psychiatrie-Historikern – »psychiatrische Störungen … ideologisiert und mangelnde Anpassungen an das DDR-System pathologisiert«.[67] Das stand für eine Wende in der staatlichen Gesundheitspolitik. 1969 wurde Kohler Professorin für Psychotherapie, 1971 Dekanin der Leipziger Medizinischen Fakultät und Leiterin der von Müller-Hegemann gegründeten Gesellschaft für ärztliche Psychotherapie. Verausgabt in einem enormen Arbeitspensum wurde sie depressiv, bis sie 1974 nicht mehr arbeitsfähig war. Sie blieb aber weiterhin so parteiloyal, dass sie sich noch 1981 von der Stasi – mit der sie als leitende Ärztin immer offiziellen Kontakt gehabt hatte – als GMS »Leonhardt«, Gesellschaftlicher Mitarbeiter Sicherheit, verpflichten ließ, aber nicht mehr einsatzfähig war.[68] Müller-Hegemann wurde mit der Leitung des Wilhelm-Griesinger-Krankenhauses am Rande Ostberlins beauftragt, einem weitläufigen Backstein-Klinikgelände, auf dem auch DKP-Funktionäre ihre heimlichen Weiterbildungen erhielten. Aber auch hier kam es zu Auseinandersetzungen mit dem Ministerium, als er sich weigerte, andere Patienten als diejenigen aus seinem Bezirk aufzunehmen. Wieder wurde eine Untersuchungskommission eingesetzt.

Zu der Zeit war Pawlow längst passé. Die Schlaftherapien erwiesen sich als nicht erfolgreich. Alkoholsucht, Suizide, Depressionen verschwanden nicht, trotz Sozialismus. Im Gegenteil. Mit Pawlow'schen Signalsystemen war kein Weiterkommen. »Nur ganz langsam und mühevoll«, so die

Analytikerin und Psychologie-Historikern Heike Bernhardt, »konnte Ende der 70er Jahre und in den 80ern wieder Wissen um Unbewusstes, Verständnis für Beziehungsdynamiken und Wissen um Sigmund Freud neu erworben werden.«[69] Die Tiefenpsychologie und tiefenpsychologische Psychotherapie, die ganz wenige Therapeuten im Stillen weiter praktiziert hatten, kehrten zurück in Kliniken, Fachkreise und oppositionelle und intellektuelle Zirkel. Aber als Wissen in der Gesellschaft existierte beides de facto nicht. Ohne Öffentlichkeit erfuhr man nichts über die Entwicklungen in diesen Milieus. Die DDR war eine Gesellschaft »die sich selber nicht kannte« – so der Soziologe Klaus Wolfram.[70] Es gab keine öffentliche Selbstverständigung, keine Debatten, nur begrenzte persönliche Kontakte in Diskussionszirkeln, der Kirche, teils noch in der Kunst. Gesellschaftliches Gewicht erhielten die Themen so nicht.[71]

Die demonstrative ideologische Ablehnung Freuds von Seiten der Politik blieb erhalten. Und in den Fachkreisen gab es keine Tradition, keine Rückkehrer, keine Literatur. Und es gab ein Paradox, das sich auch in anderen osteuropäischen Staaten wiederfindet: In der Pawlow-Ära hatte es Psychiater und Psychologen gegeben, die die Restbestände an freudianischen Ideen, die sie in ihren frühen Ausbildungen erworben hatten, zu verteidigen versuchten. Diesen Älteren standen nun nach ersten Öffnungen junge Kollegen gegenüber, die in ihren Ausbildungen nichts anderes als Pawlow gelernt hatten. In Kliniknischen flammten Diskussionen auf, psychologische Ideen wurden nach und nach stärker zugelassen. Man war auf der Suche nach therapeutischen Ansätzen für Patienten, die letztlich dann oft nicht sonderlich verschieden von den Ansätzen im Westen waren – auch in den kruden Ausformungen.[72] Im Westen wurden Gruppentherapien zum Standard. Das galt auch für fast alle osteuropäischen Länder, die sich sukzessive in ihrer Haltung hierzu liberalisierten. Was im Westen aber als Entwicklung des Individuums in der Gruppe gefeiert wurde, fand in den überwachten Gesellschaften des Ostens seine Grenzen. Die Gruppe war als Kollektiv ideologisch vertretbarer als das Gespräch unter vier Augen, aber sie schloss das Leiden an der Gesellschaft als Therapiethema aus. Es bestand die Dauergefahr, dass jemand unter den Anwesenden das Besprochene weitertragen könnte. »Wenn staatsgefährdende Inhalte in der Gruppe aufkamen« so Irene Misselwitz, Nervenärztin und analytische Gruppentherapeutin in der DDR, »haben wir das konsequent unterbunden.« »Wir wussten ja nicht, wo die Wanzen in den Klinikräumen waren, sodass man bei bestimmten Themen spazieren gehen musste.« »Man konnte den Patienten nicht empfehlen, alles zu sagen.«[73] »Der blinde Fleck der DDR-Psychotherapie«, so die Psychologin Annette Simon, auf die im Zusammenhang mit einem Zersetzungsvorgang gleich zwei Gruppenteilnehmer angesetzt waren, »war genau diese Annahme, dass man im Therapiezimmer frei reden kann und die gesellschaftliche Realität dabei überfliegen kann.«[74] Wie real die Überwachung tatsächlich war, musste dabei nicht entscheidend sein, allein die Möglichkeit reichte für die Selbstzensur. »Jedermann, zumal jeder Leiter, glaubte sich im nächsten Mitarbeiter- und Bekanntenkreis von Informanden der Staatssicherheit beobachtet«, so der Psychiater Friedrich Rudolf Gross, von 1966 bis 1981 Klinikleiter in Großschweidnitz, »und er konnte annehmen, dass sein Verhalten insgeheim registriert und ausgewertet wurde. Selbst in privater Umgebung konnten Abhörmikrophone ausliegen, und die Bespitzelung verbarg sich hinter der Maske der Freundschaft und Liebe. Die Befindlichkeit in dieser realen Situation glich aufs Haar dem Verfolgungswahn mancher Patienten, und bei entsprechender Disposition konnte begreifliche Angst auch bei bislang psychisch Gesunden in eine krankheitswertige, paranoide Reaktion umschlagen.«[75]

Welche mutigen Wege die Psychologen und Psychiater sich unter diesen Arbeitsumständen auch immer suchten, eine psychologische Theorie als Gesellschaftsanalyse oder gar Gesellschaftskritik konnte so zu keiner Zeit öffentlich werden. Eine Bestandsaufnahme wie die des DDR-Psychologen Hans-Joachim Maaz, der analog vieler Gesellschaftsanalysen in westeuropäischen Ländern festhielt: »Die Lebensweise eines ganzen Volkes war schwer gestört, ... bis in die Alltagskultur des zwischenmenschlichen Zusammenlebens und vor allem bis in die psychischen Strukturen des Einzelnen hinein«. Eine solche Einschätzung zur und in der DDR vor 1989 zu veröffentlichen, wäre völlig undenkbar gewesen.[76]

Die DDR-Psychologie »erreichte zwar in Fachkreisen anerkannte theoretisch-methodologische Positionen und relevante Eigenentwicklungen«, so Harry Schröter, Professor für Klinische Psychologie an der Karl-Marx-Universität Leipzig der 80er Jahre, »doch kaum einen substantiellen Wirkungsgrad in weiteren Bereichen des gesellschaftlichen Lebens. ... Die ideologische Struktur der DDR-Gesellschaft hatte offenbar entgegen manchen Beteuerungen keinen Platz für die Wissenschaft, die sich mit dem Menschen als Subjekt ... befasst.«[77]

Mauerkrankheit – Anfang der 70er Jahre betrachtete man im Politbüro die DDR-Psychiatrie aufgrund mangelnder ideologischer Parteilichkeit als zurückgeblieben und ordnete eine »Konferenz zu Fragen der ideologischen Situation in den Fachgebieten Psychiatrie/Neurologie und Psychologie« an. Es wurde eine Großtagung mit 300 Teilnehmern, darunter alle Professoren und Lehrstuhlinhaber des Faches, im Februar 1971 in Brandenburg. Das Fazit nach zwei Tagen: keine Überwindung des Faschismus, nicht-marxistische, idealistisch-westliche Lehrmeinungen, zu wenig marxistisch-leninistische Forschung. Einer der Hauptschuldigen für die Misere: der Herausgeber des wichtigsten Fachorgans, Professor Müller-Hegemann. Müller-Hegemann, der wohl schon ahnte, was da kommen würde, ließ sich für die Tagung entschuldigen. Als er im Nachhinein von den Tagungsergebnissen erfuhr, verwehrte er sich im Kollegenkreis gegen diese Angriffe, was ein IM unter den Ärzten des Griesinger-Krankenhauses sofort seinem Stasiführungsoffizier berichtete.[78] Am bedenklichsten war für Müller-Hegemann, dass man zur ersten Vorsitzenden der Gesellschaft für Psychotherapie »eine typische Funktionärin der Leipziger Universitäts-Nervenklinik ›gewählt‹ hatte [gemeint war Christa Kohler, ap], d.h. das Ministerium für Gesundheitswesen setzte die Wahl mit allen wohlbekannten Druckmitteln durch«. Am Ende, so Müller-Hegemann, werde man »Psychiatrie, Neurologie und Psychotherapie [nicht, ap] mehr vor einem politischen Missbrauch … schützen können«.[79] Die Tagung war, so die Psychiatriehistorikerin Sonja Süß, Ausdruck des tiefen Misstrauens der SED-Parteiführung gegenüber der Psychotherapie im Land.[80] »Die Psychologie«, so der DDR-Psychologe Hans Hiebsch 1990, »wurde bei uns *immer,* trotz manch gegenteiliger verbaler Beteuerungen, als eine verdächtige Wissenschaft angesehen.«[81]

Nur acht Wochen nach der Konferenz flohen Müller-Hegemann und seine dritte Frau überstürzt nach West-Deutschland. Getarnt als Rentnerreise, verließen sie die

DDR. 2500 Hochschullehrer und wissenschaftliche Assistenten waren schon zuvor zwischen 1949 und 1961 aus der DDR geflüchtet.[82] Zwei Jahre nach seiner Flucht veröffentlichte Müller-Hegemann ein Buch mit dem Titel »Die Berliner Mauer-Krankheit. Zur Soziogenese psychischer Störungen«. Im Wesentlichen war es eine Zusammenstellung von 40 anonymisierten Fallgeschichten aus seiner Zeit am Wilhelm-Griesinger-Krankenhaus. In dem Buch werden schwerste psychische Erkrankungen im Zusammenhang mit dem Mauerbau diagnostiziert. In knappen Analysen – tiefenpsychologisch, empathisch, gut verständlich – kritisiert er den Mauerbau, das Vorgehen der Staatssicherheit und die politische Führung in Ostberlin als Verursacher. »Mauer, Stacheldraht und Schießbefehl« seien eine »politisch-soziale Katastrophe«, »eine gefängnisähnliche Abgrenzung für die DDR-Bevölkerung«, »das schlimmste Relikt des Kalten Krieges in Europa«.[83] Faktisch war es die nüchtern-analytische Bestandsaufnahme eines krankmachenden Systems. Im Grunde war die Veröffentlichung der Vorläufer der psychoanalytischen Abrechnung mit der DDR des Analytikers Hans-Joachim Maaz in seinem Buch »Gefühlsstau. Psychogramm einer Gesellschaft« vierzig Jahre später.[84]

Die Fälle musste Müller-Hegemann seit dem Mauerbau gesammelt haben, wohl in der Absicht, etwas darüber zu schreiben, was aber in der DDR nie hätte erscheinen können. Es hat den Anschein, als habe er sich schon in seinen Ostberliner Jahren mit Fluchtideen getragen.

In der DDR wurde Müller-Hegemann nach seiner Flucht die Anerkennung als Verfolgter des Naziregimes aberkannt. Er war nach Hellmuth Kleinsorge der zweite Vorsitzende der Gesellschaft für Psychotherapie, der der DDR den Rücken kehrte. Sein Mauerbuch nahm man in Ostberlin mit

Entsetzen zur Kenntnis. Eine Zeit lang überwachte ihn die Stasi im Westen. Müller-Hegemann aber verstand sich noch immer als Sozialist, enttäuscht von der DDR, an der er, wie er nun in Interviews erzählte, schon in den ersten Jahren Zweifel gehabt habe angesichts der Verfolgung der Sozialdemokraten. Seine einstige Analyse des Deutschen Faschismus habe Bestand, sie ähnele Erich Fromms »Furcht vor der Freiheit«. Vom Rassismus und Antisemitismus aber noch immer kein Wort, der Nationalsozialismus weiterhin schlicht ein Produkt des Monopolkapitalismus.[85]

In Westdeutschland baute Müller-Hegemann die Psychotherapieabteilung in der Essener Knappschaft als Chefarzt auf, Therapie sollte auch dem »Proletariat« offenstehen. Bis 1988 arbeitete er als Psychiater und Psychotherapeut in eigener Praxis, wohl mit psychoanalytischem Ansatz nach Freud und Schultz-Hencke. Er starb wenige Monate vor dem Mauerfall mit 79 Jahren. Von Pawlow sprach er nicht mehr. Nie mehr.

Osteuropäische Parallelitäten

Schlaglichter – Die kulturellen Traditionen des Zarenreiches, des deutschen Kaiserreiches, der Habsburger Monarchie, des Osmanischen Reiches – die Geschichte der Tiefenpsychologie in den osteuropäischen Ländern zwischen 1945 und 1989 wurde geprägt von unterschiedlicher Herkunft, verschiedenen politischen Landschaften, Phasen, Zäsuren, Wiederaufnahmen. Die jeweilige Kultur war das Fundament für die Rezeption der Ideen zur Seele, zur Psyche und des Unbewussten. Unterschiedlich verlief auch die Umsetzung des Kommunismus. Die Ermordung, Flucht und Deportation der Intellektuellen, Psychologen und Psychiater während des Krieges, der Bildungsgrad der Bevölkerung, der alltägliche Existenzkampf sowie der Grad der Durchherrschung der osteuropäischen Gesellschaften durch die jeweiligen Machtapparate – all das spielte bei der Frage, inwieweit Freud in Osteuropa wirksam sein konnte, eine Rolle.

Trotz benennbarer Unterschiede ähneln sich die Geschichten der Tiefenpsychologie in den jeweiligen Ländern. So gab es direkt nach dem Krieg mitunter erst einmal mildere Umstände für die Psyche, eine Art Tauwetter, das während der Stalinisierung der 50er Jahre jedoch wieder in den Hintergrund gedrängt wurde. Vielfach wurde das System Psyche einfach gelöscht. Das Psychologiestudium wurde abgeschafft, wissenschaftliche Gesellschaften und Zeitschriften geschlossen, Psychologen und Psychiater mit Verbindungen zur westlichen akademischen Welt wurden entlassen und verfolgt. Schriften zur Tiefenpsychologie aus dem öffentlichen Raum verbannt. Freud und mit ihm alle tiefenpsychologischen Ansätze galten als westlich, bürgerlich, dekadent, teils faschistisch und imperialistisch. Im Gegensatz dazu ging es darum, eine sozialistische Psychologie zu entwickeln, streng auf der marxistischen Ideologie und der Pawlow'schen Physiologie basierend. Theorien oder Ansätze, die nicht der offiziellen Ideologie entsprachen, wurden verboten und als bürgerliche Pseudowissenschaft deklassiert. Psychologische Praktiken, die auf solchen Theorien fußten, wurden von den Behörden strikt bestraft.

Nach dem Tod Stalins verlief die Entwicklung dann wieder variantenreicher. Während in etlichen Ländern eine längerfristige Entideologisierung in Wissenschaft und Gesellschaft

Einzug hielt, blieben tiefenpsychologische Überlegungen in anderen bis zum Fall des Eisernen Vorhangs verbannt. Wo die kommunistischen Regime sich nicht durch eine psychoanalytische Bewegung bedroht fühlten, ließ man mitunter Freiräume. Nach den Säuberungen und Fluchten existierte jeweils nur eine kleine, meist mutige Gruppe, die sich traute, das Anliegen der Tiefenpsychologie aufrechtzuerhalten. Unter den anhaltend schwierigen Bedingungen bleibt es erstaunlich, was geleistet worden ist. So entstanden mit der Entstalinisierung in manchen Ländern psychologische Nischen, die in den 70er und 80er Jahren ausgebaut werden konnten. Aber fast immer gab es sie nur im abgezirkelten Raum von Kliniken, Wissenschaftstagungen, speziellen Beratungsstellen, bei der instrumentellen Psychologie oder Arbeitspsychologie zur Förderung der Produktion. Private Praxen existierten nur im Stillen, tiefenpsychologische Literatur, Ausbilder und Lehrer gab es kaum.[86]

Die folgenden Kapitel sind Schlaglichter auf markante Persönlichkeiten, Ereignisse oder Entwicklungen aus dem Bereich der Psyche fast aller osteuropäischer Länder, die spezifisch waren. Sie stehen für die Besonderheit eines Landes und seiner Psycho-Geschichte, gleichermaßen aber auch für Osteuropa insgesamt.

Tschechoslowakei – Kindswohl

Prag 1963 – Ein verschleierter Schwarzweiß-Film. Vor dem Dunkel einer Treppe trägt eine Schwester einen Säugling auf die Straße. Jana, ein Jahr alt. Sie läuft zu einem Auto. Die

Aufnahme fängt das Gesicht des Kindes ein, ganz nah an der Betreuerin, ein scheuer, skeptisch-trauriger Blick. Der Zuschauer kennt die beiden aus vorhergehenden Szenen. Es ist ein Abschied. Jana wird in das Auto gereicht. Nach einem Jahr im Säuglingsheim geht es ins Kinderheim. Von der Schwester heißt es aus dem Off: »Zu ihr hatte Jana ein Gefühl wie zu einer Mutter entwickelt, wenn das überhaupt möglich war. Nun wird der einzige, tiefergehende Kontakt jäh beendet, um Vorschriften zu genügen. Vorschriften des Heims, die aber übersehen, dass ein Kind in diesem Alter wenigstens die ersten Jahre in derselben Hand und in derselben Umgebung bleiben sollte.« Das Auto fährt los, im Kamerablick aus dem Rückfenster sieht man die Betreuerin am Straßenrand immer kleiner werden.

Der 40-minütige Film »Kinder ohne Liebe« war eine staatliche Auftragsproduktion.[87] Die Regierung wollte einen Werbefilm für das Krippenwesen, das man massiv auszubauen plante. Frauen sollten in die Produktion. Die Familie – nach Lenin die Keimzelle der bürgerlichen Gesellschaft – sollte durch das Kollektiv aufgelöst werden. Der Auftrag ging an einen routinierten Filmemacher für wissenschaftliche Dokumentationen. Der holte sich als Berater die Leiterin eines Kinderheims und den jungen Kinderpsychologen Zdeněk Matějček dazu.

Matějček untersuchte seit 1948 landesweit die Folgen fehlender Bindung von Kindern an eine Bezugsperson in Tages- und Wochenkrippen, Säuglingsheimen, Kindergärten und Kliniken. Die Publikation seiner Untersuchungsergebnisse, samt einer Zusammenstellung aller Literatur zum Thema, stand kurz bevor. Der Titel: »Psychische Deprivation im Kindesalter. Kinder ohne Liebe«. Sie wurde zu einem internationalen Standardwerk.[88] Das Resultat war

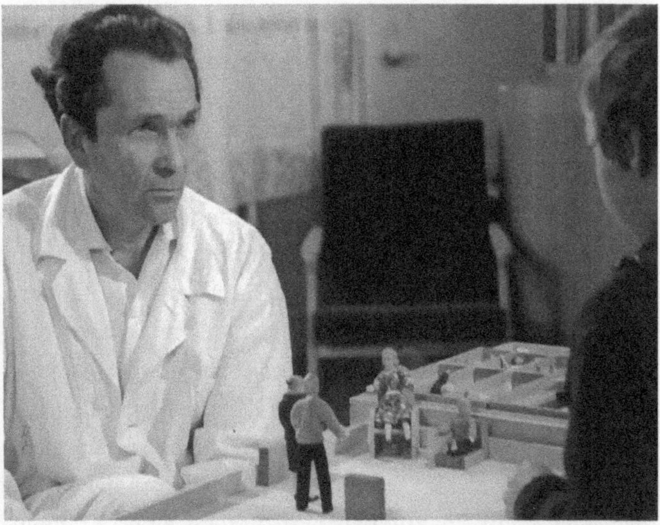

Der Kinderpsychologe Zdeněk Matějček, Prag 1961,
Bild aus dem Film »Kinder ohne Liebe«.

eindeutig und spiegelt sich im ersten Satz des Filmkommentars: »Was ein kleines Kind am nötigsten braucht, ist die intensive und dauerhafte Gefühlsbindung an die Mutter. Wird dieser Kontakt unterbrochen und gibt es keine Ersatzperson, so stellen sich seelische Schädigungen ein.« Das entsprach der weltweiten Forschung seit einem Jahrzehnt. In den USA hatte der ungarische Analytiker René A. Spitz Heimkinder ab drei Monaten in großen Findelhäusern beobachtet und die Auswirkungen des Fehlens mütterlicher Zuwendung erstmals umfassend dokumentiert. Trotz einwandfreier Ernährung und guter physischer Pflege beobachtete er mangelnde Sprachfähigkeit, verminderte soziale Fähigkeiten, eine verlangsamte Motorik, Tendenzen zur Apathie, emotionale Einschränkungen, Regressionen in frühere Entwicklungsstadien, Störungen in der Wahrnehmung, verminderte Lernfähigkeit und Anfälligkeit für

Krankheiten. Dafür prägte er 1945 das Wort »Hospitalismus«.[89] Zu denselben Ergebnissen war in den 40er Jahren der Psychoanalytiker und Kinderarzt John Bowlby in London gekommen. Er hatte Kleinkinder untersucht, die durch die Kriegsevakuierung von ihren Müttern getrennt worden waren. Aus den Ergebnissen entwickelte sich eine Forschergruppe, die systematisch die Auswirkungen von Trennungen für die Persönlichkeitsentwicklung von Kleinkindern untersuchte. Man produzierte eindringliche Dokumentarfilme, unter anderem »A Two-year-old goes to Hospital«. Darin ist eine Zweijährige in einem Gitterbett zu sehen, die, den Gepflogenheiten der Zeit entsprechend, im Krankenhaus von ihrer Mutter getrennt wurde. Verstört-abwehrend reagiert sie auf die intensive Ansprache einer Krankenschwester, bis es aus ihr verzweifelt herausbricht: »I want my Mom«.[90] Der Film schlug hohe Wellen in der Fachwelt. Die Erkenntnisse zu den Auswirkungen von Trennungen führte dazu, dass in England die Besuchszeiten in den Kinderabteilungen verlängert wurden, sodass die Mütter ihre Kinder versorgen konnten und man in etlichen Krankenhäusern Kabinen mit Betten für Mutter und Kind einbaute.

Als die WHO in Genf einen Experten suchte, der einen Bericht über die psychische Gesundheit von obdachlosen Kindern verfassen sollte, fiel die Wahl auf Bowlby. Er sprach mit Fachleuten in Europa und den USA und ergänzte die Forschungsliteratur um die eigenen Erkenntnisse. Der Bericht »Mütterliche Zuwendung und geistige Gesundheit« erschien 1951 und wurde zum Grundlagentext einer neuen gesellschaftspolitischen Ausrichtung. Bindung wurde zu einer zentralen Kategorie, Trennung zu einer ähnlichen seelischen Gefahr für das Kind wie Krankheiten für die körperliche Gesundheit.[91] Diese Erkenntnis schlug aus der Fachwelt in die Öffentlichkeit durch. Die populärwissenschaftliche Ausgabe des Berichts »Child Care and the Growth of Love« verkaufte sich allein in der englischen Ausgabe 450 000 Mal und wurde in zehn Sprachen übersetzt.[92]

Auf der Grundlage dieser Befunde entwickelte Bowlby einen eigenen Ansatz: die Bindungstheorie. Demnach war die Bindung des Kindes an eine konstante und verlässliche Bezugsperson ein evolutionärer Faktor, dessen Störung gravierende Auswirkungen für die Persönlichkeitsentwicklung haben konnte. Bowlby war zwar Analytiker, aber er setzte statt auf Theorien auf die Ergebnisse von Beobachtungen und Untersuchungen. Beeinflusst von der Verhaltensforschung Konrad Lorenz' ging es ihm um eine möglichst genaue Erfassung von Verhalten in Experimenten und Beobachtungen und die Auswertung von umfassenden Daten. Das sollte die gesamte nachfolgende Bindungsforschung bestimmen. Die Grunderkenntnis aller Untersuchungen weltweit lief darauf hinaus, dass die Entwicklung eines Kleinkindes umso gesicherter war, je dauerhafter und konstanter seine Beziehung zu einer Person ist. Am besten in der Familie – vorausgesetzt die Verhältnisse sind nicht dysfunktional –, weniger gut in der Tageskrippe, schlecht in Wochenkrippen, wo die Kinder montags abgegeben und samstags wieder geholt werden, und am gefährdetsten in Waisenhäusern.

Der tschechische Kinderpsychologe Matějček kannte natürlich diese Forschungen und fand sie bestätigt in seinen Untersuchungen. Der staatlich beauftragte Film unter seiner Leitung wurde so zu einer radikalen Absage an das praktizierte Krippensystem. Der Film stellte beim Schnitt typische Situationen im Leben eines Kindes zwischen dem Säuglingsalter und drei Jahren in Heim und Familie vergleichend gegenüber: die Sprachentwicklung, das Verhalten mit anderen Kindern, den Bezug zu den Erwachsenen, Spielsituationen, die Entdeckung der Welt, die Einnahme von Mahlzeiten, Spaziergänge, das emotionale Befinden. Die Heime im Film waren gut ausgestattet, die Anzahl der Betreuerinnen hoch, sie hatten eine gute Ausbildung und kümmerten sich liebevoll um die Kleinen. Das Fazit des Films: »Das Heim versucht so gut es geht, die Aufgaben zu bewältigen, die von Staat und Gesellschaft gestellt und verursacht sind, aber es kann nicht die Lebenschancen einer intakten Familie ersetzen.« Wichtig dabei: Die Mütter der Familienkinder arbeiteten halbtags, während die Kinder im Kindergarten waren, aber sie wussten, dass sie den anderen Teil des Tages mit der Mutter verbrachten. »Kein vorschulpflichtiges Kind«, so heißt es im Film, »sollte länger als vier, höchsten sechs Stunden von zuhause weg sein.«

Das hatte man sich im Prager Ministerium anders vorgestellt. Der internen Vorführung folgte das sofortige Verbot. Der Film wurde in der Tschechoslowakei nie öffentlich gezeigt. Gegen den Regisseur und die beiden Berater inszenierte man eine Rufmordkampagne. Aber eine illegale Kopie des Films wurde aus dem Land geschmuggelt und bei den Filmfestspielen in Venedig aufgeführt. Die Publikums- und Kritiker-Reaktionen waren überwältigend: Der bewegende Film bekam drei Preise und europaweite Aufmerksamkeit. Matějčeks Forschungen wurde zum Thema westlicher Feuilletons und Diskussionsrunden. Man schaute nach Prag.

Dort konnte man sich von staatlicher Seite ein Bekanntwerden der Repression gegen die Filmemacher nicht mehr leisten. Und dann passierte etwas Erstaunliches: Die Regierung stoppte das Programm des forcierten Krippenaufbaus. Noch im selben Jahr wurde die Familiengesetzgebung geändert und gegen alle Ideologie die Familie programmatisch wieder an die erste Stelle gesetzt. Der Mutterschaftsurlaub wurde auf drei Monate ausgedehnt, um die Säuglingssterblichkeit zu minimieren. Für die Mütter wurde die Möglichkeit eines zweijährigen Arbeitsurlaubes geschaffen. Und es gab eine neue Institution: die Ersatzfamilie, die sechs bis acht Kinder aufnahm. Die Wochenkrippen wurden abgeschafft, die Tageskrippen verkleinert. 1980 waren lediglich 15 Prozent der Kinder bis drei Jahren in der ČSSR in einer Krippe.[93]

Das war letztlich durch das Klima des aufkommenden Prager Frühlings möglich geworden. Es entsprach der Entideologisierung von Gesellschaft und Kultur, in der man sowohl der Entwicklungspsychologie als auch Tiefenpsychologie offen begegnete. 1960 war in der ČSSR die Stalinisierung mit ihren Schauprozessen, Verfolgungen und Invektiven gegen die Psychoanalyse und Psychoanalytiker zu Ende gegangen. Was darauf folgte, blieb im Ostblock ziemlich beispiellos. In der Prager Stadtbibliothek hörten sich 1967 hunderte Zuhörer Vortragsreihen zur Psychoanalyse an. Eine sachliche Freud-Monographie eines Marxisten konnte erscheinen. Der reale Erich Fromm hielt Vorträge. Die öffentliche Debatte über den Wert der Tiefenpsychologie ähnelte in Vielem den Thesen der Frankfurter Schule.[94] Mit der Niederschlagung der Aufstände von 1968 endete dieser Aufbruch schlagartig. Unter den vielen Flüchtlingen war auch der Regisseur des Films, ebenso viele Analytiker.[95] Nach 1968, in der sogenannten Phase der »Normalisierung« bis zum Ende der kommunistischen Herrschaft, gab es kein Wiedererstarken einer tiefenpsychologischen Tradition mehr, aber auf dem Feld der Kleinkinderziehung blieb die Krippenidee marginalisiert.[96]

Die Bindungsverweigerer – Das ideologisch motivierte Krippensystem konnte sich auch nicht in Bulgarien und Ungarn durchsetzen, wo kulturell und auch gesellschaftlich die Familie ohnehin im Vordergrund stand. In der UdSSR, in Polen und auch in der DDR wurde es jedoch systematisch ausgebaut. In den Anfangsjahren der DDR waren 44,9 der arbeitsfähigen Frauen berufstätig und 0,8 % der Kinder von 0 bis drei Jahren in der Krippe. Am Ende der DDR waren 91,2% der arbeitsfähigen Frauen berufstätig und 80% der Kinder im krippenfähigen Alter in der Krippe. Dagegen besuchten Mitte der 80er Jahre in der BRD nur 1,6% der Kinder eine Krippe.[97] Das Modell der Erziehung und des Aufwachsens in staatlichen Institutionen war damit in der DDR fast vollständig umgesetzt worden. Dabei war die Forschung zu Heim- und Krippenerziehung in wenigen Ländern so ausgebaut wie in der DDR. Der Erfurter Erziehungswissenschaftler Florian von Rosenberg hat die Befunde dieser DDR-Krippenforschung ausgewertet.[98] Die Ergebnisse glichen denen der weltweiten Forschung. Krippen- und Heimkinder waren gegenüber Kindern in der Familie oft in Wachstum und Gewicht gestört, häufiger krank, emotional, sprachlich und geistig in der Entwicklung zurück. Dazu kam, so die Befunde, dass im forcierten Krippenausbau die Rahmenbedingungen fast nie eingehalten werden konnten. Es gab Überbelegung und Personalmangel. Bis Ende der 70er Jahre war nur die Hälfte des vorgesehenen Personals vorhanden. Statt geplant sechs zu betreuende Kinder waren es regelmäßig an die 25. Der Personalmangel war teils so groß, dass die Sicherheit der Kinder nicht mehr gewährleistet werden konnte.[99]

In einer gut ausgestatteten Krippe der 70er Jahre, so die DDR-Forscher, betrug die Zeit der direkten Zuwendung für jedes Kind im Alter von bis zu sechs Monaten täglich nur an die 20 Minuten.[100] Unter guten Bedingungen musste der Säugling oder das Kleinkind sich an durchschnittlich sechs unterschiedliche Erzieherinnen gewöhnen.[101] Hinzu kam, dass das Personal angesichts katastrophaler Arbeitsbedingungen und geringer Bezahlung ständig wechselte. Die oft sehr schnell gebauten Krippen hatten vielfach schlechte sanitäre Bedingungen und Bauschäden. Im Trennungsschock, so vermerkten die DDR-Forscher, reagierten fast alle Kinder mit Gewichtsabnahme, unruhigem Schlaf, hartnäckigem Weinen, Apathie und Aggression. Die Anfälligkeit für Krankheiten war hoch, schnell steckten sich die Kinder gegenseitig an. Erkältungen bis zu chronischen Mittelohrentzündungen nahmen zu. Durch kaltes Abduschen versuchte man die Kinder abzuhärten.

Vor allem die Kinderärzte in der DDR schlugen Alarm, aber auch die Mütter. Von staatlicher Seite versuchte man Abhilfe zu schaffen. Während im Westen am Ende der 60er Jahre alle Säuglingsheime geschlossen wurden, blieb diese Unterbringungsform in der DDR bis zum Ende erhalten. Die Anzeichen psychischen Hospitalismus der 50er und 60er Jahre zeigten sich denn auch in den internen Untersuchungen der 70er.[102]

Die Rolle Matějčeks hatte in der DDR die österreichische Kinderforscherin Eva Schmidt-Kolmar inne. Seit ihrer Jugend in der Kommunistischen Partei, als Westemigrantin und Jüdin im Strudel der Säuberungen in der DDR für Jahre strafversetzt, war sie zeitlebens eine stramme Marxistin-Leninistin. Als Leiterin des neu geschaffenen »Instituts für Hygiene des Kindes- und Jugendalters« in Leipzig wurde sie zum Nestor der staatlichen Krippenforschung. Noch in ihrer Dissertation Anfang der 50er Jahre setzte sie ganz auf

Bowlby. 1957 beschrieb sie eindrücklich die Symptome des psychischen Hospitalismus und konstatierte sie für die Krippenkinder in der DDR.[103] Auf einer Konferenz in Berlin 1957 zu »Anpassungsstörungen« mit Forscherteams aus Berlin und Leipzig warnte James Robertson, ein Bildungsforscher aus dem Team um Bowlby, vor dem forcierten Ausbau des Krippenwesens. Die frühkindliche Trennungserfahrung gehöre in die gleiche »Gefahrenklasse« wie »das Trinken mit Tuberkeln infizierter Milch oder ... das einem Kinderlähmungsvirus Ausgesetztwerden.«.[104] Die Anfang der 60er Jahre von Schmidt-Kolmar und der DDR-Krippenforschung vorgelegte Bilanz kam zu dem Ergebnis, dass nur ein Drittel der Kinder sich nach der Aufnahme in die Krippe normal entwickelte. »Der Krippeneintritt«, konstatierte man, »hatte für die Kinder messbare körperliche und geistige negative Auswirkungen.«[105] Nach Vorlage der Ergebnisse wurden die Forscher vor die Justizministerin Hilde Benjamin zitiert. Die Behauptung, so die Ministerin, es gebe eine Entwicklungsverzögerung, sei das »Ergebnis bürgerlicher Psychologie und damit der Psychologie des imperialistischen Klassenfeindes«.[106] Sie rief das Gesundheitsministerium dazu auf, gegen die Ergebnisse Stellung zu beziehen.

Das Thema Bindung verschwand für zwei Jahrzehnte aus der Fachliteratur der DDR und spielte bei der Ausbildung der medizinischen und pädagogischen Fachkräfte keine Rolle mehr. Selbst das Wort »Bindung«, ebenso wie »Deprivation«, verschwand aus dem Wortschatz der Forscher. Schmidt-Kolmar setzte mittlerweile ganz auf Pawlow. Die Lösung im Hinblick auf die Defizite der Kinder war, dass das Krippenleben mehr Anreize bieten sollte. Säuglingsheime wurden lieber gar nicht mehr untersucht.

In der Folge wurde jeder, der in der DDR das Krippensystem hinterfragte, also vor allem die Mütter und Kinderärzte, als Gegner des Sozialismus und Gegner der Gleichstellung der Frau abgestempelt. Dass Kinder in den Krippen litten, hieß es nun, sei ein »Gerücht aus dem imperialistischen Bonn«, also der westdeutschen Hauptstadt, »mit dem Ziel, den Sozialismus zu schwächen« und eine Auffassung aus faschistischer Zeit mit einem Muttermythos.[107] Als der Film »Kinder ohne Liebe« auf der internationalen Krippenkonferenz 1966 der sozialistischen Länder in Prag gezeigt wurde, kommentierte dies die für die Krippenunterbringung in der DDR seit 1959 zuständige Referatsleiterin Maria Wohlfahrt: »An diesem Film zeigen sich deutlich die Einflüsse der bürgerlichen Psychologie und Tendenzen, die die Einrichtungen der sozialistischen Gesellschaft in ein falsches Licht setzen.«[108]

Als in den 80er Jahren der Chefredakteur des DDR-Magazins »Elternhaus und Schule« eine Psychologin bat, einen Artikel zur Kritik an der Krippe unter dem Titel »Nun bin ich alleine!« zu verfassen, wurde auch er zum Gespräch mit der Ministerin Margot Honecker einbestellt. Anschließend leitete die Verlagsleitung ein Disziplinarverfahren gegen ihn ein, er wurde vor unterschiedliche Verlags- und Parteigremien geladen, sanktioniert, verlor seine Stelle als Chefredakteur und erkrankte schwer.[109] Diese Einstellung zur frühkindlichen Krippe änderte sich bis 1989 nicht.

Professor Johannes Pechstein vom kinderneurologischen Zentrum des Landes Rheinland-Pfalz, der früh zu Matějček enge Kontakte pflegte und 1977 dessen Deprivationsstudie von 1963 auf Deutsch herausgab, sprach vom »Krippenelend« der DDR und zutiefst negativen Belastungen für die betroffenen Kinder durch die Massenverwahrung.[110] Ähnlich eindeutig fiel die Bilanz bei DDR-kritischen Analytikern wie Hans Joachim Maaz aus. Die Krippen seien ein Massenphänomen, »das bereits in der familiären Situation die Pathologie reproduzierte, die später zur Einordnung und Aufrechterhaltung eines abnormen Gesellschaftssystems erforderlich bis ausgesprochen nützlich war«.[111]

Bulgarien – vom Luxus der Selbstbeobachtung

Sofia 2003 – Der Professor stand auf einer Bühne, in der Hand eine blaue Broschüre von 120 Seiten, im Saal viele Ärzte, am Rand seine Frau. Dass die Zeichnung auf dem Umschlag der Broschüre – ein knorriger Stock, umwickelt mit einer Kette und Handschellen – von ihr war, wusste kaum einer. Der 74-jährige Kiril Milenkov, ehemals Abteilungsleiter der Psychiatrischen Universitätsklinik in der bulgarischen Hauptstadt Sofia, und seine Frau hatten drei Jahre für diesen Moment gearbeitet. In ihrer Wohnung häuften sich in dieser Zeit Dokumente, Akten, Briefe, Telefonnachrichten, Zeitungsausschnitte und Manuskripte an. Sie hatte im kleinen Nebenzimmer an ihrer Schreibmaschine alles auf eine Liste getippt, die Namen von 618 Medizinprofessoren, Ärzten, Psychiatern und Medizinstudenten, kurz und knapp. Aber mit jedem Namen verband sich ein Schicksal, das sie recherchiert hatten. »Ärzte und Medizinstudenten – Opfer des kommunistischen Terrors von 1944–1989« war der Titel der Broschüre, herausgegeben mit Unterstützung der bulgarischen Ärztekammer. In ihr Mediziner, die von der kommunistischen Staatsmacht eingesperrt, verschleppt, getötet worden waren, oder deren Karrieren man abgebrochen oder zerstört hatte.[112] 45 der Aufgelisteten waren ermordet worden oder »verschwunden«. 71 waren in Zuchthäusern inhaftiert worden, 86 Ärzte wurden in Konzentrationslager verschleppt. Den Restlichen wurde das Studium verboten, sie wurden von der medizinischen Fakultät verwiesen, aus ihren Berufen entlassen und in ihrer beruflichen Entwicklung behindert. Unter den Aufgelisteten finden sich auch Analytiker, Psychiater und Psychologen.

Der 1929 geborene Milenkov hatte sein Medizinstudium in kommunistischer Zeit absolviert. Er hatte erlebt, dass man vielen Kommilitoninnen und Kommilitonen das Studium verbot, wie »bürgerliche« Dozenten entlassen wurden und niemand studieren durfte, dessen Eltern »Kulaken« oder Adlige waren. Die kommunistische Studentenorganisation schürte ein Klima der Angst und organisierte Vorlesungsboykotte. Reale und fiktive antikommunistische Studentengruppen wurden aufgedeckt, Studenten verrieten ihre Kommilitonen. Ärztliche Lizenzen wurden entzogen, private Praxen geschlossen.

1953 ging Milenkov an das Nationale Institut für Psychiatrie, faktisch die Universitätsklinik, vier Kilometer außerhalb von Sofia. 40 Jahre blieb er dort, erlebte das ganze Auf und Ab im psychiatrisch-psychologischen Feld des Landes, bis er 1994 in den Ruhestand ging. Kurz nach dem Krieg war sein Bruder in die USA ausgewandert und damit als »Nicht-Rückkehrer« staatlich stigmatisiert worden, er selbst war nicht in die Partei eingetreten. Trotz einer Habilitation war ihm eine Beförderung verwehrt worden.[113]

Bis heute ist die Aufarbeitung der kommunistischen Zeit in Bulgarien nur zögernd angelaufen. Nach einer ersten Welle der Berichte, Zeitungsartikel und Erzählungen nach dem Fall des Regimes, gab es wenig substanzielle Untersuchungen.[114] Die Akten des Geheimdienstes sind seit den 90er Jahren einsehbar, aber sie sind ausgedünnt, nicht aufgearbeitet; Recherchen sind schwierig. Eine Lustration in der Administration, in den Universitäten und den Sicherheitsdiensten fand nicht statt. Es gibt keine bekannten Gedenkorte oder Museen zur kommunistischen Zeit. Eine der wenigen aktuellen Initiativen ist die engagierte Arbeit einer NGO, die das Gelände der ehemaligen Gefängnisinsel Belene in der Donau, einem gefürchteten Gulag-Lager von 1949 bis 1987, zu einem Lernort machen will.[115] Die Zusammenstellung der Milenkovs ist daher einzigartig.

Milenkov war froh, als das kommunistische Regime stürzte, aber schon bald störte ihn die Stimmung. Man konnte zwar reden, aber dennoch bestimmte ein großes Schweigen die Gesellschaft.[116] Er recherchierte nach seinen ehemaligen Kommilitonen der 50er Jahre, ihren Lebensläufen, fragte Kollegen nach ihren Erinnerungen, fing an, Lebensgeschichten zu sammeln. Kollegen schlossen sich an, erzählten von vergangenen Tagen, eine Lebensgeschichte zog die andere nach sich. Es gab Archivgänge, Akten wurden kopiert, Verwandte befragt, die Fäden zu den Lebenswegen zusammengesucht. Nach und nach kamen teils unglaubliche Schicksale zusammen. Mit ihnen entstand ein Bild über die Entwicklung in den Kliniken und der Universität.

»Die medizinische Wissenschaft und Praxis wurde vollständig vom sowjetischen Modell abhängig gemacht«, heißt es im Text der Broschüre. Das galt auch für alles Psychologisch-Psychiatrische. »Jeder Versuch, wissenschaftlichen Fortschritt über die sowjetische Medizin hinaus aufzuzeigen, wurde durch ein vollständiges Verbot eingeschränkt.« Die Wissenschaften wurden nach dem sowjetischen Vorbild umgebaut. Überall galten die Lehren der Botaniker Iwan Mitschurin und Trofim Lyssenko, der Biologin Olga Lepeshinskaya, einer Anhängerin der Theorie der Urzeugung von Zellen, und Iwan Pawlows. »In allen akademischen Einheiten, wie Sektionen, Abteilungen, Fakultäten und Institutionen wurden spezielle Strukturen eingerichtet und wissenschaftlichen Produkten strenge Zensur auferlegt. Keine einzige wissenschaftliche Arbeit, Monographie, kein einziges Buch usw. durfte ohne schriftliche Genehmigung erscheinen.« Die wissenschaftlichen Forschungspläne mussten mit der kommunistischen Partei abgesprochen werden und wurden von ihr befohlen.[117]

Wer dagegen verstieß oder auch nur im Verdacht stand, andere Ansichten zu haben, wurde reglementiert, entlassen, verhaftet, verschleppt oder hingerichtet. Das galt auch für alle »faschistisch-imperialistische« Westtheorie wie den »Freudismus« oder andere tiefenpsychologischen Ideen. Der Lehrplan an den Universitäten umfasste lange nicht die Fächer Genetik, medizinische Ethik und Psychologie. Dafür gab es Prüfungen im dialektischen und historischen Materialismus.

Die Zusammenstellung der Milenkovs war die einzige in Bulgarien, die sich einer Berufsgruppe widmete. Auch in anderen osteuropäischen Ländern findet sich kaum eine solche Aufarbeitung. Die Zusammenstellung und ihre Vorstellung im Jahre 2003 wurde in Bulgarien durchaus zur Kenntnis genommen. Zeitungen berichteten, Zeitzeugen erzählten. Die Broschüren, gedruckt auf eigene Initiative, wurden verkauft, verschickt und herumgereicht. Milenkov war mit dem Ergebnis zufrieden. Sichtbarstes Zeichen war die Anbringung einer Gedenktafel am 1. Stadtkrankenhaus von Sofia für die repressierten Mediziner unter Verweis auf die Zusammenstellung. 2011 starb Milenkov.

In der Zwischenkriegszeit hatte es durchaus tiefenpsychologische Bestrebungen im Land gegeben. 1921 war eine Psychologische Gesellschaft gegründet worden. Manche Mitglieder studierten in Deutschland. Man hielt Referate und Vorlesungen vor Studenten, Lehrern und Schülern, die gut besucht waren, gab Interviews für Zeitungen.[118] Die einzige damalige Freudübersetzung war »Vorlesungen zur Einführung in der Psychoanalyse«. Der Krieg, aber vor allem die kommunistischen Säuberungen der Jahre 1944 und 1945, die Entlassungen, die Vernichtung von Büchern, Lehrstühlen, Ausbildungsgängen etc. führten dazu, dass es später kaum mehr möglich war, die Geschichte der Psychoanalyse in ihren Anfängen in Bulgarien nachzuzeichnen. Die meisten Vorkriegspublikationen sind in den Jahren 1944 bis 1949 vernichtet worden.[119] Die Darstellungen zur Psychoanalyse in Bulgarien sprechen daher einfach von 50 Jahren, in denen es keine Tiefenpsychologie im Land gegeben habe. »A major fact about psychoanalysis in Bulgaria is,«, hält der Diplompsychologe Nikola Atanassov, Professor am Institut für Psychologie in Sofia, als zentrale Feststellung in einem Handbuchartikel über die Psychoanalyse in Bulgarien fest, »that World War Two with communism thereafter manage to eliminate effectively all psychoanalytic activities in the country.«[120] Und weiter: Bulgarien sei ein Land, das erst 1887 aus der jahrhundertelangen osmanischen Besatzung befreit worden war, es sei ohne Ambition, das Innere zu erforschen, ein Land des Balkans, in dem jede Entwicklung von ohnehin nur rudimentären Ansätzen der Beschäftigung mit der Psyche durch den Kommunismus unterging. Und so springen die Autoren des Artikels nach der Darstellung der 30er Jahre direkt ins Jahr 1995, als hätte es die 60 Jahre dazwischen in Bezug auf die Tiefenpsychologie im Land nicht gegeben.[121]

Rinnsale – Dabei gab es einige erstaunliche und bezeichnende klinische Aktivitäten, die sich wie Rinnsale durch die Jahrzehnte ziehen. So war Milenkov befreundet mit dem maßgeblichen Psychiater des Landes, Nikola Schipkowensky. Die beiden waren im engen Austausch.[122] Schipkowensky war ein Vierteljahrhundert älter als Milenkov. Er begann sein Medizinstudium in Sofia, teilweise bei Professoren, die nach der russischen Revolution geflohen waren, sogenannte »Weiße«. Und so schrieb er 1934 bei einem dieser Emigranten seine Dissertation zum »Problem des Schlafes – basierend auf den Ideen Pawlows«. 1936 ging er nach München ins faschistische Deutschland und arbeitete dort in der Psychiatrie. Ein Jahr lang wertete er Krankenakten in Hinblick auf den Zusammenhang von »Schizophrenie und Mord« aus – ein Thema, dem er lebenslang treu bleiben sollte. Zurück in Bulgarien, arbeitete er an einer Klinik. 1944 holten ihn die Kommunisten an das Universitätsklinikum, 1946 wurde er Oberarzt. Seine Pawlow-Kenntnisse spielten dabei sicher eine Rolle. Schipkowensky war kein Anhänger der Psychoanalyse, im Gegenteil, er war gegen sie. Aber dennoch haftete ihm, wohl auch wegen seines Studiums im Ausland, die Aura eines Vertreters tiefenpsychologischer Auffassungen an. 1953 wurde er in dem Wochenblatt »Srawen Front« angegriffen. Ihm wurde vorgeworfen, dass er die Lehre Pawlows und den dialektischen Materialismus unzureichend dargelegt und Ideen aus der »westlichen Wissenschaft« übernommen habe. Ein »Kesseltreiben«, so Schipkowensky, das ihn Jahre seines Lebens gekostet habe. 1954 veröffentlichte er ein Lehrbuch über »Grundlagen der Psychopathologie«, die erste Monografie zur Psychiatrie in bulgarischer Sprache. 1956 dann das Lehrbuch »Klinische Psychiatrie Teil I«. Nach diesen Veröffentlichungen blies man zum Sturm gegen ihn. »Aus der Provinz trommelte man Neurologen und Psychiater nach Sofia zusammen.« Anderthalb Tage dauerte die Konferenz mit »vernichtenden Kritiken« zu seinen Positionen. »Hätte ich auch nur die Hälfte geglaubt«, schreibt Schipkowensky, »was man mir damals wie bei einem Femegericht an den Kopf warf, bliebe mir nur ein Ausweg übrig, nämlich meinem Leben ein Ende zu setzen. Um drei Uhr nachts wurde eine ›Resolution‹ durchgepeitscht, worin nach erneuter Aufzählung der ›ideologischen Irrtümer‹ gegen mich ›administrative Maßnahmen‹ gefordert wurden.« Seine 1954 erhaltene Professur sollte ihm entzogen werden, er sollte keine Vorlesungen mehr halten können, sein Lehrbuch sollte nicht mehr erscheinen und er abgeschoben werden in eine Provinzklinik.[123]

Es blieb bei den Angriffen. Zwar gab es immer wieder Versuche, ihn als »bürgerlichen« Wissenschaftler zu diskreditieren, aber er durfte seine Professur behalten, konnte irgendwann wieder unterrichten, sein Buch erschien. Schipkowensky konnte sogar bis zu seiner Pensionierung 1974 eine Art Wortführer der bulgarischen Psychiatrie werden. Das war mehr als ungewöhnlich. Kollegen erklärten das damit, dass er einen Weg gefunden habe, »auf beiden Seiten zu spielen«.[124] Milenkovs Sohn berichtete gar von einer Aussprache zwischen dem brutalen bulgarischen Diktator Todor Schiwkow und Schipkowensky über die Situation der Psychiatrie im Land.[125] Offenbar wollte man – auch angesichts der vielen Ärzte, die sich ins Ausland absetzten – nicht auf seine klinische Expertise verzichten. Dabei spielten seine Vorlesungen für Juristen über den Zusammenhang von psychischen Erkrankungen und Mord, Selbstmord und Verbrechen – alles heikle Themen in den kommunistischen Ländern, zu denen keine Zahlen veröffentlicht wurden und keine Forschung erlaubt war – sicherlich eine Rolle.[126] Natürlich berief sich Schipkowensky die ganze Zeit über auf Pawlow und verurteilte die Psychoanalyse als krankmachend. Aber das reichte nicht aus, dass sein Spätwerk »Iatrogenie und befreiende Psychotherapie« in Bulgarien erscheinen durfte. Es war eine psychosomatische Arbeit, und die Psychosomatik widersprach den ideologischen Grundlagen des sowjetischen Modells. Theorien über die Beziehung zwischen Psyche und Körper galten als amerikanisch. Ärzte, die auf Konferenzen in Bulgarien in den 60er Jahren von »Psychosomatik« sprachen, wurden von den anwesenden Parteimitgliedern verhöhnt. Das Buch erschien in Bulgarien erst 2007.

Ein anderes tiefenpsychologisches Rinnsal ging in den 60er Jahren von dem jungen Psychiater Christo Dimitrov aus. Er war überzeugter Kommunist und Pawlow-Anhänger. Nach einer Gehirnoperation erblindete er und konnte seine Ausbildung nicht fortsetzen. Von Seiten der Partei wählte man ihn als Leiter eines Projektes aus, das alle Kritikpunkte an der Psychoanalyse im Sinne des Marxismus zusammenstellen sollte. Dafür durfte er eine kleine Gruppe junger Psychiater um sich versammeln, die ihm beim Literaturstudium helfen sollten. Freuds Werke wurden herangeschafft, übersetzt und dem blinden, mit einem außergewöhnlichen Gedächtnis versehenen Dimitrov vorgelesen. Er wurde auf diese Weise zu einem Kenner der psychoanalytischen Theorie, was aber auch für die ihm zuarbeitenden jungen Psychiater zutraf. Noch bevor Dimitrov seine Kritik zusammenstellen und veröffentlichen konnte, starb er 1974 völlig unerwartet. Dimitrov wurde damit zum unfreiwilligen Bindeglied zwischen der Vorkriegszeit und einer neuen Generation von Psychiatern in Bulgarien.[127]

Einer dieser jungen Psychiater war Georgi Kamenov. Ihn interessierte vor allem die psychoanalytische Gruppentherapie. Deshalb nahm er Kontakt in die Schweiz auf. 1973 war er Assistenzprofessor an der Psychiatrischen Universitätsklinik in Sofia. In der Aleksandrovska-Ambulanz der Medizinischen Akademie in Sofia fing er an, einen kleinen Kreis angehender Psychiater, Psychologen und sonstige Interessierte in einem heruntergekommenen Teil der Klinik abends nach Dienstende anzuleiten. Es ging um eine Standardpraxis mit Medikamenten und kurzen unterstützenden Sitzungen psychodynamischer Gruppentherapie. Die junge Truppe liebte und verehrte den charismatischen Kamenov. Einer war der junge Anwalt Philip Dimitrov, der nach 1989 Premierminister Bulgariens wurde.[128] Das »idealistische« Projekt in einer ansonsten biologistisch ausgerichteten Psychiatrie wurde im Ministerium bekannt und als potenziell gefährlich eingestuft. Aber es gab keine Verfolgung mehr. Die Gruppe wurde als gesellschaftlich bedeutungslos eingeschätzt. Man ignorierte sie.[129] Auch die akademische, parteioffizielle Psychiatrie ignorierte Kamenov und seine neuartige Behandlung. Als der Geheimdienst versuchte, ihn unter Druck zu setzen und ihn aufforderte, Informationen über »wichtige« Patienten weiterzugeben, verließ er 1978 das Land.[130] Sein Traum war, sich in den USA in die neuesten Erkenntnisse in Sachen Psychoanalyse zu vertiefen. Aus diesem Grund ging er – damals ein üblicher Weg – als Arzt nach Nordafrika, um von dort nach Amerika zu emigrieren. Kurz nach seinem Weggang benutzte ein Filmemacher Kamenovs Bemühungen in der Klinik als Grundlage eines Spielfilms unter dem Titel »Adaptation«. In ihm wurden psychisches Leid, Klinik und Liebe vermischt. Das war ein Ansatz der Popularisierung des Themas

Psyche. Und tatsächlich wurde der Film in der bulgarischen Gesellschaft intensiv diskutiert.[131] Aber darauf folgte nichts. In den USA unterzog sich Kamenov fünf Jahre lang einer Psychoanalyse, eröffnete unter dem Namen »George Kamenov« eine Praxis in Manhattan und wurde Teil einer kleinen Gruppe von Therapeuten. 2006 starb er.[132]

Das Ganze hatte etwas Symptomatisches: Wo auch immer in den 70er und 80er Jahren einzelne Mutige auf tiefenpsychologisches Wissen setzten, Verbindungen aufbauten und Interessierte um sich scharten, kam es angesichts staatlicher Blockaden und Schikanen zu Auswanderung und Flucht der prägenden Protagonisten, die vielfach im Westen dann sehr erfolgreich in ihrem Metier arbeiteten. Das war ein stetiges Abwandern von Wissen, Erfahrung und Engagement. Psychoanalytische Ideen konnten so keine Wurzeln schlagen, Traditionen nicht aufgebaut werden. Darüber hinaus vermischten sich oft politische und antipsychologische Phänomene. Ein spätes prominentes bulgarisches Beispiel hierfür ist der Psychiater Lubomir Kanov. Kanov war nach Abschluss seiner Ausbildung als junger rebellischer Psychiater vom Geheimdienst überwacht worden. Man installierte Mikrofone in seiner Wohnung und erpresste seine Freunde, gegen ihn auszusagen. Dabei ging es nicht um die Tiefenpsychologie, sondern um seine oppositionelle Haltung. 1971 wurde er nach seiner Nachtschicht in der Klinik verhaftet. Die Anklage lautete: Verschwörung gegen den Sozialismus. Die Untersuchungsbehörden versuchten, ihm als Psychiater Fehler nachzuweisen. Vergeblich. Dennoch wurde er für eineinhalb Jahre ins Gefängnis in Stara Zagora geworfen. Nach seiner Entlassung konnte er weiter als Psychiater arbeiten, stellte aber Ausreiseanträge, die 1984 auch bewilligt wurden. Auch er ging in die USA, machte eine psychoanalytische Ausbildung und arbeitete anschließend als Psychoanalytiker 30 Jahre in New York in eigener Praxis. Nach 1989 wurde er in Bulgarien wieder politisch aktiv.[133] Auf die Frage nach der Psychologie im Land, antwortet er heute: »In Bulgarien gab es praktisch keine systemische Schulpsychologie, keine Bücher oder Lehren in diesem Bereich, mit gelegentlichen Eigenversuchen von sporadischen Amateuren oder Ärzten wie Dr. Kamenov. Bücher wurden von den Behörden missbilligt und Freud galt als ›bürgerlicher‹ und ›dekadenter‹ Lehrer pseudowissenschaftlicher Theorien, ebenso wie die Genetik usw. Nur wenige Menschen hatten Zugang zur Literatur und noch weniger beherrschten westliche Sprachen gut. Russisch war die vorherrschende Sprache, und wenn die Sowjets etwas Interessantes übersetzten und es in speziellen Buchhandlungen auf Russisch erhältlich war, hatten wir einige oberflächliche Teile des Bildes. Offensichtlich waren wir zwangsläufig Autodidakten und unsere Ausbildung war ebenso verkümmert wie das Leben der gesamten Gesellschaft unter der Herrschaft der Kommunistischen Partei.«[134] Am Ende, so Kanov, liegt der Psychologie in den östlichen Ländern auch so etwas wie »ein jahrhundertealtes System von Überzeugungen und Einstellungen zugrunde, das keinem schnellen Wandel unterworfen ist«. So sei es in Bulgarien nicht akzeptiert, mit Fremden über Gefühle zu sprechen. Es werde als seltsam angesehen. Gespräche über persönliche Angelegenheiten seien engen Freunden oder Verwandten vorbehalten. Das wurde im Kommunismus verstärkt, so Kanov, durch das allgegenwärtige Misstrauen und die Angst davor, bei den Behörden angezeigt zu werden. Was die Leute beschäftigte, war das sehr karge, harte Leben und eine fehlende Versorgung der Grundbedürfnisse. Die Selbstbeobachtung, Selbsterkundung, die Suche nach tiefsitzenden emotionalen Traumata und Konflikten in einem professionellen Umfeld waren unmöglich, aber sie wären auch in der Bevölkerung als dekadenter Luxus angesehen worden. Dazu kam, »dass die gesamte Nation zutiefst verletzt und traumatisiert war und sich mindestens ein halbes Jahrhundert lang in einem Zustand emotionaler Isolation befand.«[135]

Ähnliches formuliert Stefan Milenkov, der Sohn des Broschüreverfassers Kiril Milenkov, geboren 1967, selber Psychiater mit Facharztausbildung in Deutschland: »Psychoanalyse wie im Westen gab es vor 1989 nicht in Bulgarien. Davon kann keine Rede sein.«[136]

Rumänien – Verbot ohne Verbot

Morges 2020 – Ein seltsamer Kontrast: Der Genfer See in der Sommersonne, auf den Wellen Lichtreflexe. Lausanne ist zu erahnen, Genf nicht in Sicht, dafür am anderen Ufer das französische Evian, Ort der großen Flüchtlingskonferenz von 1938. Auf der Terrasse des kleinen Hotels sitzt Ion Vianu, 86-jährig, weißes Haar, von 1971 bis 1977 »wilder Analytiker«. Der einzige psychoanalytische Psychiater in Rumänien; er praktizierte in Bukarest. Nach seiner Flucht in den Westen arbeitete er 30 Jahre lang in seiner psychoanalytischen Praxis am Genfer See. Aus seiner Aktentasche holt er die kopierten Seiten eines älteren Textes von ihm: »România fără Freud«, Rumänien ohne Freud. Aber nicht darüber wird geredet, sondern über Wladimir Bukowski, 1963 mit 21 Jahren als politischer Dissident in eine psychiatrische Anstalt in Leningrad eingewiesen, ein in den 60er Jahren unter Juri Andropow, KGB-Chef und Generalsekretär der KPdSU, übliches Vorgehen. Bukowski wurde zum Wortführer einer Bewegung gegen den Einsatz der Psychiatrie gegenüber Oppositionelle. Seine 150-seitige, in die USA geschmuggelte Dokumentation zum Psychiatriemissbrauch in der Sowjetunion schlug hohe Wellen. Unter der weltweiten Kritik traten die sowjetischen Psychiater aus dem Weltverband für Psychiatrie aus, ebenso die Verbände der ČSSR und Bulgariens.[137] Das Gespräch über politisch Inhaftierte in geschlossenen Anstalten, traktiert mit schwersten Psychopharmaka, scheint surreal angesichts der Idylle des Sees und der schneebedeckten Berge.[138] Bukowski war nach einer zweiten Psychiatrisierung, nach vier Jahren Gefängnis und Lager, 1976 gegen einen chilenischen Kommunisten in Zürich ausgetauscht worden. Später ging er nach Cambridge, aber seine Verbindung zur Limmatstadt blieb.[139]

Vianu erzählt, wie er und Psychiaterkollegen 1971 in Bukarest über Bukowskis Erklärung zum Missbrauch der Psychiatrie, verbreitet über Radio Free Europe, diskutierten. »Bukowski sei zweifellos verrückt«, meinte ein befreundeter Kollege. »Nur ein Verrückter kann sich einer derart gewaltigen unüberwindlichen Macht entgegenstellen.« Vianu aber erinnerten die Erklärungen an eine Rede des Langzeitdiktators Nicolae Ceaușescu vom 1. Oktober 1968 auf dem Universitätsplatz in Cluj. »Ob da noch jemand zu denken vermag,«, so Ceaușescu, »es könnte möglich sein, in Rumänien soziale Kräfte anzutreffen, die in der Lage sind, unsere Sozialistische Gesellschaftsordnung zu gefährden? … Gewiss, Verrückte kann man noch vorfinden. … Aber für Verrückte verfügt unsere sozialistische Gesellschaft über die nötigen Mittel, inklusive der Zwangsjacken. … Selbst diese

Ion Vianu, Bukarest, 1960er Jahre.

Verrückten können wir mit moderneren Mitteln behandeln, so dass wir nicht auf die Zwangsjacke zurückgreifen müssen ...«[140]

Was Vianu damals nicht realisierte, ihm aber mit dem Bericht Bukowskis klar wurde: Gesund war, wer gern in der sozialistischen Gesellschaft lebte. Ansonsten war man abnormal, krank, behandlungsbedürftig. Ihm fielen Beobachtungen aus seinem Alltag dazu ein, dass auch in Rumänien die Psychiatrie missbraucht wurde. So erinnerte er sich, wie ein Major der Securitate ihn bat, einen Studenten für verrückt zu erklären, der im Streit das Ceauşescu-Regime mit den Nazis verglichen hatte. »Wenn er nicht krank ist«, so der Geheimdienstmann, »dann muss ich ihn verhaften.« Und wenn er ihn für krank erklärte, dies ahnte Vianu damals, musste er ihn entsprechend behandeln, ihm also Medikamente verabreichen, die ihn erheblich schädigen würden. Vianu schlängelte sich in der Anamnese durch, konstatierte Auffälligkeiten, die aber keiner Psychiatrisierung bedurften. Der Student kam um Gefängnis und Klinik herum. Vianu aber schlussfolgerte: »Die Genossen von der Securitate hatten sich angewöhnt, mit unseren Händen die Kastanien aus dem Feuer zu holen.« Wiederholt begegnete er Fällen von psychiatrisch diagnostizierten und eingewiesenen Leuten, die sich in der Anamnese als völlig normal erwiesen. Zuletzt wollte man ihn in eine Kommission beordern, die einen 70-jährigen Juristen in eine Klinik einweisen sollte. Der Mann hatte in einem von der Securitate abgefangenen Brief an den Generalsekretär der Vereinten Nationen Menschenrechtsverletzungen in Rumänien aufgelistet. Etwas später bekam Vianu ein Gespräch im Gesundheitsministerium mit, wo man darüber sprach, »Spezialkrankenhäuser« mit Stacheldraht und Wachhunden zu versehen. Zum Schluss war für ihn klar, »dass es tiefe Beziehungen zwischen den höchsten psychiatrischen Funktionsträgern und den Organen der politischen Polizei gab«.

Damit bestätigte sich für ihn ein Verdacht, den er schon einmal als junger Facharzt gehegt hatte. Damals hatte ihn ein hoher Parteibeamter im Gesundheitsministerium mit einem Bericht über die Zustände in einer Psychiatrie nahe der Grenze zu Bulgarien beauftragt. »Einiges sei hier nicht in Ordnung«, hieß es, und er sollte nachschauen. Vianu wunderte sich über die Auftragserteilung, denn er war jung und nicht in der Partei, aber offensichtlich verwechselte man ihn mit einem loyalen Genossen.

Das Klinikgebäude war einst eine Kaserne gewesen. Das Ensemble aus Pavillons machte auf den jungen Arzt einen guten Eindruck, bis man ihn in den von einem hohen Drahtzaun umgebenen »Pavillon Null« für die gefährlichen psychisch Kranken führte. Was er hier sah, so Vianu, sei »einer der Abgründe von Dantes Hölle gewesen. Der Schmutz war unbeschreiblich. Die Betonfußböden sahen aus, als wären sie noch nie sauber gewischt worden. In den Sälen bewegten sich verfallene menschliche Wesen, schmächtige Gestalten mit wirrem Blick. In den Sälen und Gängen wurde enorm viel geraucht. In den Betten gab es keine Bettwäsche, geschlafen wurde direkt auf den strohgefüllten Säcken. Der Zufall wollte es, dass gerade der Tag und die Uhrzeit fürs Baden war. An den Duschen stand man Schlange. Patienten beiderlei Geschlechts standen nackt vor den Türen durcheinander. Einige von ihnen masturbierten oder mimten vor etlichen armen und schwachsinnigen Frauen eine Penetration, die von jenen als Absichtsgebärde eher schmeichelhaft aufgefasst wurde. Aus den Duschräumen war die befehlende Stimme eines Krankenwärters zu vernehmen, der die Vorgänge dort dirigierte. Ich war versteinert. Vertraut mit der Bukarester Klinik, die alles andere als luxuriös war, aber auch nicht im Entferntesten mit dem zu vergleichen war, was ich hier sah, hatte ich das Gefühl, einen Albtraum zu erleben. ... Am Ausgang gab es noch eine kleine Demonstration. ›Nieder mit Ceauşescu‹, schrien sie, ›Weg mit dem Kommunismus, wir wollen Freiheit!‹. ›Paranoiker‹, flüsterte mir Popescu [der Klinikleiter, ap] zu, ›wir haben hier auch solche!‹. ...Während der Rückreise dachte ich über das Gesehene nach. Hier konnte es sich nur um die absichtsvolle Vernichtung dieser Menschen handeln. Und was die Politischen betraf ... dort waren sie. Waren sie tatsächlich *auch* krank?«[141]

Seit Bukowskis Dokumentation sah er als Leiter der Forschungsabteilung an der psychiatrischen Klinik der Universität Bukarest, wie die Instrumentalisierung der Psychiatrie durch die Securitate immer stärker zunahm. Es war klar, dass er immer mehr in die Situation kommen würde, Handlanger dieses Missbrauchs zu werden. Was sollte er tun? Er publizierte in einer Zeitschrift den Aufsatz »Psychiatrie, Antipsychiatrie, Hyperpsychiatrie«, in dem er sehr vorsichtig, aber mit Hinweis auf die sowjetische Psychiatrie, nach dem Missbrauch in Rumänien fragte. Die Zensur hatte Vieles im Text gestrichen, aber den Artikel zugelassen. Er löste eine Diskussion aus. Vianu aber wollte das Land verlassen. Er stellte einen Ausreiseantrag. Um die Behörden unter Druck zu setzen, unterzeichnete er 1977 eine Solidaritätserklärung rumänischer Intellektueller im Zusammenhang mit der tschechischen Menschenrechtscharta 77 und veröffentlichte detaillierte Fakten zum Missbrauch der Psychiatrie im Land. Ängstlich wartete er auf seine Verhaftung. Die Securitate holte und verhörte ihn. Danach wurde er aus der Universitätsklinik entlassen, seine Vorlesungen wurden eingestellt. Am Ende ließ man ihn ausreisen.[142]

Vianu ließ sich in der französischsprachigen Schweiz nieder. Er gab Interviews in Radio Free Europe über die politische Psychiatrie in Rumänien und schloss sich der »Association Against the Political Use of Psychiatry« an, einer Dachorganisation von Gruppen aus 20 Ländern.[143] Er wurde Mitglied des Exekutivkomitees und von 1992 bis 1995 dessen Präsident. Die Vereinigung veröffentlichte Fälle von Psychiatriemissbrauch in der UdSSR, Rumänien und anderen Ländern für internationale Kampagnen zur Unterstützung von Dissidenten.[144] So lernte Vianu auch Wladimir Bukowski persönlich kennen. Nach 1990 versuchte Vianu weiterhin, die internationale Öffentlichkeit über den Missbrauch im Ostblock aufzuklären. Auch die rumänische Ärzteschaft rief er auf, sich mit dem Thema zu befassen. Aber das Thema blieb, trotz zahlreicher Zeugen, unaufgearbeitet.[145]

Ambivalenzen – Und die Geschichte der Tiefenpsychologie in Rumänien? Sie folgt der in Osteuropa üblichen Genese: ein reges Interesse in der Zwischenkriegszeit, ihre gewichtige Rolle in der starken surrealistischen Bewegung Rumäniens, eine fragile psychoanalytische Bewegung nach dem Krieg und ein komplettes Verbot im Zuge der Shdanow'schen Kampagne als reaktionäre Wissenschaft.[146] Zwanzig Jahre lang gab es gar keine Psychoanalyse im Land. Ab den 70er Jahren erfolgte dann eine erstaunliche Liberalisierung. Jemand wie Vianu durfte als psychoanalytischer Psychiater praktizieren, ja er hielt sogar ein Semester lang, zweimal monatlich eine Vorlesung über Psychoanalyse an der Universität und publizierte 1975 eine »Einführung in die Psychotherapie«, die die Psychoanalyse neben den Verhaltenstherapien als eine Methode der Psychotherapie präsentierte. Nachdem er 1977 ins Exil gegangen war, wurde das Buch nicht mehr aufgelegt, aber es blieb bis zur Revolution von 1989 das einzige im Umlauf befindliche rumänische Lehrbuch der Psychotherapie.[147]

Cătălina Tudose, Professorin für Psychiatrie in Rumänien, benennt die fortlaufenden Diktaturen in der rumänischen Geschichte, mit den Nationallegionären, den Faschisten, den Kommunisten mit – einzigartig im Ostblock – zwei Stalinisten an der Spitze, mit der persönlichen Diktatur von Nicolae Ceauşescu ab 1965 als eine Voraussetzung für die spätere Liberalisierung. Wo jede Tradition zerstört war, war nichts zu befürchten. Zudem war das Feld antisemitisch stigmatisiert. »Freuds Theorien«, hieß es von staatlich-parteilicher Seite, »sind ihrem Wesen nach semitisch und nur auf Patienten oder Juden anwendbar, deren psychologische Natur und physische Struktur durch eine krankhafte Sexualität gekennzeichnet sind«.[148]

Gesellschaftlich prägend war in Rumänien das repressive Umfeld: Zwischen 1948 und 1989 gab es mehr als eine Million politische Gefangenen mit Haftzeiten von über zwei Jahren im Land, eine halbe Million Menschen starben in Gefängnissen und Lagern.[149] Die Securitate war allmächtig. »Die rumänische Gesellschaft« so Vianu, »stand unter strenger Beobachtung. Jeder war verdächtig, Informant der Securitate zu sein. Somit regierte die Zensur im strengsten Wortsinn die öffentliche Rede und beinahe im gleichen Umfang auch die private. [Es gab, ap] die Furcht, der Analytiker könnte ein Informant der ›Organe‹ sein – schließlich sprach man davon, dass es Priester und Popen gab, die den Inhalt der Beichten an die Securitate weitergaben.«[150]

Ohne es offiziell zu machen, hörte das Regime ab den 70er Jahren auf, die Psychoanalyse zu verbieten, und stufte alles Tiefenpsychologische in eine Grauzone ein, in der jederzeit das Schreckgespenst des Verbotenen und zu Verfolgenden aktiviert werden konnte. Nichts wurde vom Gesundheitssystem gefördert, akademische Gremien betrachteten die Psychoanalyse weiterhin als feindlich, der Kreis der Interessierten war ausgesprochen klein. Und doch änderte sich die Stimmung nach und nach. Ceauşescu kam 1965 an die Macht und er präsentierte sich als Reformer. 1968 galt er als jemand, der den Einmarsch nach Prag nicht befürwortete. Es schien, als wollte er sich von Moskau absetzen. Für das Ausland wurde er ein Hoffnungskandidat. Im Land selbst konnten die Freud-Texte über Literatur und Kunst erscheinen.[151] Eine psychoanalytische Arbeit des wichtigsten frühen Analytikers im Land aus dem Jahr 1936 wurde wieder aufgelegt.[152] Konferenzen wurden ausgerichtet, im studentischen Milieu tiefenpsychologische Studien betrieben, über die Psychoanalyse wurde – mitunter auch widersprüchlich – informiert.[153] Psychotherapie wurde als mögliche Therapie zwar erlaubt, aber ohne echte Praktiker und ohne eine formelle Ausbildung und Anerkennung. Vianus »Einführung in die Psychotherapie« wurde zwar intensiv gelesen und sogar zitiert, aber es gab keine Rezensionen. Letztlich blieb es eine sehr kleine Gemeinde der tiefenpsychologisch Interessierten. »Psychoanalyse in einem geschlossenen und undurchsichtigen System zu praktizieren,« so die rumänische Analytikerin Irene Talaban, »wie es das kommunistische System war, ist im besten Fall eine originelle Entscheidung, im schlimmsten Fall ein Zeichen von Wahnsinn.« Und Vianu: »Wir praktizierten eine ›wilde‹ Psychoanalyse, also im Geheimen, für zwei Dollar die Sitzung, drei Sitzungen die Woche, und verhielten uns isoliert und allein, als würden wir eine selbstgemachte Bombe bauen«.[154]

Wie zwiespältig diese Liberalisierung war, zeigte sich im Jahr 1982. Der BBC-Mitarbeiter Nicolae Stoian war auf Einladung des Bildungsministeriums nach Rumänien gekommen. Er präsentierte auf Veranstaltungen und in Kursen ein neuropsychologisches Rehabilitationsprogramm, eine Entspannungstechnik für stressbedingte Situationen, eine Art transzendentale Meditation. Sie fand rasch viele Anhänger. Transzendentale Meditation war auch in anderen Ostblockstaaten, etwa in der DDR, üblich. Stoian aber war ein inoffizieller Mitarbeiter des Geheimdienstes. Vermutlich ging es darum, das Phänomen hochzustilisieren, um Leute zu observieren und zu drangsalieren, die noch nicht wirklich als Andersdenkende aufgefallen waren. Eine Art Vorfeldbearbeitung zum Vorweisen von Erfolgen. In paranoid anmutendem Aufwand überwachte die Securitate jedes Treffen der Bewegung, zeichnete alles akribisch auf und fertigte Analysen an. Oppositionelles war aber nicht auszumachen. Dennoch wurde gegen alle, die an den Präsentationen und öffentlichen Treffen teilnahmen, ermittelt, sie wurden aus der Kommunistischen Partei ausgeschlossen, von ihren Arbeitsplätzen entlassen oder beruflich degradiert. Unter den Bestraften befanden sich Künstler, Journalisten, Schriftsteller, Priester, Schauspieler, Anwälte, Ökonomen, sowie 87 Ingenieure, 31 Architekten, 24 Ärzte, 45 Lehrer, 25 Psychologen, 45 Mathematiker, 11 Lyriker, 31 Techniker, 21 Studenten und 23 Gymnasiasten. Das Institut für Psychologie wurde abgeschafft. Yoga wurde nicht offiziell verboten, aber Personen, die es praktizierten, beobachtet. Dieser brutale, nicht vorauszusehende Eingriff der Partei löste in der gesamten Intelligenz, insbesondere aber bei denjenigen, die die Psychoanalyse praktizierten, Angst und Verwirrung aus. Man verbot nicht nur jede Übersetzung von Freud-Texten, sondern auch den Zugang zu bereits veröffentlichten Texten.[155]

Der Psychiater Ion Vianu, in Rumänien heute ein mit autobiographischen, hoch selbstreflexiven Büchern sehr bekannter Schriftsteller, verweist auf seinen frühen Text, »Rumänien ohne Freud«: Die Introspektion habe im Land nie eine große Rolle gespielt, was man an der rumänischen Literatur sehen könne. Trotz Liberalisierung nach dem Stalinismus und dem Eifer einiger Pioniere habe die »Psychoanalyse in Rumänien immer nur einen sehr geringen Einfluss ausgeübt«.[156]

Polen, Baltikum, Ukraine, Belarus – doppelte Auslöschung

Krakau, 1913 – In der Universitätsklinik im Einflussbereich der Schwarzen Madonna von Tschenstochau, dem polnisch-katholischen Nationalheiligtum, hatte sich in der psychiatrischen Abteilung eine Frau gemeldet. Der 29-jährige Assistenzarzt Hermann Nunberg kümmerte sich um sie. Nunberg hatte bei seinem Zürcher Studienaufenthalt Vorlesungen bei Eugen Bleuler und C. G. Jung gehört, schloss sich dort der Psychoanalytischen Gruppe an und arbeitete in Krankenhäusern in Bern und Schaffhausen. Wie er es dort gelernt hatte, analysierte er die Gedanken und Träume der Hilfesuchenden. Nach den Sitzungen erzählte die Frau ihrer Schwester, was in den Therapiestunden verhandelt worden war. Was Nunberg nicht wusste: Die Schwester war Köchin des Krakauer Fürstbischofs Adam Stefan Sapieha, Vorsteher des ältesten und wichtigsten Bistums Polens. Auf diesem Weg erfuhr der oberste Vertreter Gottes der Stadt hoch oben auf dem Wawel, was in der Therapie des Krankenhauses vor sich ging. Ein bischöflicher Bote wurde in der Klinik vorstellig und drängte auf Entlassung des »verdächtigen« Arztes. Der Klinikleiter versammelte seine Ärzte und fragte nach dem durchführenden Kollegen und entschied, um den kirchlichen Druck zu unterlaufen, er selber werde die Therapie fortsetzen. »Es ist schwer vorstellbar«, so Nunberg in seinen Memoiren, »welch eine enorme Macht die katholische Kirche zu dieser Zeit in Polen hatte!«[157]

Krakau gehörte noch zu Österreich-Ungarn, Bischof Sapieha war zuvor ein Jahrzehnt lang Leiter des Priesterseminars in der Diözese Lemberg gewesen. Noch war die Nation nach Jahrhunderten der Teilungen nicht wieder erstanden, aber in der Abwesenheit des polnischen Staates hatten sich die Polen um ihre Kirche versammelt. Und deren Vertreter waren seit eh und je zuständig für die Seele. Rat, Tröstung, das intime Gespräch gehörten in die geistliche Zwiesprache. Da war die neue psychoanalytische »Redekur« Häresie, das Gespräch über Sexualität Blasphemie. Diese Dinge gehörten in den Beichtstuhl und nicht auf die Therapeutencouch. Noch in den 30er Jahren versuchten fast alle Artikel und Arbeiten in polnisch-katholischen Kreisen die moralische Nichtigkeit und Primitivität der psychoanalytischen Ideen und Konzepte nachzuweisen. Es waren Philippiken zur Abschreckung potentieller Interessierter an der Psychoanalyse.[158] Damit lag auf der Hand, dass es die Tiefenpsychologie in der katholisch-konservativen, aber auch der jüdisch-orthodoxen polnischen Gesellschaft schwer hatte. Etwas völlig anderes war das in der hochgebildeten, jüdisch-christlichen Intelligenz des Landes. Auf Übersetzungen aus dem Deutschen, der damaligen lingua franca der neuen Psychiatrie, war man hier nicht angewiesen. Die frühen medizinischen Vertreter der Analyse kamen aus dem österreichisch-ungarischen Galizien oder russischen Teilen des noch nicht wiedererstandenen Polen, stammten ausnahmslos aus jüdischen Familien, hatten sozialdemokratisch bis kommunistische Überzeugungen, studierten in Zürich Medizin und machten ihre Analysen bei Freud in Wien. Es war eine junge Generation gebildeter Juden mit emanzipatorischen Ideen, die gemäß dem Biographen der polnischen Psychoanalyse auf der utopischen Suche nach dem »Gelobten Land« waren.[159] Viele von ihnen emigrierten in die USA, wo sie schnell zur Spitzengruppe der amerikanischen Psychoanalytiker gehörten. Sie hielten Vorträge an renommierten Universitäten und Instituten und publizierten in wichtigen amerikanischen Zeitschriften.[160] Sie waren Künder in einem schwierigen Feld. So kommt es, dass es in Polen selbst keine psychoanalytische Bewegung von Bedeutung und noch nicht einmal eine psychoanalytische Gesellschaft gab, aber bekannte Analytiker und Analytikerinnen aus Polen stammten. So auch Nunberg. 1914 ging er nach Wien, wurde Schriftführer der Wiener Psychoanalytischen Vereinigung, Lehranalytiker und nach seiner Emigration in die USA 1950 Präsident der New Yorker Psychoanalytischen Gesellschaft.

Mit der Emigration dieser frühen Vertreter verschwand ein Großteil des tiefenpsychologischen Wissens aus dem Land. Es war eine erste Welle. Dennoch blieb unter Ärzten und Psychologen der Zwischenkriegszeit die Psychoanalyse von Bedeutung. Es gab zahlreiche Bücher und Artikel, die sie unter den Kulturleuten bekannt machte. Prominente Schriftsteller wurden zu ihren Befürwortern. Ab 1930 wurden an der Universität in Warschau regelmäßig öffentliche Vortragsreihen über Psychoanalyse veranstaltet. Und im Ringen um die Jugend setzten die polnisch-protestantischen Pädagogen – in Frontstellung zur Jugendarbeit der allmächtigen katholischen Kirche – gerade auf Freud, Adler und Jung.[161]

Das endete abrupt 1939 mit dem Überfall Hitlers und Stalins auf Polen. Die Ermordung der jüdischen Bevölkerung durch die Nazis, aber auch die Vernichtung der gesamten polnischen Intelligenz durch die Kommunisten führte zu einer totalen Zerstörung der psychoanalytischen Bewegung. Keiner der im Land verbliebenen Analytiker überlebte Ghetto und Konzentrationslager. Ihre Dokumente und Memoiren verbrannten in der Niederschlagung des Warschauer Ghetto-Aufstands. Keine einzige Krankengeschichte wurde überliefert. Der Krieg und der Terror verwischten alle Spuren psychologischer Gedanken im Land.[162] Diese Leerstelle verlängerte sich ins Nachkriegspolen. Stalin vernichtete die letzten unabhängigen intellektuellen Traditionen als vermeintlichen Keim eines Widerstands. Wissenschaft, Literatur und Kunst hatten sich vorbehaltslos den ideologischen Paradigmen des Sowjetkommunismus unterzuordnen. So gab es noch nicht einmal wie in Ungarn oder der ČSSR einen vereinzelten psychoanalytischen Untergrund. Aber nicht nur die Analytiker fehlten, sondern das ganze Milieu einer aufgeklärt-linken, meist jüdischen Intelligenz, die sich vor dem Krieg für tiefenpsychologische Ideen interessiert hatte, war ermordet und deportiert. Eine doppelte Auslöschung.

Die Geschichte der Psychoanalyse in Polen schien in den 50er Jahren an ihr definitives Ende gekommen zu sein. Erst die Entstalinisierung gegen Anfang der 60er Jahre gewährte einen gewissen gedanklichen Raum. Aber es gab keine Literatur, keine Tradition, keine Überlebenden, keine zurückkehrenden Emigranten, Westeuropa war unerreichbar. So versuchten die ersten polnischen Nachkriegsanalytiker auf eigene Faust Anknüpfungspunkte über private Kontakte zu erhalten. Sie fuhren zu ihren Kollegen nach Prag und Budapest und absolvierten dort Ausbildungsstunden. Darunter war Jan Malewski und Michael Lapinski. Malewski gründete 1963 das erste psychoanalytisch orientierte Psychotherapiezentrum in Polen, nicht in Warschau, sondern in einem Dorf 30 Kilometer von der Hauptstadt entfernt.[163] Aber auch hier war die Liberalisierung nur Stückwerk, und schnell stießen die ersten Vertreter eines neuen tiefenpsychologischen Denkens an Grenzen, bis sie sich entschlossen zu emigrieren. Malewski ging nach Heidelberg, Lapinski nach Australien. So entstand aus einer ersten Auferstehung erneut keine Entfaltung, sondern nur ein vielfaches Neuanfangen.

Als sich in den 70er Jahren die Ausreisepraxis liberalisierte, wuchs die Zahl derer, die im Ausland lernten. Aber zurück in Polen herrschte ab 1981 Kriegsrecht, und sie konnten das Gelernte nur im Untergrund lehren und praktizieren. Das änderte sich im Laufe der 80er Jahre, als die Solidarnosc-Bewegung, die größte friedliche Freiheitsbewegung in Osteuropa, wohl auch weltweit – zwei Drittel der Arbeiter waren Gewerkschaftsmitglieder – das kommunistisch-ideologische Herrschaftsmonopol immer mehr entmachtete. So kam es 1984 zur ersten offiziellen Anerkennung psychoanalytischer Ideen durch die polnische Regierung, als man im Ministerium eine Zusammenarbeit von polnischen Analytikern und dem Heidelberger Psychoanalytischen Seminar genehmigte.[164]

Riga, 1920 – Das Publikum im Jugendstilgebäude der Universität wartete gespannt. Die neue nationale Universität Lettlands war gerade aus der Taufe gehoben. Nach über einem Jahrhundert russischer Umklammerung hatte man lettische Dozenten und Professoren aus dem Ausland zurückgeholt, um die Ausbildung zu übernehmen. Aber für eine moderne Pädagogik ließ sich vorerst niemand finden. Nun stand da ein 42-Jähriger am Rednerpult, der Deutsch sprach, nicht das Deutsch der Baltendeutschen, sondern den Schweizer Singsang eines Berners. Der Titel seiner Antrittsvorlesung: »Was ist Psychoanalyse?« Den Begriff gab es bisher nicht in Lettland. Ernst Schneider war für psychologische Pädagogik an die neue Hochschule vom »Institut

Jean-Jacques Rousseau« in Genf, einer außeruniversitären Schule der Erziehungswissenschaften, Vorläufer der pädagogischen Fakultät der Universität Genf, geholt worden. Nicht als Dozent für Psychoanalyse. Aber Schneider ging es um alle neuen Strömungen der Zeit, und das war für ihn auch die psychoanalytische Pädagogik. Das Thema seines ersten Auftritts war eine Ansage. Und was er referierte, gefiel den lettischen Lehrerinnen und Erzieherinnen, die das Gros des Publikums ausmachten. Umfassend zitierte er Freud, aber nicht als abstrakte Theorie, sondern in Anwendung im Schul- und Erziehungsalltag. Die Zuhörerinnen waren sich einig: Der Mann war ein Praktiker, einer, der vor Schülern im Klassenzimmer gestanden hatte, ein Reformpädagoge durch und durch.

Kurz nach seiner Antrittsvorlesung wurde Schneider zum Professor gewählt, zuständig für »Pubertätspsychologie und Pädagogik«, »Experimentelle Psychologie« sowie die »Pädagogik schwer erziehbarer Kinder«. Seine Vorlesungen und Seminare befassten sich nun mit »Mutter und Kind«, »Angstpsychologie«, »Psychologie des alltäglichen Lebens«, bald auch »Charakterkunde«, »Psychopathologie von Kindern«, »Persönlichkeitspsychologie«, »Völkerpsychologie«.[165]

Der lettische Unabhängigkeitskrieg gegen die Sowjetmacht war gerade zu Ende, die Republik erstanden. Alle Zeichen standen auf Anschluss an Europa, nicht das radikal Umstürzlerische der jungen Sowjetunion lockte, sondern die demokratisch-zivilisatorische Moderne Zentraleuropas. Man gab sich eine fortschrittliche Verfassung und erlaubte den Frauen das Hochschulstudium. Bald stellten sie ein Drittel der Studierenden.

Schule, Erziehung und Bildung hatten seit je her im

Baltikum einen großen Stellenwert. Das Land erlebte eine wirtschaftliche und kulturelle Blüte. Allein im Jahre 1922 wurden 300 kommunale Bibliotheken eröffnet. Und der neue Dozent attestierte der jungen Nation, dass hier Dinge in Sachen Schule, Bildung und Psychologie möglich seien, die die Schweizer unterdrückten. Und Schneider wusste, wovon er sprach. Mit 27 Jahren war er 1905 im Kanton Bern als jüngster Direktor eines Lehrerseminars in der ganzen Schweiz eingesetzt worden. Und der junge Rektor war ein Pädagoge in der Nachfolge Pestalozzis, der die Schulreformideen der Zeit studierte und im Klassenzimmer ausprobierte. Auf der Suche nach den modernsten Einsichten war er nach Zürich zu Carl Gustav Jung gefahren, hatte sich von Oskar Pfister psychoanalytisch ausbilden lassen. In Wien lernte er Freud kennen. Dieses Wissen trug er nun unermüdlich in die Schule. Aber Schneider war nicht nur Anhänger der neuen psychoanalytischen Lehre, sondern auch des religiösen Sozialismus des Zürcher Pfarrers Leonhard Ragaz und dabei Vertreter der Freigeldtheorie von Silvio Gesell, der das Fundament der Wirtschaft radikal umgestalten wollte. Das alles hatte die konservativen Kräfte des großen Kantons gegen ihn aufgebracht. So einer sollte nicht verantwortlich sein für die Ausbildung der Lehrer. Nach heftigen Auseinandersetzungen war Schneider 1916 nach einem Jahrzehnt als Leiter des Lehrerseminars entlassen worden.[166]

In Riga nun war er gerne gesehen, die Zuhörer strömten in seine Vorlesungen. Und auch außerhalb der Universität gab es ein reges Interesse an den neuen Ideen. Schneider vertrat dabei nicht die reine Lehre, sondern eine in der Praxis erprobte Mischung aus psychoanalytisch-individualpsychologisch-pädagogischen und sonstigen Elementen. Das prägte auch die Rezeption der Tiefenpsychologie im Land.

Die Universitäten in Estland und Litauen hatten eine jahrhundertealte Tradition, in der russische Dozenten eine experimentelle Psychologie gelehrt hatten. In der neuen Gründung in Riga orientierte man sich mehr am deutschen geisteswissenschaftlichen Modell, konzentriert auf Selbstbeobachtung, Interpretation subjektiver Erfahrung und Systematisierung psychologischer Typen. Man suchte den Kontakt zu deutschen Psychologen und Schulen und ignorierte Pawlows Lehren, den Behaviorismus und statistische Methoden. Veröffentlicht wurde fast ausschließlich auf Deutsch. Man richtete Labore ein, forschte und beriet Lehrer und Institutionen zu Fragen der angewandten Psychologie und Pädagogik. Und man entwickelte große Testreihen. Bis 1940 wurden mehr als 64 000 Letten mit Hilfe verschiedener Tests untersucht.[167] Lettland hatte damals anderthalb Millionen Einwohner, in Riga lebten knapp 200 000 Menschen. Zwar war die offizielle Unterrichtssprache Lettisch, aber jeder dritte Lette sprach Deutsch, sodass es für Schneider genug Publikum gab. Wenn nötig, übersetzte seine Studentin Eleonora Upatniece seine Vorträge und Vorlesungen und wurde dabei nicht nur Schneiders lettische Synchronstimme, sondern auch eine enge Mitarbeiterin und Übersetzerin seiner Manuskripte und Artikel. Schneider publizierte in Zeitungen und der Zeitschrift des Lehrervereins. Überall im Land lud man ihn ein. Er hielt Vorlesungen vor Medizinstudenten, dem Hebräischen Lehrerinstitut, vor dem Händlerverein oder der »Gesellschaft der Lehrer für behinderte Kinder«. Ein Handbuch der psychodiagnostischen Beobachtungen und psychotechnischen Übungen, zu dem er die Einleitung geschrieben hatte, wurde in vielen Schulen landesweit verwendet.[168] Seine Ideen verankerten sich im Ausbildungskanon. Die psychoanalytische Pädagogik wurde ein fester

Bestandteil der Doktorprüfungen im Fach Erziehungswissenschaften. Schneider prägte die Pädagogik in dem kleinen Land.[169]

Aber nicht nur eine Reform der Pädagogik ging von ihm aus, er wurde auch zum Gründervater der Psychoanalyse in dem baltischen Staat. In seinem Haus in einem Villenvorort von Riga, wo er mit seiner Familie lebte, in der Visbijas prospektā 14, richtete er sich eine psychoanalytische Praxis und Beratungsstelle ein. Auch seine Mitarbeiterin Eleonora Upatniece machte hier ihre Analyse.

Aber schon seit 1923 baute sich ein Widerstand von Universitätskollegen gegen den engagierten Reformer auf. Eine Prüfungskommission erkannte seine Schweizer Dissertation nicht an, die Universitätsleitung verlangte eine neue Doktorarbeit und verpflichtete Schneider, seine Vorlesungen auf Lettisch zu halten. Hinter der Kritik verbarg sich ein Gemisch aus antideutschem Nationalismus angesichts einer jahrhundertelangen deutsch-adeligen Oberschicht, Kollegenneid, die konservative Abwehr gegen einen sozialistisch-freigeistigen Reformpädagogen, der zusammen mit dem lettischen Lehrerverein eine psychoanalytische Pädagogik auch als Gesellschaftsveränderung verstand, aber vor allem gegen Schneiders kompromisslose Befürwortung der Sexualaufklärung von Kindern. Gegen die hierzu von ihm, aber auch von Eleonora Upatniece, veröffentlichen Schriften lief der religiöse Teil des Kollegiums, vielfach aus der pietistischen Herrnhuter Brüdergemeine, Sturm. 1928 wurde Schneider auch in Riga entlassen, mit der offiziellen Begründung, er habe sich geweigert, seine Vorlesungen auf Lettisch zu halten. Verbittert ging er nach Deutschland.[170]

Aber Schneider hatte ein fruchtbares Feld hinterlassen. Im Verhältnis zur Einwohnerschaft erschienen in Lettland die zweitmeiste Anzahl an Büchern in ganz Europa. Darunter 200 Publikationen zu Pädagogik und Psychologie bis zum Überfall der Roten Armee 1939. Auf Lettisch konnte man Schriften von Otto Rank, Erich Fromm, Wilhelm Reich, Karen Horney, August Aichhorn und Michael Bálint lesen, aber auch den frühen Aron Salkind.[171] Die Pädagogin und Tochter eines Rabbiners, Berta Bers, die Ärztin Feiga Kramer und die früh verstorbene Nervenärztin Millija Vosviniek wurden zu den ersten professionell arbeitenden Psychoanalytikerinnen im Land, die viel für die Verbreitung der psychoanalytischen Ideen taten. Alle drei waren in Schneiders Lehrveranstaltungen auf Freud gestoßen und nach Berlin zur Ausbildung aufgebrochen. Dort fand sich mit dem baltendeutschen Nervenarzt Felix Boehm aus Riga ein direkter Ansprechpartner am Berliner Psychoanalytischen Institut. Daraus ergab sich ein enger Kontakt zwischen Berlin und Riga, bei dem Siegfried Bernfeld Vorlesungen über Psychoanalyse in Riga hielt, ebenso Otto Fenichel.

Im lettischen Interesse an einer pädagogischen Psychologie stieß man schnell auf Adlers Tiefenpsychologie. Seine Schriften wurde übersetzt, ebenso die von Individualpsychologen wie Erwin Wexberg, Otto Rühle oder Rudolf Dreikurs. Manès Sperber, die Wiener Individualpsychologen Ferdinand Birnbaum und Oskar Spiel hielten Vorträge. 1928 wurde die lettische Gesellschaft für Individualpsychologie gegründet. Die wohl einflussreichste Individualpsychologin war Milda Liepiņa, eine Übersetzerin der Werke des Pädagogen Eduard Spanger. Ihr Buch »Charaktertypen und Charakterbildung« von 1928 wurde viel gelesen. Der Lehrerverband richtete eine sehr aktive Abteilung für Individualpsychologie ein. Teilweise galten die Lehrmeinungen von Fritz Künkel, ein Berliner Psychiater, der in Deutschland die Ausbildungsordnungen für die individualpsychologischen Institute erstellt hatte, als das »letzte Wort« in der lettischen Tiefenpsychologie, so der Kulturwissenschaftler Igors Šuvajevs, Chronist der Tiefenpsychologie in Lettland.[172] Anfang der 30er Jahre war die lettische Psychologie Teil der europäischen Wissenschaftslandschaft, lettische Psychologen referierten an internationalen Psychologiekongressen und Konferenzen, der Kenntnisstand im Land war hoch.[173]

Einen ersten Einbruch erlebte diese Entwicklung mit dem autoritären Staatsstreich 1934. Nach dem Putsch galt die Psychoanalyse als dubios, alle politisch-jüdischen Organisationen wurden verboten und die jiddischsprachigen Schulen geschlossen. Das betraf vor allem die Arbeit von Berta Bers. Ab 1918 hatte sie die jüdische Grundschule und ihr Mann das jüdische Gymnasium in Riga geleitet. Damit gehörten sie zu den einflussreichsten Pädagogen in der Stadt. Beide waren im »Bund« aktiv, einer jüdisch-sozialistischen Vereinigung. Anfang der 20er Jahre trennte sich das Paar. Nach den Besuchen von Schneiders Vorlesungen war Bers in den Sommerferien nach Berlin gefahren und hatte die dortige psychoanalytische Arbeit kennengelernt. Als Vorsitzende des Komitees für alle jüdischen Schulen im Land, Mitglied im Elternverein des Landes und Leiterin einer psychologischen Beratungsstelle für Kinder, Eltern und Lehrer flossen nun auch über sie psychoanalytische Überlegungen in die pädagogischen Diskussionen im Land ein. In einem Freisemester absolvierte sie 1931 eine Ausbildung bei Otto Fenichel und Karen Horney in Berlin. Ab 1932 unterrichtete sie an einer Schule für behinderte Kinder in Riga. Daneben betrieb sie mit der Ärztin Feiga Kramer eine private klinisch-psychoanalytische Praxis und zusammen versuchten sie einen psychoanalytischen Kreis aufzubauen. Das machte nun der Putsch zunichte. Bers wurde vom Schuldienst suspendiert. Sie hielt Kontakt nach Prag, wohin einige der Berliner Analytiker geflohen waren. Noch vor dem Einmarsch der Roten Armee heiratet sie einen 20 Jahre jüngeren Filmproduzenten und emigrierte mit ihm 1939 nach New York, wo sie eine psychoanalytische Praxis eröffnete und Psychologie und Psychotherapie an verschiedenen Colleges unterrichtete.[174]

In der Folge des Geheimen Zusatzprotokolls des Hitler-Stalin-Pakts überfiel die Rote Armee im Juni 1940 die drei baltischen Staaten und erklärte sie zu Sowjetrepubliken. Der gesamte Wissenschaftsbetrieb wurde sowjetisiert, die baltendeutsche Bevölkerung in einer großen »Heim-ins-Reich«-Aktion abgezogen, Intellektuelle verhaftet und verschleppt. Alle psychologischen Forschungseinrichtungen wie das Institut für Psychotechnik und Berufswahl der Stadt Riga wurden aufgelöst. Zur Richtschnur wurde der Erlass zur Pädologie-Perversion, Tiefenpsychologie wurde zur bürgerlich-reaktionären Ideologie erklärt, psychologische Bücher wurden verboten. Ein Jahr dauerten Besatzung und sowjetischer Umbau. Dann, zehn Tage nach dem Beginn des deutschen Vernichtungskrieges gegen die Sowjetunion, marschierten Wehrmachtssoldaten in Riga ein. Sofort machten die Einsatzgruppen Jagd auf die jüdische Bevölkerung, man sperrte in der Stadt ein Ghetto ab und errichtete 1943 in einem nördlichen Stadtteil ein Konzentrationslager. Wer von den jüdischen Vertretern einer Tiefenpsychologie bisher nicht geflohen war, wurde verschleppt. Feiga Kramer, die dritte der bekannten lettischen Analytikerinnen, wurde vermutlich dabei von den Besatzern ermordet.

Die Nazis aktivierten wieder, wie im Mutterland, jene psychologischen Institute und Aktivitäten, die ihnen nützlich erschienen. Man machte empirische Persönlichkeitsstudien, die Abteilung für Schulpsychologie konnte weiterarbeiten, Institute wurden technisch ausgestattet, die Bibliotheken unter Zensurbedingungen ausgerüstet, Psychologiekurse an der Lettischen Landwirtschaftsakademie und am Lettischen Konservatorium abgehalten und in der Presse der Besatzungszeit wurde ausführlich veröffentlicht. Milda Liepiņa verteidigte die erste pädagogische Doktorarbeit zum Thema »Körperstruktur und psychologische Besonderheit«.

Nach drei Jahren, 1944, zerstörten die Nazis bei ihrem Rückzug Institute, Bibliotheken und Labore. Viele Letten flohen nach den Erfahrungen während der sowjetischen Besatzung 1940 ins Exil. 360 von 446 Lehrkräften der Universität Lettland verließen das Land, darunter fast alle Dozenten der Psychologie.[175] So auch Eleonora Upatniece, die ehemalige Mitarbeiterin von Schneider, die als Kinder- und Jugendpsychologin zur Direktorin der universitären Abteilung für behinderte Kinder ernannt worden war und hier die gesamte Sonderpädagogik im Land prägte. Sie und ihre Familie flohen nach Deutschland und von dort in die USA.[176]

Die Rote Armee fing sofort an, die verbliebene Intelligenz des Landes zu verhaften und zu deportieren: Journalisten, Rechtsanwälte, Intellektuelle, Verleger, Universitätsprofessoren – eine ganze Schicht wurde vernichtet, um jeden möglichen Widerstand zu brechen. Auch der wichtigste Popularisierer psychologischer Ideen in Lettland, der Psychologe, Pädagoge und Philosoph Julius Students, wurde in die Sowjetunion deportiert. Students war ein unermüdlicher Referent der Psychologie, Gründer von Gesellschaften und Autor zahlreicher Werke, vor allem der 700-seitigen sehr populären »Psychologie von Kindern, Teenagern und jungen Menschen«. Keiner der lettischen Psychologen durfte als »politisch unzuverlässig gegenüber der neuen Regierung« auf dem Gebiet der Psychologie weiterarbeiten. Alle bisherige Forschung in der Berufspsychologie und Psychodiagnostik wurde verboten, Labore liquidiert, das Fach Psychologie aus den Lehrplänen der Universität gestrichen; alle Veröffentlichungen lettischer Psychologen nahm man in eine Liste der verbotenen Literatur auf, die Werke der verstorbenen Autoren im Exil durften nicht mehr erwähnt werden. Freud und alle Tiefenpsychologie galten als faschistisch-imperialistische Ideologie, gelehrt wurde nur die marxistisch-sowjetische Psychologie der Moskauer Hochschule, letztlich nur noch Pawlows Lehre über die »Aktivität des höheren Nervensystems«. Pawlows Theorie wurde sogar als Pflichtfach flächendeckend an den Schulen mit speziellen Ausbildungsgängen für die Lehrer eingeführt.[177]

Mit der Eroberung des Baltikums durch die Rote Armee wurden alle drei Staaten endgültig zu Sowjetrepubliken. Ein Vierteljahrhundert europäischer Psychologietradition war innerhalb von Wochen beendet. Das war in Estland und Litauen ähnlich. Einige wenige Dozenten aus der Zeit vor dem Krieg und während der deutschen Besatzung konnten hier mit den entsprechenden Abschwörungen ein Stück Tradition aufrechterhalten, wobei sich nicht von einer psychologischen Kultur wie in Lettland sprechen lässt.[178]

Auch nach der Entstalinisierung gab es keinen Neuanfang. Zwar wurde 1958 eine universitäre Abteilung für Pädagogik und Psychologie wieder eröffnet, die Repression zurückgenommen und eine Psychologische Gesellschaft der UdSSR gegründet. Aber die Vorgaben einer antiidealistisch-marxistischen Psychologie blieben die aus Moskau. Keiner der in alle Welt vertriebenen Intellektuellen kehrte zurück, man war abgeschottet von jeder Entwicklung der psychologischen Wissenschaft in der Welt. So blieb das bis zum Ende der Sowjetunion. Bücher lettischer Psychologen gab es erst wieder 1988 in den Bibliotheken. Die erste Übersetzung von Freud, nachdem 1937 die letzte verlegt worden war, erschien erst nach 1990.[179] Aus dem Land, in welchem psychologische Ideen so stark verankert gewesen waren, war jede diesbezügliche Tradition verschwunden. Auch an Ernst Schneider, der einst den tiefenpsychologischen Stein im Land ins Rollen gebracht, erinnerte nichts mehr. Er war 1957 in Basel, nach drei Jahrzehnten als Analytiker in eigener Praxis, bei einem Autounfall gestorben.

Minsk und Lemberg – Der amerikanischen Historiker Timothy Snyder hat den Raum zwischen den beiden Diktatoren Hitler und Stalin als die »Bloodlands« beschrieben, Kernraum des Terrors des Zweiten Weltkrieges. In der zweifachen Eroberung, einer terroristischen Besatzungspolitik und dem Rückzug zweier mörderischer Systeme sind 14 Millionen Menschen umgekommen. Zu diesem Raum gehören neben dem Baltikum und Polen vor allem Belarus und die Ukraine. Überall wurde die gesamte Intelligenz vernichtet und alle jüdischen Analytiker und Psychologen zur Flucht genötigt, verschleppt oder ermordet.

Nach der Eroberung Kiews und Minsks im Bürgerkrieg Anfang der 20er Jahre wurden die beiden Länder Unionsrepubliken der neu gegründeten Sowjetunion. Von nun an galt in ihnen die Entwicklung der sonstigen Sowjetunion mit der stalinistischen Verdammung allen Psychologischen ab Mitte der 30er Jahre. Dazu kam in der Ukraine die aus dem Kreml vorsätzlich herbeigeführte große Hungersnot von 1932 und 1933, der Holodomor, in dem rund vier Millionen Menschen allein in der Ukraine verhungerten, manche Schätzung geht von noch viel höheren Zahlen aus. Mit dem Hitler-Stalin-Pakt wurden 1940 Landstriche an die sowjetische Ukraine angeschlossen, wo sich bis dahin psychoanalytische Ideen noch halten konnten: der westliche Teil der heutigen Ukraine, Teile Ostgaliziens, die Karpaten der Tschechoslowakei, die Nordbukowina innerhalb Rumäniens. Mit der Besatzung durch die Rote Armee ab 1940 gab es auch hier nur noch das sowjetische Verdikt einer materialistischen Psychologie der Nervensysteme. Dem Angriff der deutschen Wehrmacht folgte eine terroristische Besatzungszeit mit der Ermordung der gesamten jüdischen Bevölkerung. Mit der Rückeroberung durch die Rote Armee 1944/1945 wurden beide Länder wieder zu Sowjetrepubliken erklärt, in denen es – wie in den baltischen Sowjetrepubliken – keinerlei eigenständige Entwicklung und Tradition mehr gab. »Die Ukraine«, so der Lwiwer Psychologe und Psychoanalytiker Jurko Prohasko, »war innerhalb der Sowjetunion de facto kein eigenes Land. Man kann sie nicht einmal annähernd mit den anderen unfreien und abhängigen Ländern wie etwa die DDR oder die Tschechoslowakei vergleichen.« Hier, so Prohasko, gab es keine eigene nationale Entwicklung. Nur noch in der ukrainischen Diaspora gab es einzelne ukrainische Denker, die im Paradigma der Psychoanalyse wirken. ... Ebenso wie in der Sowjetunion hat man natürlich in Dissidentenkreisen psychoanalytische Texte in den 60er, 70er und 80er Jahren gelesen und diskutiert, aber öffentlich gelehrt wurde nichts, auch keine Publikationen waren möglich.« »Die erst vage, dann immer intensivere Rückkehr kam im Laufe der Perestrojka vom Zentrum aus, von Moskau ... und eroberte von dort aus auch die restlichen damaligen Republiken, auch die Ukraine. Das war der Beginn der Wiedergeburt.«[180]

Das gilt analog für die Entwicklung in Belarus.[181]

Aber selbst, wenn es in diesen Sowjetrepubliken eine überlebte Tradition und Kultur der Selbstbeobachtung und -reflektion gegeben hätte, lag das Trauma der »Bloodlands« über diesen Ländern. Wer sich hier gegen alle staatliche Willkür für die eigene Psyche interessierte, stieß in der Familiengeschichte unweigerlich auf Verhaftung, Verschleppung, Umsiedlung, Lager, Erschießungen, und dies nicht nur in den Kriegsjahren, sondern auch im Holodomor. In so gut wie jeder Familiengeschichte gab es unendliches Leid. Nach dem Krieg wollte man vergessen, nicht alte Wunden wieder aufreißen. Ein Nachdenken über die eigene Kindheit, die eigene Familie hätte fast immer tiefe menschliche Tragödien offengelegt.

In der russischen und sowjetischen Frühgeschichte der psychologischen und psychoanalytischen Idee waren viele wichtige Protagonisten Ukrainer: so wie Mosche Wulff aus Odessa oder Vera Schmidt aus Kiew. Neben der unfassbaren menschlichen Tragödie des 20. Jahrhunderts im Raum der »Bloodlands« steht dieser Bruch auch für den dramatischen intellektuellen Abbruch aller Traditionen und Geistesströmungen durch 70 Jahre stalinistisch-sowjetische sowie nationalsozialistische Diktatur.

Jugoslawien – Selbstbestimmung und Terror

Belgrad, 1945 – Das Kriegsende im ehemaligen Königreich Jugoslawien: ein Land zerfallen in Nationalstaaten, zerstört durch die deutsche Besatzungspolitik, zurückerobert durch die entschlossene Gegenwehr seiner Partisanengruppen. In vier Jahren Okkupation starben eine Million Menschen. Aber es war auch ein Land im Jubel. Man hatte sich selbst befreit – ohne die Hilfe der Roten Armee. Vermutlich war der Stalinist Josip Tito der einzige kommunistische Führer im ganzen Ostblock, außer vielleicht in der Tschechoslowakei, dessen Partisanenpartei eine Mehrheit der Bevölkerung in einer demokratischen Wahl 1945 unterstützte. Nichts deutete damals darauf hin, dass sich in diesem ländlichen Vielvölkerstaat in Zukunft die westlichste Ausprägung der Tiefenpsychologie des Ostblocks entwickeln würde.[182] Zwar hatten Teile Jugoslawiens am Anfang des Jahrhunderts noch unter dem Einfluss Wiens gestanden, aber bis zum Balkan war die Tiefenpsychologie kaum vorgedrungen. Mit Kriegsende gab es zwar viele psychische Erkrankungen aufgrund massiver Migration, Kriegszerstörungen und weit verbreiteter Armut, aber viele Ärzte lehnten die Tiefenpsychologie ab. Sie waren einer rein somatischen Tradition verpflichtet, es gab keine Ausbilder und eine konservativ-skeptische, vielfach ungebildete Landbevölkerung. Diese nahm ihre Traditionen in die Städte mit. Dazu kam der unter führenden Kommunisten übliche Abwehrreflex, das Übermaß der Moskauer Pawlow-Literatur und nur drei Analytiker im Land, die über eine abgeschlossene Ausbildung verfügten: Vojin Matic und Vladislav Klajn in Serbien und Stjepan Betlheim in Kroatien.[183]

Zwei von ihnen wurden zu Stammvätern der sehr gegensätzlichen Entwicklungen im Land. Die eine Linie führte vom Kinderpsychiater Vojin Matic zur Förderung selbstbewusster und unabhängiger Persönlichkeiten. Die andere Linie kam vom Militärpsychiater Vladislav Klajn und mündete in ein grausames Umerziehungsregime. Ausgangspunkt für diesen doppelten Weg war der Bruch Titos mit Stalin im Jahr 1948. In der Folge konzentrierte sich die jugoslawische Parteipolitik auf die Entwicklung einer antistalinistischen Ideologie. Alles, was aus Moskau kam, war nun des Teufels. Den »wahren Sozialismus« fand man in einer dezentralen, sich von unten aufbauenden Arbeiter-Selbstverwaltung mit »gegenseitiger Kooperation von gleichberechtigten, freien Menschen«. Man erklärte sich für blockfrei, und damit trat in Jugoslawien ein Klima der Pluralität des kulturellen und intellektuellen Lebens zu Tage, das in den anderen osteuropäischen Regimen undenkbar war.[184] Kein Feld profitierte dabei derart von der Entideologisierung wie der Bereich der Psychologie. Dazu kamen weitere Faktoren: Viele der zeitweise 400 000 Widerständler hatten im grausamen Partisanenkampf schwere Traumata erlitten. Diese Kriegsneurosen beschäftigten die Parteikommunisten, die oft als Partisanen gekämpft hatten. In der Öffentlichkeit aber waren die hartnäckigen Folgen tabu.[185] Einige der Parteioberen waren in Behandlung oder sie fühlten sich den erkrankten Mitkämpfern von einst verpflichtet. Dazu waren einige psychoanalytische Fürsprecher prominente Widerständler gewesen und hatten hohe Staatsämter inne, wie der Vizepräsident des Landes Koca Popovic.[186] Und noch ein Aspekt spielte mit hinein: Stalins Antisemitismus konnte Jugoslawien nicht mehr erreichen, sodass die Anerkennung der vielfach jüdischen Analysevertreter als ehemalige Verfolgte ungebrochen blieb.

Die biologistische, an Pawlow orientierte Auffassung wurde zur abgelehnten Stalin-Position. Das Land erhielt massive Unterstützung aus dem Westen und die jugoslawischen Wissenschaftler konnten ohne große Einschränkungen reisen. Sie fuhren zu Tagungen, tauschten sich mit westlichen Kollegen aus, machten in London und Paris monatelange, vom Staat bezahlte Ausbildungen, organisierten internationale Konferenzen und gaben die medizinische Fachzeitschrift »Psichoterapija« heraus. So gelangte die amerikanische und westeuropäische Tiefenpsychologie mit Verspätung, aber dann recht umstandslos, nach Jugoslawien. Es wurden zweijährige Fortbildungsseminare im Land organisiert, Ausbildungen und Forschungsfelder geschaffen und hunderte Praktiker ausgebildet. Die psychischen Gesundheitsberufe verwestlichten komplett. Die Psychoanalyse wurde zur meist erforschten Behandlungsoption. Das bestimmte das Verständnis von psychischer Gesundheit und beförderte auch die sozialpsychiatrische Bewegung des Landes.[187]

Jugoslawien wurde dennoch nicht zu einer durchtherapeutisierten Westgesellschaft. Das war mit der ländlichen Balkanbevölkerung nicht zu machen. Auch die Vorbehalte im kommunistischen Parteiapparat gegenüber allem Psychologischen hatten Bestand. Dennoch wurde das Feld nicht zu einem ideologischen Kampfplatz.[188] Kritik am Freudismus konnte als stalinistisch-dogmatisches Denken abgewehrt werden. Die Apparatschiks an der Spitze der Regierung überließen es den Experten im Gesundheitswesen, Lösungen und damit auch neue Ansätze zu finden. Auch wenn die Staatsführung sich vielfach gleichgültig verhielt, lancierte sie keine Kampagnen mehr und trieb auch keine Fachleute ins Ausland. Stattdessen gelang es ihr, die Experten an die Idee des jugoslawischen Weges hin zu einem selbstverwalteten Sozialismus zu binden. Die rezipierten in diesem Sinne die psychologischen Entwicklungen und Ansätze im Westen, insbesondere die Kritik an autoritären Familienverhältnissen. Für das jugoslawische Modell, so waren sie überzeugt, brauche es unabhängige, angstfreie Persönlichkeiten. Hierarchien und Gehorsam gehörten abgebaut. Dafür mussten die autoritär-patriarchalischen Familienverhältnisse verändert werden. Dieses humanistisch-politisierte Denken durchzog die ganze Betrachtungs- und Denkweise der Psychiater und Psychologen. Ana Antic, Professorin in Kopenhagen und maßgebliche Expertin für Psychoanalyse in Jugoslawien, hat dies in ihren Untersuchungen herausgearbeitet.[189] So galt in der jugoslawischen Kinderpsychotherapie als Arbeitsgrundlage, die jungen Patienten in ihren Gefühlen ernst zu nehmen, keinerlei Ideologisierung oder Führung in eine vorbestimmte Richtung vorzunehmen, die Persönlichkeit zu stärken, sie von Ängsten zu befreien und die Patienten auf der Suche nach sich selbst zu unterstützen. Dazu gehörte auch die grundsätzliche Reform der Schule, bei der das Verhältnis zwischen Schülern und Lehrern demokratisiert und die Schülerpersönlichkeit umfassend gefördert werden sollte.

Eine wesentliche Figur in dem jugoslawischen Psychofeld war der Kinderpsychiater Vojin Matic. Er hatte in den 30er Jahren in Wien die Psychoanalyse kennengelernt, war in einer kurzen Nachkriegsphase im sowjetisch-Pawlow'schen Sinne aktiv gewesen, konnte dann aber durch ein Stipendium in Paris die Ausbildung zum psychoanalytischen Kinderpsychiater absolvieren. Er wurde zum bedeutendsten Nachkriegs-Psychoanalytiker Jugoslawiens und bestimmte die Entwicklung der Kinderpsychiatrie im Land auf grundlegende Weise. Eine ganze Nachkriegsgeneration von jugoslawischen Psychoanalytikern und Kinderpsychiatern wurde von ihm ausgebildet. Matic vertrat eine revolutionär-aktivistische Psychoanalyse, er sprach von »undemokratischen« Familien, erklärte die Originalität des Individuums und persönliche Freiheit zum gesellschaftlichen und therapeutischen Ziel, stützte sich auf Herbert Marcuse und Erich Fromm und sprach vom »subversiven Unterfangen« der Analytiker. In einer wöchentlichen Ratgeberkolumne in einer auflagenstarken Belgrader Zeitschrift antwortete er über Jahre auf unzählige von Leserbriefen, vielfach von Kindern und Jugendlichen, zu familiären Beziehungen, ihre schädlichen Auswirkungen auf Kinder, zu psychischer Gesundheit, Gesellschaft und Revolution, Freiheit, Kreativität und individueller Selbstverwirklichung.[190] Unter jugoslawischen Psychiatern und Psychologen wie Matic galt die Überzeugung, dass nur mit einer emanzipatorischen Psychotherapie eine sozialistische Praxis möglich sei. Am Ende gehe es weniger um ökonomische Verhältnisse als um das Individuum.

In den 1960er und 1970er Jahren wurden junge Soziologen, Anthropologen und Philosophen der Universitäten Belgrad und Zagreb, also eine Gruppe dissidentischer Intellektuellen, von der »Neuen Linken« im Westen inspiriert. Ihre Debatten kreisten um individuelle Freiheiten, Entfremdung, Selbstverwirklichung und Emanzipation. Herbert Marcuse und Erich Fromm reisten häufig zu ihrer Sommerschule an. Westintellektuelle schrieben in der Zeitschrift der Gruppe. Über diesen Weg wurde die Psychoanalyse ein Hauptakzent der Neuen Linken in Jugoslawien. Was hier diskutiert und geschrieben wurde, klang im Westen nicht anders.[191]

Das Interesse an der Psyche führte aber auch zu einer perfiden Weiterentwicklung des sowjetischen Gulagsystems. Titos Bruch mit Stalin ließ viele jugoslawische Kommunisten verwirrt zurück. Jahrzehntelang hatten sie auf Moskau als Zentrum der Weltrevolution gestarrt. Titos selbstbewusster

Bruch mit dem Kreml war eine unvorstellbare Provokation gewesen. Man war auf die Reaktion aus Moskau gespannt und auf alles gefasst: vom Einmarsch der Roten Armee bis zu einer strategischen Opposition im Land, die den Sowjets nutzen würde. Tito gelang es, beides zu verhindern. Während im Osteuropa jener Jahre alle Parteigenossen ausgeschlossen wurden, die nur im leisesten Verdacht standen, nicht hundertprozentig stalintreu zu sein, wurde in Jugoslawien jeder, der nur im Entferntesten als Stalinanhänger verdächtigt wurde, aus der Partei ausgeschlossen oder in ein Lager verschleppt. Das größte dieser Lager war auf der Felseninsel Goli Otok in der Adria. Ein Alcatraz für zehntausende Stalinisten. Auch der sowjetischen Gulag diente offiziell zur Umerziehung, faktisch aber waren es Arbeitslager einer Sklavengesellschaft. Die jugoslawischen Umerziehungslager aber sollten zu einer »Roten Universität« werden. »Irregeführte« Genossen sollten nicht hingerichtet werden. Das führte makabererweise zu einer nie dagewesenen Brutalität, indem man psychotherapeutische und analytische Techniken und Konzepte anwendete.[192] Die Gefangenen mussten endlos ihre Lebensgeschichte erzählen, ihre Fehler eingestehen, sich selbst hinterfragen, die Ursachen ihres »Verrats« in ihren Biographien erkennen und herausfinden, wie sie zu solchen »Verbrechern« werden konnten. Sie sollten vor den Mithäftlingen ihrer Baracken in gewaltsamen Gruppensettings ihre Träume als kleine Kinder, Gefühle, ihre Wünsche und Zweifel gnadenlos offenlegen und über diesen Weg erkennen, was ihnen bisher nicht bewusst gewesen war. In einem fort zwang man sie, ihre Biografien – fast immer reine Fiktionen – aufzuschreiben. In den Gefangenenakten wurden Diagnosen festgehalten. Das alles geschah in einem hochgradig hierarchischen System, in dem die Inhaftierten sich gegenseitig ohne Unterlass traktierten. Man konnte aufsteigen zum Aktivisten, der sich nun andauernd beweisen musste, indem er andere physisch und psychisch attackierte. Die Gefangenen wurden durch diese Gehirnwäsche zu Polizeiermittlern, Umerziehern und Henkern zugleich. Nicht die Wärter, sondern die Mithäftlinge wurden zu Peinigern, Partisanenkollegen von gestern zu Todfeinden. Umerziehung wurde so eine Sache der Häftlinge, zu einer pervertierten Form der Selbstverwaltung. In diesem System herrschte ein gnadenloses Gewaltklima mit gegenseitigen Schlägen, Erniedrigungen, Denunziationen, sinnloser und zumeist schwerster körperlicher Arbeit. Am Ende standen die Desintegration und Deformation der Persönlichkeit, die pathologische Verachtung des eigenen Ichs. Durch Goli Otok gingen an die 30 000 Häftlinge, mindestens 4000 starben.[193] Die Akten zu diesem System sind vernichtet, aber Ana Antic und andere kommen in ihren Auswertungen der Erinnerungen von Häftlingen und Wärtern zu dem Schluss, dass hier ganz bewusst tiefenpsychologische Erkenntnisse zur pervertierten Anwendung kamen.[194]

Eine zentrale Figur bei der Einführung psychoanalytischer Methoden in den Lagern war Vladislav Klajn. Klajn gehörte zum kleinen Kreis der Vorkriegspsychiater, die sich schon mit der Psychoanalyse befasst hatten, und dann nach dem Krieg zu einem der mächtigsten Vertreter der Analyse im Land wurden. Klajn war während des Zweiten Weltkriegs ein kommunistischer Agitator in Kriegsgefangenenlagern in Albanien und Italien gewesen. Nach dem Krieg fing er an, im Dragisa-Misovic-Krankenhaus zu arbeiten und wurde gleichzeitig Mitarbeiter des jugoslawischen Geheimdienstes, wo er zum hochrangigen Offizier aufstieg. Das Belgrader Krankenhaus war eine Klinik des Geheimdienstes und gleichzeitig eine Bastion des psychoanalytischen Denkens. Als Leiter der neuropsychiatrischen Abteilung behandelte Klajn hochrangige Mitglieder von Partei und Sicherheitsdiensten; gleichzeitig untersuchten seine Ärzte regelmäßig die Häftlinge auf Goli Otok. Darüber hinaus hielt Klajn Vorlesungen am polytechnischen Institut der Staatspolizei für die Wärter der Umerziehungslager.[195]

Das Zusammentreffen einer Selbstverwaltungsideologie und die Offenheit gegenüber psychologischem Wissen führte, so Ana Antics Fazit, einerseits zu einem für Osteuropa beispiellosen humanistischen, andererseits zu einem unvergleichlich terroristischen Einsatz dieses Wissens.[196]

Ende der Sowjetunion – von einer Zeit vor Freud

Moskau, 1987 – Die Gruppe, die Carl Rogers leitete, gehörte zu den seltsamsten, die ihm je begegnet waren. Der berühmte Vertreter der Humanistischen Psychotherapie war extra aus den USA angereist, um zu erleben, wie sich Gruppengespräche in der sich öffnenden Sowjetunion gestalteten. Nach einem Vortrag im großen Saal der Moskauer Universität wollte er vier Tage lang mit einer Gruppe aus je 30 Leuten arbeiten. In den vorgesehenen Raum aber drängelten sich mindestens 50 Teilnehmer, 12 verharrten vor der Tür. Die Leute im Raum verbrachten, so Rogers in einem Reisebericht, die Zeit damit, sich gegenseitig anzuschreien, um sich einen Platz in der Gruppe zu erkämpfen. Er war »entsetzt«. »Ich habe kaum je – wenn überhaupt – so bösartige und feindselige Äußerungen gehört, die sich direkt gegen anwesende Gruppenmitglieder richteten.« Dabei handelte es sich ausschließlich um Leute aus dem pädagogischen oder sozialen Bereich, also um Fachleute. Am zweiten Tag stellte Rogers fest: »Es wurde deutlich, dass viele persönliche Probleme der Teilnehmer mit der hohen Scheidungsrate zusammenhängen.« Immer hieß es: als ich meinen Mann verließ, als ich mich von meiner Frau trennte, als ich ein Problem mit dem Kind aus zweiter Ehe hatte. Es ging, so Rogers, um Unsicherheiten und Entfremdungen aus früheren Beziehungen, um die Einmischung von Exfrauen, um tyrannische Schwiegermütter – um »das volle Programm«. Rogers war völlig perplex, wie wenig man in den Reihen dieser Fachleute in der Lage war, sich zuzuhören. Die Teilnehmer aber beeindruckte, dass er sich mit Einschätzungen zurückhielt. In dem Amerikaner lösten die Kursteilnehmer Traurigkeit aus. Er bemerkte »eine gewisse Verlorenheit, ... ein durchdringendes Gefühl, dass das Leben mehr bieten sollte, und eine tiefe Hoffnungslosigkeit dieses ›mehr‹ jemals zu finden.«[197]

Die Autorin Masha Geesen schreibt über Rogers Moskauer Besuch und speziell seinen Ansatz beim Individuum ohne Handlungsanweisungen: Es war »ein Aberwitz, der das Weltbild der sowjetischen Psychologen zutiefst erschütterte«.[198] In ihrem Buch »Wie Russland die Freiheit gewann und wieder verlor« erzählt sie von der Psychologiestudentin Marina Arutjunjan, die sich »nach einem halben Jahrhundert Säuberungen, Verhaftungen und unablässiger Repression, [in dem, ap] die russische Gedankenwelt nach außen abgeschnitten [war]«, 1973 an der neu eingerichteten Fakultät für Psychologie der Moskauer Staatsuniversität eingeschrieben hatte. Sie studierte die ersten beiden Jahre pausenlos Marxismus-Leninismus, sezierte Frösche und absolvierte naturwissenschaftliche Praxisübungen an menschlichen Hirnen. »Nur die Psyche kam nicht vor.« Arutjunjan wurde krank darüber, brach das Studium ab und biss sich doch durch. Schließlich schloss sie ab, besorgte sich ausländische Literatur, fing an, in einer staatlichen Beratungsstelle zu arbeiten, sammelte Erfahrungen und wurde zur erfahrenen Therapeutin. Nach dem Zusammenbruch der Sowjetunion absolvierte sie Seminare mit Westleuten und erlebte eine »narzisstische Kränkung«. Die Teilnehmer aus dem Westen waren ihr, so die eigene Beobachtung, weit überlegen, nicht weil sie talentierter oder intelligenter waren, sondern »weil sie aus einer lebendigen Überlieferung schöpfen konnten: Sie standen auf den Schultern ihrer Vorgänger, und diese standen wiederum auf den Schultern von Riesen. Arutjunjan hingegen stand auf leerem Boden und fühlte sich auch selber leer. Ihre eigenen Vorstellungen waren im besten Fall veraltet und im schlimmsten Fall naiv.« Alexander Etkind, der Nestor der Geschichtsschreibung der russischen Psychoanalyse, formulierte es rundheraus: »The local tradition of Russian Psychoanalysis was broken forever.« Das hielt, so Etkind, in der Sowjetunion bis in die späten 80er Jahre vor.[199]

Einen ersten Aufbuch in Sachen Tiefenpsychologie gab es im Osten Europas auf einem internationalen Symposium zum Problem der unbewussten psychischen Tätigkeit Anfang Oktober 1979 in Tiflis. Zum ersten Mal nach 50 Jahren Tabuisierung wurde die Problematik des Unbewussten wieder öffentlich diskutiert, wobei die sowjetischen Teilnehmer alles vom Standpunkt der Lehren von Marx, Pawlow und Dimitri Usnadse, einem georgischen Gestaltpsychologen, aus betrachteten, aber viele der ausländischen Teilnehmer von der Tiefenpsychologie her kamen. Das Symposium war sehr gründlich vorbereitet, die Beiträge in ihren Originalsprachen wurden in vier Bänden veröffentlicht. Es waren die ersten Publikationen zum Thema nach einem halben Jahrhundert des Verbots. Viele der Teilnehmer aus den osteuropäischen Staaten erinnerten die Tage als ein großes Ereignis. Dass die Tagung in Tiflis stattfinden konnte, war kein Zufall. Was in Moskau oder Leningrad aus ideologischen Gründen nicht geduldet wurde, ging mitunter in der Provinz. Es gab ein attraktives Rahmenprogramm mit Ausflügen, Empfängen und Abendessen, geprägt von georgischer Gastfreundschaft mit gutem Essen und lokalem Wein. Die Aussicht darauf stimmte wohl manchen Funktionär wohlwollend dem Vorhaben gegenüber. Während in der DDR ein erster schmaler Band mit gekürzten Freud-Texten in der Rubrik »Literarisches« 1982 erscheinen durfte,[200] erschien Freud in der Sowjetunion – nach der letzten Veröffentlichung von 1937 – erst wieder 1989.[201]

Und welchen Stellenwert hatte nun das Psychologische im Denken des durchschnittlichen Sowjetbürgers am Ende des Imperiums, also vor 30 Jahren? Bis heute gib es dazu keine validen Untersuchungen oder analytische Texte. Man kann nur einzelne Stimmen heranziehen, individuelle Einschätzungen, Schlaglichter. So den renommierten Soziologen Alexey Levinson, eine der tragenden Säulen des Levada-Instituts, des einzigen unabhängigen Meinungsforschungsinstitut in Russland, das von der Schließung bedroht ist. Er weist bei dieser Frage darauf hin, dass es eine merkwürdige Verquickung zwischen religiösem und marxistischem Denken gegeben habe: Zum einen gab es die alte Tradition der griechisch-russischen-orthodoxen Kultur, die den »kapitalistischen Westen immer des Materialismus« beschuldigt habe. Während »wir Sozialisten« von »spirituellen« Motiven getrieben seien. »Spiritualität war unsere Tugend.« Zum anderen bestand das Weltbild des »historischen Materialismus« darin, dass es immer und überall – auch im menschlichen Handeln – um Materie gehe. »In jeder Schule und jeder Bildungseinrichtung auf jedem Niveau wurde das obligatorisch gelehrt«.

Im Alltag in der späten Sowjetunion, so Levinson, sei die Psychologie als Erklärungsansatz unter gewöhnlichen städtischen Russen aber weit verbreitet gewesen. »Sie wurde verwendet, um viele Dinge zu erklären, von den Fehlern einzelner Leute bis hin zu Weltkriegen. Aber – anders als im Westen, so wie ich es verstehe – war dies eine Ableitung von Vorstellungen von Psychologen aus dem 18. und frühen 19. Jahrhundert. Die Leute, insbesondere Frauen, verwendeten das Wort ›Nerven‹ sehr oft. Ein anderes Wort war ›Stimmung‹ oder ›Geister‹. Die Stimmung zu verderben war sehr schlecht. Der Hauptunterschied zwischen den vereinfachten Paradigmen der Psychologie, die in der Öffentlichkeit verwendet wurden, ist meiner Meinung nach, dass der Durchschnittsrusse an offensichtliche psychologische Antriebe glaubte, die Westler an verdeckte Faktoren«.[202] Damit zielt Levinson auf das Unbewusste als westliches Erklärungsmodell. Seine Beobachtungen erinnern an den Umgang mit Psychischem vor Freud.

Alexander Etkind, gefragt nach diesen Beobachtungen, bestätigt den Befund. »Ja, die russischen Intellektuellen waren mehrheitlich auf der Entwicklungsstufe vor Freud stehengeblieben.«[203] Ein weiterer führender russischer Intellektueller ergänzt: »Unter den alltäglichen Erklärungskategorien vor 1989 war der Zustand des eigenen Gehirns eine weitere, sehr wichtige Angelegenheit. ›Du bist ver-

Sigmund Freud im Exil, in Maresfield Gardens 20, London 1938.

rückt!‹ ›Es ist eine verrückte Sache!‹ Es ist wie im ›Gelben Haus‹ dort!! – All diese Ausdrücke wurden verwendet, um darauf hinzuweisen, dass gegen bestimmte Normen verstoßen wurde. Im Zweiten Weltkrieg war der Spitzname in der sowjetischen Presse für Hitler der ›besessene Führer‹«, – also eine religiöse Kategorie. »Auch heute noch, gerade im aktuellen Krieg mit der Ukraine, wird das Schicksal zweier Nationen mit der Psyche der Beamten und Politiker erklärt. Der Einmarsch russischer Truppen in die Ukraine ist für viele Beobachter darauf zurückzuführen, dass Herr P. verrückt geworden ist.«[204]

Anhang

Dank

Hanna Pitkin erzählte mir im Januar 2017 in ihrem kleinen Haus nahe dem Campus von Berkeley von Berlin und ihren Eltern Otto und Cläre Fenichel. Otto Fenichel hatte schon als Wiener Gymnasiast in Freuds Vorlesungen gesessen, war nach dem Ersten Weltkrieg zum Organisator des linken Analytikerflügels im Berliner Psychoanalytischen Seminar geworden, er hatte Cläre Nathansohn geheiratet und die hatte Siegfried Bernfeld, Wilhelm und Anni Reich über ihre therapeutischen Gymnastik- und Tanzkurse zur Körpertherapie gebracht. 1934 war die Familie über Prag in die USA geflohen. Pitkin wurde Professorin für Politische Theorie in Los Angeles, eine junge Kollegin von Herbert Marcuse an der benachbarten Universität von San Diego, Zeitzeugin der amerikanischen Campus-68er.

An der Küstenstraße, auf dem Weg zum Nachlass von Otto Fenichel in Los Angeles, lag vor der Kulisse des Pazifischen Ozeans das Esalen-Institut. Es war der Durchgangsort vieler psychologischer Ansätze in Richtung Europa. Wien, Berlin, Los Angeles, Berkeley, Esalen. Stationen einer Weltidee, für deren Auffächerung ich Hanna Pitkin dankbar bin. Unvergessen das Gespräch mit Oleg Aizberg, einem jungen belarussischen Psychiater, in der Baracke zum Gedenken an das Minsker Ghetto über Arthur Kronfeld, den Berliner jüdischen Psychiater, der sich 1941 in Moskau das Leben nahm.

Unvergessen auch der Rundgang mit Jurko Prochasko durch die altehrwürdige, einst habsburgische Universität in Lwiw, an der er Psychologie studiert hatte, die Autofahrt mit Wladimir Bukowski von Zürich nach Genf, die präzisen Ausführungen des rumänischen Analytikers Ion Vianu am Genfer See, die Erzählungen von Judit Luif und Miklós Gimes in Zürich über Lilly Hajdu, die Gespräche mit Stefan Milenkov in Sofia über seinen Vater, die Erzählungen von Heike Bernhardt über die DDR-Psychiatrieszene, die Berichte in Neu Meteln unweit der Ostsee von Johannes Helm und Helga Schubert zur DDR-Psychologie, das Interview mit dem langjährigen Wissenschaftslektor Peter Herzfeldt über das Verlegen von psychologischer Literatur in der DDR.

Dazu kommen viele Gesprächspartner, ohne deren Hinweise, Einschätzungen, Übersetzungen und Hilfen dieses Buch nie zustande gekommen wäre: Fanna Kolarova (Sofia), Alīda Zigmunde (Riga), Alexander Etkind (Wien), Kirill Levinson (Vilnius), Ernest Wichner (Berlin), Manfred Sapper (Berlin), Lubomir Kanov (New York), Susanne Guski-Leinwand (Düsseldorf), Alexei Levinson (Moskau), Ludger Hermanns (Berlin), Jan Dutoit (Bern), Iryna Herasimovich (Zürich), Thomas Cerny (Bern), Philipp Dimitri (Sofia), William Totok (Berlin).

Chris Jaenicke bin ich für seine frische amerikanische Einordnung der Geschichte der Tiefenpsychologie, aber noch für vieles Andere sehr dankbar. Es gab Gespräche mit Zürcher Weggefährten über alte Aufbruchszeiten und einen heiligen Glauben an den gesellschaftlichen Hebel der Psychologie, so mit Sebastian Bott entlang des Zürcher Sees und eine Vorstellung des Projekts in einer kritischen Runde im Pambroke College in Cambridge, ermöglicht von Chris Young.

Sarah La Cognata von der Stasiunterlagenbehörde verhalf mir nicht nur zu den forensischen DDR-Akten, die

Stiftung Aufarbeitung finanzierte manche osteuropäische Forschungsreise, Roger Staub korrigierte Teile Christine Treml-Begemann und Julian Hermann vom Klett-Cotta-Verlag brachten den Text in die nötige Form. Und erneut danke ich Ines Geipel für ihre klugen Ideen, die zielsicheren Korrekturen und vor allem für ihren stoischen Glauben an das Buchprojekt.

Hanna Pitkin starb am 6. Mai 2023 in Los Angeles, Valentine Adler wohl am 6. Juni 1942 in einem Gulag-Lager,, vermutlich in Kasachstan.

Anmerkungen

1 Budapest-Wien-USA: Vom Nukleus einer neuen Anthropologie

1 Sperber, Manès, Alfred Adler oder das Elend der Psychologie, Wien 1970, S. 255.
2 Pálóczi Horváth, György, Freud oder der Ursprung einer Illusion, Studie, [ungarisch] Budapest 1984, S. 3.
3 Paál, János, Psychoanalyse in Ungarn, in: Eicke, Dieter (Hrsg.), Die Psychologie des 20. Jahrhunderts, Bd. 3, Zürich 1977, S. 103–116, hier S. 113.
4 Nemes, Lívia, Zwei historische Wendepunkte im Schicksal der ungarischen Psychoanalytiker in den vierziger Jahren, in: Luzifer-Amor, Heft 23, 1999, S. 45–52, hier S. 48.
5 Wenn nicht anders ausgewiesen, stammen die Angaben zu Lilly Hajdu aus der ausführlichen Familienbiographie von Schiess, Regula, Wie das Leben nach dem Fieber. In Zusammenarbeit mit Juca und Gábor Magos-Gimes, Gießen 1999, sowie aus Borgos, Anna, Women in the Budapest School of Psychoanalysis. Girls of Tomorrow, London 2021, S. 27–52, aus einem Katalog zur Kunst in der Psychiatrischen Klinik Lipótmező: Balajthy, Boglárka, »Ich bin eine Frau von morgen …«. Die Lebensreise von Lili Hajdú, der einzigen weiblichen Direktorin von Lipótmező [ungarisch], Budapest 2021 und Révész, Sándor, Ein Leben. Die Geschichte von Miklós Gimes [ungarisch], Budapest 1999.
6 Fragen von Lilly Hajdu an ihren zukünftigen Mann in ihren Briefen an die Front, erwähnt im Interview mit Miklós Gimes, 10. Mai 2023, Zürich.
7 Schiess, Leben, S. 31.
8 Der fünfte Psychoanalyse-Kongress fand am 28./29. September 1918 in der Ungarischen Akademie der Wissenschaft statt, anwesend waren Stabsärzte, Oberstabsärzte und Generalstabs-

ärzte und Regierungsvertreter. Das Thema der Kriegsneurosen war sehr aktuell, das Interesse groß, die Presseberichte gut.

9 Das 1920 gegründete Berliner Seminar profitierte vom ungarischen Emigrantenstrom mit Sándor Radó, Franz Alexander, Alice und Michael Bálint, Jenö Hánik, Edit Gyömröi-Glück, Barbara Lantos, Georg Gerö und Therese Benedek in Leipzig.

10 In einem Brief an ihren Sohn beklagt Hajdu ihre Berufswahl, sie sei zur Analyse über eine Krise gekommen (Brief Lilly Hajdu an Miklós Gimes jun., 1. Oktober 1949, im Besitz von Judit Luif).

11 Harmat, Paul, Freud, Ferenczi und die ungarische Psychoanalyse, Tübingen 1988, S. 145.

12 Mészáros, Judit, Budapester Schicksalswendungen. Die ungarische Psychoanalyse und die Emigration, in: Luzifer-Amor, Heft 23, 1999, S. 53–68.

13 Alexander, Franz u. a., Psychoanalytic Therapy. Principles and Application, New York 1946, Kap. 2, 4 und 17.

14 Hajdu, Lilly, Zur Analyse der Schizophrenie [ungarisch], in: Freud, Sigmund u. a., Psychoanalytische Studien [ungarisch], Budapest 1933, S. 155–167, hier S. 159.

15 Nemes, Lívia, Das Schicksal der ungarischen Psychoanalytiker in den Jahren des Faschismus, in: Brecht, Karen u. a. (Hrsg.): »Hier geht das Leben auf eine sehr merkwürdige Weise weiter ...« Zur Geschichte der Psychoanalyse in Deutschland, Hamburg 1985, S. 82–85, hier S. 212, Anm. 7.

16 Damals Klotild utca, vermutlich Nr. 14, heute Stollar Bela utca. Interview mit Judit Luif, 12. Mai 2023, Zürich.

17 Tariska, István, Der Freudismus als Hauspsychologie des Imperialismus [ungarisch], in: Forum, Oktober 1984, S. 779–804.

18 Mészáros, Judit, Die Psychoanalyse als »die private Psychologie des Imperialismus«, in: Berger, Ágnes u. a. (Hrsg.), Psychoanalyse hinter dem Eisernen Vorhang, Frankfurt a.M. 2010, S. 81–97, hier S. 92.

19 Müller, Reinhard (Hrsg.), Die Säuberung, Moskau 1936. Stenogramm einer geschlossenen Parteiversammlung, Reinbek b.H. 1991, z. B. S. 187.

20 Schiess, Leben, S. 219/220.

21 So vom »Forum«-Redakteur Györy Vértes (1898–1959) oder dem Publizisten Géza Losonczy.

22 Schon in Lukác' Essaysammlung »Geschichte und Klassenbewusstsein« von 1923 war die Kritik des Psychologismus ein Leitmotiv. Die wirre Idee, dass Freuds Tiefenpsychologie ein geistiger Baustein hin zu einer faschistischen Ideologie sei, entwickelte Lukács schon seit der Machtübernahme der Nazis, so in seinem 1933 im Stalin'schen Moskau abgeschlossenen Text »Wie ist die faschistische Philosophie in Deutschland entstanden?«. Endpunkt dieser Ausarbeitung war der 1954 erschienene Text »Zerstörung der Vernunft«, der in der DDR zu einem philosophischen Grundlagentext wurde. In der Lukács-Rezeption gilt er als der absolute Tiefpunkt seines intellektuellen Schaffens (z. B. bei Bermbach, Udo; Trautmann, Günter, Georg Lukács, Opladen 1987, S. 191).

23 Als marxistische Kritiker der Psychoanalyse in Ungarn taten sich neben Georg Lukács hervor seine Assistentin Ágnes Heller, der Lukács-Schüler István Hermann (»Sigmund Freud oder ein Abenteuer der Psychologie«), der Historiker und Minister Erik Molnár, für den die Psychoanalyse »in ihren tiefsten theoretischen Grundlagen ... in vollem Einklang mit den Klasseninteressen der Bourgeoisie« war (Molnar 1934, zitiert nach: Harmat, Paul, Dichtung und Wahrheit in der Historiographie der ungarischen Psychoanalyse, in: Luzifer-Amor, Heft 1, 1988 S. 126), oder der Journalist György Pálóczi Horváth, für ihn waren die Freudisten »›gelehrte Gehilfe‹ der Monopolkapitalisten – kein Wunder, dass in den USA 140 000 von ihnen am Werk sind« (zitiert nach: Harmat, Dichtung, S. 126).

24 Zitiert in: Haynal, André, Die ungarische Psychoanalyse in totalitären Regimen, in: Berger, Psychoanalyse, S. 27–49, hier S. 40. Gemeint war hier offensichtlich Endre Petö, dessen Emigration angesichts der Bedrohung und der Ermordung seiner ersten Frau drei Jahre zuvor durch die Pfeilkreuzler der einzig richtige Schluss war.

25 Brief Hann Petö, Frau von Endre Petö, vom 14. April 1994 an Regula Schiess, zitiert in: Schiess, Leben, S. 221.

26 Harmat, Freud, S. 317.

27 Mészáros, Psychoanalyse, S. 95.

28 Brief Hann Petö vom 14. April 1994 an Regula Schiess, zitiert in: Schiess, Leben, S. 221.
29 Paál, Psychoanalyse, S. 113.
30 Hodos, George Hermann, Schauprozesse. Stalinistische Säuberungen in Ostmitteleuropa 1948–1954, Berlin 2001; Schauprozesse unter Stalin 1932–1952. Zustandekommen, Hintergründe, Opfer, (Ost-)Berlin 1990.
31 Haynal, Psychoanalyse, S. 40.
32 Harmat, Freud, S. 330.
33 Krank: z. B. István Hollós, Endre Almásy. Emigration: Endres Petö, Lajos und Kata Lévy. Im Exil starben Alice Bálint und 1940 ihre Mutter Vilma Kovács (Mészáros, Psychoanalyse, S. 93, Fn. 32).
34 Mészáros, Psychoanalyse, S. 81. Bei den Verhaftungen ging es um die Vorbereitungen zu den Moskauer Ärzteprozessen.
35 Schiess, Leben, S. 281.
36 Schiess, Leben, S. 235/236.
37 Bei Harmat und anderen findet sich der Hinweis, dass Miklós Gimes sich öffentlich gegen die Psychoanalyse gestellt habe (Harmat, Freud, S. 309), Schiess verweist darauf, dass sie nur einen Artikel im Dezember 1952 in »Szabad Nép« gefunden habe, wo er die Psychoanalyse als bürgerliche Ideologie verurteilt (Schiess, Leben, S. 222).
38 Z. B. Imre Lakatos, György Lázár, István Király, József Szigeti.
39 Schiess, Leben, S. 246.
40 Gimes, Miklós, Leitartikel in »Szabad Nép« vom 6. November 1949, zitiert nach: Schiess, Leben, S. 247.
41 Schiess, Leben, S. 223, 227.
42 Aussage eines Parteifreundes von Miklós Gimes in: »Die Mutter«, Film von Miklós Gimes jun., Zürich 2002.
43 Damals Vöröshadsereg utca, Straße der Roten Armee, heute wieder Hüvösvölgy út. Interview mit Judit Luif, 12. Mai 2023, Zürich.
44 »Die Mutter«, Film von Miklós Gimes, Zürich 2002.
45 Schiess, Leben, S. 288.
46 Hamat, Psychoanalyse, S. 258.
47 Schiess, Leben, S. 221.
48 Boglárka, Katalog, S. 35.

49 Zur ideologischen Nische des »Gelben Hauses« siehe Kovai, Melinda, The History of the Hungarian Institute of psychiatry and Neurology between 1945 and 1968, in: Savelli, Mat u. a. (Hrsg.), Psychiatry in Communist Europe, London 2015, S. 117–133.

50 Schiess, Leben, S. 281.

51 Borgos, Woman, S. 42.

52 Aczel, Tamas; Meray, Tibor, Die Revolte des Intellekts. Die geistigen Grundlagen der ungarischen Revolution, München 1959, S. 252–270.

53 Erler, Peter, Deutsche Genossen im Mahlstrom der »Großen Säuberungen«, 1936 bis 1938, in: Engwert, Andreas (Hrsg.), Der Rote Gott. Stalin und die Deutschen, Berlin 2018, S. 40.

54 Bekes, Csaba, Die Sowjetunion und die ungarische Revolution, in: Kipke, Rüdiger, Zur Geschichte einer gescheiterten Volkserhebung, Wiesbaden 2006, S. 137–160; der Aufstand im Überblick: György, Dalos, 1956. Der Aufstand in Ungarn, München 2006.

55 Forgács, László, Attila Józef und der Freudismus [ungarisch], in: Kritika, Nr. 3, 1965, S. 18–26.

56 Reynold, Joseph, Freudismus und Neofreudismus [ungarisch], 1971, zitiert nach: Harmat, Paul, Psychoanalyse und Marxismus Ungarn (1900–1980), in: Psyche, Heft 3, 1984, S. 254–265, hier S. 263.

57 Harmat, Psychoanalyse, S. 264. Harmats Text ist 1984 erschienen, vermutlich gab es in den letzten Jahren des kommunistischen Ungarn wieder erste Publikationen, wie in anderen Ostblockländern.

58 Harmatta, János, Psychoanalyse in Zeiten der weichen Diktatur in Ungarn, in: Berger, Psychoanalyse, S. 51–66, hier S. 58.

59 Harmatta, Psychoanalyse, S. 55/56.

60 Harmatta, Psychoanalyse, S. 55.

61 Mészáros, Psychoanalyse, S. 95.

62 Harmat, Freud, S. 321.

63 Harmat, Psychoanalyse, S. 261.

64 Harmat, Freud, S. 216.

65 Rachman, Arnold W. M. (Hrsg.), The Budapest School of Psychoanalysis. The Origin of a Two-Person Psychology and

Emphatic Perspective, London 2016; Rudnytsky, Peter L. u. a. (Hrsg.), Ferenczi's Turn in Psychoanalysis, New York 2000.

66 Harmat, Psychoanalyse, S. 254.

67 Biographisches im Folgenden aus Schiferer, H. Ruediger, Raissa Adler (1872–1962). Von der bürgerlichen Frauenbewegung zum österreichischen Trotzkismus, in: Ingrisch, Doris u. a. (Hrsg.), Die Revolutionierung des Alltags. Zur intellektuellen Kultur von Frauen im Wien der Zwischenkriegszeit, Frankfurt a.M. 2004, S. 193–204; Pilz, Elke, Raissa Adler – Trotzkisten im Roten Wien, in: dies. (Hrsg.), Das Ideal der Mitmenschlichkeit. Frauen und die sozialistische Idee, Würzburg 2005, S. 111–123.

68 Adler, Raissa, Das gemeinsame Studium und die Professoren, in: Dokumente der Frauen, 2. Jahrgang, 1899, S. 289–293. Andere Studienrichtungen waren schon ab 1897 für Frauen zugänglich.

69 Schiferer, H. Ruediger, Alfred Adler-Bildbiographie, München 1995, S. 35–40.

70 Chemouni, Jacquy, Trotsky et la psychoanalyse, Paris 2004, S. 62.

71 Deutscher, Isaac, Trotzki, Bd. 1, Stuttgart 1972, S. 180.

72 Trotzki, Leo, Mein Leben, Berlin 1930, S. 221/222.

73 Bericht von Kurt Adler, zitiert bei: Hoffmann, Edward, The Drive for Self. Alfred Adler and the Founding of Individual Psychology, Reading 1994, S. 64.

74 Trotzki, Leben, S. 223.

75 Leo Trotzki an E. Bauer, 31. Oktober 1931, https://www-marxists-org.translate.goog/francais/trotsky/oeuvres/1931/10/19311010b.htm?_x_tr_sl=fr&_x_tr_tl=de&_x_tr_hl=de&_x_tr_pto=sc. Trotzki und der russische Berufsrevolutionär Adolf Joffe, so Paul Klemperer, der Sekretär der Alfred-Adler-Gesellschaft an Ernest Jones, gehörten »zu Adlers ständigen Besuchern« (zitiert nach: Jones, Ernest, Das Leben und Werk von Sigmund Freud, Bd. 2, Bern 1972, S. 165).

76 Joffe, Nadeschda A., Rückblende. Mein Leben, mein Schicksal, meine Epoche, Essen 1997, S. 60. Die Tochter Joffes, Nadeschda, ist 1906 geboren. Sie lebte mit ihrem Vater in den

Wiener Jahren, spielte mit den Söhnen Trotzkis. Ihre Mutter war Berta Ostrowskaja.

77 Roth, Joseph, Juden auf Wanderschaft [1927], in: Beckmann, Ruth (Hrsg.), Die Mazzesinsel. Juden in der Wiener Leopoldstadt, Wien 1984, S. 24–27, hier S. 24.

78 Adler, Alfred, Gesundheitsbuch für das Schneidergewerbe, Berlin 1898.

79 Brome, Vincent, Sigmund Freud und sein Kreis. Wege und Irrwege der Psychoanalyse, München 1969, S. 29/30.

80 Der Neurologe Richard von Krafft-Ebing veröffentlichte 1886 in Latein sein Hauptwerk »Psychopathia sexualis« – in Fachkreisen ein Bestseller.

81 Furtmüller, Carl, Denken und Handeln. Schriften zur Psychologie, München 1983, S. 239. Die Atmosphäre glich, laut den Erinnerungen des Musikkritikers Max Graf, der Verschworenheit einer Religionsgründung. Freud als neuer Prophet, der die herkömmlichen psychologischen Untersuchungen überflüssig machte. Die Schüler waren seine Apostel (Graf, Max, Reminiscences of Professor Sigmund Freud, in: The Psychoanalytic Quarterly, Heft 4, 1942, S. 465–476, hier S. 470).

82 Andics, Helmut, Ringstraßenwelt, Wien 1983, S.332/333.

83 Adler, Alfred, Der Arzt als Erzieher, in: Ärztliche Standeszeitschrift, Heft 12,13,14, 1904.

84 Bernd Handlbauer hat die beiden in einer Gegenüberstellung in all ihrer Verschiedenheit charakterisiert: 1.) Freud kam aus dem 19. Jahrhundert, er war Wissenschaftler, genau, und Misanthrop – Adler gehörte ins 20. Jahrhundert, war ungenau, teils oberflächlich, und sehr gesellig. 2.) Freud kam aus bürgerlichem Haus, war Schulprimus und als ältester Sohn bevorzugt mit einem eigenen Zimmer in der elterlichen Wohnung, auf den alle Rücksicht nehmen mussten. – Adler kam aus einer verarmten Familie, war ein Gassenjunge und mittelmäßiger Schüler. 3.) Freud hatte vor allem weibliche Patientinnen aus finanziell abgesicherten Kreisen, mit Hysterieleiden und Sexualproblemen. Adlers männliche und weibliche Patienten kamen aus der Arbeiterschicht und einem kleinen Beamtentum mit vielerlei Existenzproblemen, einer Rebellion gegenüber ihrem Status und einem Nach-oben-

kommen-Wollen (Handlbauer, Bernhard, Die Adler-Freud-Kontroverse, Frankfurt a.M. 1990, S. 170).

85 Handlbauer, Adler, S. 61.

86 Protokolle der Wiener Psychoanalytischen Vereinigung 1908–1910, Bd. 2, Frankfurt a.M. 1977, S. 155–160, hier S. 156. »Nicht umsonst«, so Andreas-Salomé bei ihren Besuchen von Freuds und Adlers Kreisen, »ist er [Adler, ap] ein Marxschüler und ausgegangen von nationalökonomischen und philosophischen-spekulativen Interessen« (Andreas-Salomé, Lou, In der Schule bei Freud. Tagebuch eines Jahres 1912–1913, Zürich 1958, S. 14, 25).

87 Protokolle der Wiener Psychoanalytischen Vereinigung 1910–1911, Bd. 3, Frankfurt a.M. 1977, S. 139–149, 150–155, 164–172.

88 Brief Sigmund Freud an Stefan Zweig vom 22. Juni 1937, zitiert in: Jones, Freud, Bd. 3, S. 255.

89 Handlbauer, Bernhard, Die Entstehungsgeschichte der Individualpsychologie Alfred Adlers, Wien 1984, S. 367.

90 Leidinger, Hannes; Moritz, Verena (Hrsg.), Russisches Wien. Begegnungen aus vier Jahrhunderten, Wien 2004, S. 127.

91 Etkind, Alexander Markowitsch, Eros des Unmöglichen. Die Geschichte der Psychoanalyse in Russland, Leipzig 1996, S. 288.

92 Trotzki, Leben, S. 211.

93 Protokolle der Wiener Psychoanalytischen Vereinigung 1906–1908, Bd. 1, Frankfurt a.M. 1977, S. 131–137. »... einen jungen Mann [der zuvor in Berlin gewesen war, ap], einen russischen Studenten aus reichem Haus, der sich als Stotterer vorstellt. Seit dem 6. Jahr hat er verschiedene Kuren gegen Nervosität durchgemacht« (S. 131).

94 Joffe, Adolf, Betreffs des Unbewussten im Leben eines Individuums [russisch], in: Psichoterapija, Heft 4, 1913, S. 238, zitiert nach: Spielrein, Sabina, Bericht über die Fortschritte der Psychoanalyse 1914–1919 in Russland, Beiheft der Internationalen Zeitschrift für Psychoanalyse 1921, in: dies., Russische Literatur, in: Sämtliche Schriften, Freiburg i.Br. 1987, S. 202–212, hier S. 208.

95 Kühn, Regine; Schreiber, Eduard, Trotzkis Traum. Psycho-

analyse im Lande der Bolschewiki. Dokumentarfilm, Berlin/Moskau 2000, Stand: 4:59.

96 Grabrede von Trotzki auf der Beerdigung von A. Joffe, 1927, abgedruckt in: Joffe, Rückblende, S. 89.

97 Siehe zum Kontakt mit Adler: Trotzki, Leo, Neujahrsgespräch über die Kunst [russisch], in: Prawda, 30. Dezember 1908, abgedruckt in: ders., Literatur und Revolution [1923], München 1972, S. 238–246, hier S. 241; Trotzki, Leo, Ioffe, in: Ju, Fel'stinskij (Hrsg.), Revolutionäre im Porträt [russisch], Benson 1988, S. 370 ff., zitiert in: Etkind, Eros, S. 287/288.

98 »Mein wirklicher Führer durch die Gefilde der damals noch weithin unbekannten Ketzerlehre war jedoch Joffe. Als junger Mediziner war er Anhänger der psychoanalytischen Schule.« (Trotzki, Ioffe, in: Ju, Revolutionäre, S. 370 ff., zitiert in: Etkind, Eros, S. 287/288).

99 Deutscher, Trotzki, Bd. 3, S. 245. In Bd. 1, S. 189, schreibt Deutscher: »Was er [Trotzki, ap] über die Psychoanalyse erfuhr, bewog ihn zu dem Schluss, dass Marx und Freud mehr miteinander gemeinsam hätten, als die Marxisten zuzugeben bereit waren.« Zuletzt, materialreich, aber ohne neue Erkenntnisse: Dahmer, Helmut, Trotzki, die Psychoanalyse und die kannibalischen Regime, Münster 2022.

100 Chemouni, Trotsky, S. 213–262, hier auch S. 22.

101 Trotzki, Joffe, zitiert in: Etkind, Eros, S. 288. Hier auch zur Psychoanalyse: »Die Kombination eines physiologischen Realismus mit geradezu belletristischen Analysen von Seelenzuständen hat mich an ihrer Methode stets befremdet.« Siehe auch Deutscher, Trotzki, Bd. 1, S. 189.

102 Sotschinenija, Bd. XXI, S. 423–432 [russisch], zitiert nach: Deutscher, Trotzki, Bd. 1, S. 511, Fn. 27.

103 Rühle-Gerstel, Alice, Kein Gedicht für Trotzki. Tagebuchaufzeichnungen aus Mexiko, Frankfurt a.M. 1979, S. 25/26.

104 Serge, Victor, Leben und Tod [1951], Wien 1978, S. 37.

105 Adler, Alfred, Bolschewismus und Seelenkunde, in: Der Friede, sowie der schweizerischen Zeitschrift Internationale Rundschau, Heft 15/16, beides Dezember 1918, Wiederabdruck in: ders., Gesellschaft und Kultur, Göttingen 2009, S. 111–119.

106 Furtmüller, Carl, Alfred Adlers Werdegang [1946], in: ders., Denken und Handeln, München 1983, S 233–287. Zum ganzen Themenkomplex: Bruder-Bezzel, Almuth, Alfred Adler und der 1. Weltkrieg, in: dies., Alfred Adlers Wiener Kreise in Politik, Literatur und Psychoanalyse, Göttingen 2019, S. 85–100. Zur Haltung Freuds zum Krieg siehe Leidinger, Hannes u. a., Freud, Adler, Frankl. Die Wiener Welt der Seelenforschung, Salzburg 2022, S. 89 und 93.

107 Adler, Bolschewismus und Seelenkunde, S. 113.

108 Sperber, Adler, 1930, S. 102.

109 Kluy, Alexander, Alfred Adler. Die Vermessung der menschlichen Psyche, München 2019, S. 50, Fn. 21 und S. 146.

110 »Ich arbeitete als politischer Referent im internationalen Frauenreferat«, schrieb sie in einem Lebenslauf, »das sich damals unter der Leitung von Clara Zetkin befand. Meine Arbeit bestand in der Sammlung und Verwertung des Materials, das die internationale Frauenbewegung betraf, Veröffentlichungen diesbezüglicher Artikel, usw. Gleichzeitig war ich Mitarbeiterin des Deutschen Frauensekretariats. Damals nahm ich meinen Parteinamen Dina Schreiber an. Auf eigenen Wunsch arbeitete ich dann im Verlag der Partei (Viva) bei der Herausgabe der Werke von Franz Mehring. Nach Beendigung dieser Arbeit wurde ich Leiterin der Bibliothek des Parteiarchivs, das damals unter dem Namen ›Archiv für Sozialwissenschaft‹ getarnt in Berlin bestand. Dieses Archiv wurde im Jahr 1924 von der Polizei aufgelöst. In der Zeit 1924/25 lebte ich als freie Schriftstellerin in Berlin, und veröffentlichte Artikel, hauptsächlich wirtschaftlichen Inhalts in verschiedenen deutschen und russischen Parteizeitungen. 1926 trat ich in die Handelsvertretung der UdSSR als Leiterin der Ökonomischen Bibliothek ein, im Jahr 1930 wurde ich Ökonomistin in der Handelsvertretung der UdSSR.« Unter anderem arbeitete sie im DEROP, der Deutschen Vertriebsgesellschaft für Russische Oel-Produkte mit rund 2000 Tankstellen in Deutschland (Nachlass Adler, Washington, zit in: Kluy, Adler, S. 238/9).

111 Bruder-Bezzel, Almuth, Die Geschichte der Individualpsychologie, Frankfurt a.M. 1991, S. 71.

112 Kluy, Adler, S. 269.
113 Brief Raissa Adler an Leo Trotzki, 1928, Dokumentationsarchiv Österreichischer Widerstand, Wien, R00536/20/104.
114 Pilz, Raissa, S. 111–123.
115 Brief Raissa Adler an die KPÖ, 1929, Dokumentationsarchiv Österreichischer Widerstand, Wien, R00536/24/13741.
116 Alexandra Adler, autobiographische Aufzeichnungen, ca. August 1973, in: Nachlass Adler, Washington, Box 14; Brief Alexandra Adler, 14. Februar 1979, Box 13, bei: Kluy, Adler, S. 279.
117 Adler, Raissa, Kindererziehung in der Sowjetunion, in: Internationale Zeitschrift für Individualpsychologie. Organ des Internationalen Vereins für Individualpsychologie, hrsg. von Alfred Adler, 1931, S. 297–309. »Die Ansichten der marxistischen Pädagogen, deren hervorragender Fürsprecher der Arzt und Pädagoge Salkind ist, decken sich doch fast vollkommen mit der Individualpsychologie.« Zu Salkind siehe das nächste Kapitel.
118 Kluy, Adler, S. 235, 237.
119 Jensen, Uffa, Wie die Couch nach Kalkutta kam. Eine Globalgeschichte der frühen Paychoanalyse, Frankfurt a.M. 2019.
120 Z. B. Binswanger, Otto, Die seelischen Wirkungen des Krieges, Stuttgart/Berlin 1914; Stekel, Wilhelm, Unser Seelenleben im Kriege. Psychologische Beratungen eines Nervenarztes, Hamburg 1916; Lewin, Kurt, Kriegslandschaft, in: Zeitschrift für angewandte Psychologie, Bd. 12, Leipzig 1917, S. 440–447.
121 Maßgeblich waren dabei die Individualpsychologen Ferdinand Birnbaum, Oskar Spiel und Franz Scharmer (Stecklina, Gerd, Persönlichkeiten der Wiener Individualpsychologie, Schulreform und Jugendhilfe, in: Böhnisch, Lothar, u. a. (Hrsg.), Jugend ermöglichen. Zur Geschichte der Jugendarbeit in Wien, Wien 2015, S. 101–128, hier S. 115).
122 Adler, Alfred; Furtmüller, Carl (Hrsg.), Heilen und Bilden. Ärztlich-pädagogische Arbeiten des Vereins für Individualpsychologie, München 1914.
123 Schiferer, Adler, S. 128.
124 Bruder-Bezzel, Individualpsychologie, S. 102–106.
125 Rothwein, Elly, Die sozialistische Erziehung, 1927, zitiert nach: Handlbauer, Bernhard, Psychoanalytikerinnen und Individual-

psychologinnen im Roten Wien, in: Ingrisch, Revolutionierung, S. 75–99, hier S. 81.

126 Kanitz, Otto Felix, Alfred Adler und die sozialistische Erziehung, in: Die sozialistische Erziehung, Heft 3, 1930, S. 49–51.

127 Siehe auch Steiner, Karin, Die Wiener Kinderfreunde 1910–1934. Demokratische Impulse für die offene Jugendarbeit, in: Böhnisch, S. 78–100.

128 Handlbauer, Psychoanalytikerinnen, S. 83.

129 Siems, Martina, Sofie Lazarsfeld – Die Wiederentdeckung einer individualpsychologischen Pionierin, Göttingen 2015.

130 Pappenheim, Else, Politik und Psychoanalyse in Wien vor 1938, in: Psyche, Heft 43, 1989, S. 127. Aber auch hier gab es sozialistische Anleihen, Arbeit mit Kindern und Sexualberatungsstellen. Ausnahmen waren August Aichhorn (1878–1949), der psychoanalytische Wiener Erziehungsberatungsstellen initiierte und Leiter der städtischen Fürsorgeanstalten war, mit dem sehr populären Buch »Verwahrloste Jugend. Die Psychoanalyse in der Fürsorgeerziehung. Zehn Vorträge«, Wien 1931, und der Sozialdemokrat Sigfried Bernfeld, der sich intensiv mit Jugendfragen beschäftigte und kurzfristig ein psychoanalytisches Versuchsheim führte. Insgesamt findet sich im Wien der 20er Jahren eine rege interdisziplinäre (sozial)pädagogische Öffentlichkeit, wobei die Hauptvertreter kaum Kontakt hatten und die Individualpsychologie das Leitparadigma bildete. Zur Gesamtschau siehe Gardner, Sheldon; Stevens, Gwendolyn, Red Vienna and the Golden Age of Psychology, 1918–1938, New York 1992.

131 Kluy, Adler, S. 216.

132 Kluy, Alder, S. 220. Von Freuds »Traumdeutung«, dem Urtext der Psychoanalyse, verkauften sich von 1910 bis 1919 nur 5250 englische Exemplare. Zwischen 1920 und 1932 waren es 11 000 Exemplare (Hoffmann, Edward, The Drive for Self. Alfred Adler and the Founding of Individual Psychology, Reading 1994, S. 171).

133 Leidinger, Freud, S. 129.

134 Grundlegend zur Entwicklung in den USA: Hale, Nathan G. Jr., The Rise and Crisis of Psychoanalysis in the United States. Freud and the Americans, 1917–1985, Oxford 1995.

135 Dagmar Herzog, US-amerikanische Professorin für Geschichte und gute Kennerin der Psychonalyse-Historie, spricht von den »goldenen Jahren« der Lehre Freuds zwischen 1949 und 1969 in den USA und charakterisiert ihre Ausprägung als orthodox, offiziell unpolitisch, tatsächlich aber in vielen Facetten konservativ bis reaktionär (Herzog, Dagmar, Cold war Freud. Psychoanalysis in an Age of Catastrophes, Cambridge 2016).

136 Elberfeld, Jens, Das Ich und das Wir. Gruppentherapie zwischen Sozialisierung der Psyche, Gemeinschaftserfahrung und Regierungstechnik, in: Mittelweg 36, 6/2019–1/2020, S. 137–159, 140–145.

137 Moskowitz, Eva S., In Therapy We Trust. America's Obsession with Self-Fulfillment, Baltimore 2001 (das Kapitel der Jahre 1945–1965 unter der Überschrift »The Unhappy Housewife«); Capshew, James H., Psychologists on the March. Science, Practice and Professional Identity in America, Cambridge 1999; Pfister, Joel; Schnog, Nancy (Hrsg.), Inventing the Psychological. Toward a Cultural History of Emotional Life in America, New Haven 1997; Herman, Ellen, The Romance of American Psychology. Political Culture in the Age for Experts, Berkely 1995.

138 Farau, Alfred, Der Einfluss der österreichischen Tiefenpsychologie auf die amerikanische Psychotherapie der Gegenwart, Wien 1953, S. 102.

139 Kluy, Adler, S. 347/348.

140 Sperber, Adler, S. 291.

141 Adler, Alfred, Briefe 1896–1937, Göttingen 2004, S. 177.

142 Kreuzer, Franz, Pan und Apoll. Alfred Adlers Individualpsychologie – erste Überwindung Sigmund Freuds. Franz Kreuzer im Gespräch mit Alexandra Adler, Manès Sperber und Walter Toman, Wien 1984, S. 19.

143 Leonhard, Susanne, Gestohlenes Leben. Als Sozialistin in Stalins Gulag, Frankfurt a.M. 1988, S. 340–343.

144 NKWD-Akte Valentine Adler, Nachlass Alfred Adler, LoC Box 6, zitiert nach Kluy, Adler, S. 416, Fn. 12. Ausführlich zum Vorgang: S. 315–321.

145 Margarete Buber-Neumann an Raissa Adler vom 12. März 1947, in: LoC Box 6, zitiert in: Kluy, Adler, S. 316.

146 1945 schrieb Raissa Adler an Eleanor Roosevelt. Albert Einstein richtete zahlreiche Anfragen hinsichtlich des Verbleibs an sowjetische Stellen.

2 Moskau: Die Schaffung des Neuen Sowjetmenschen

1 Rayfield, Donald, Stalin und seine Henker, München 2004, S. 198/199.

2 Salkind, Aron, Die zwölf sexuellen Gebote des revolutionären Proletariats [russisch], Moskau 1924. Siehe auch Salkind, Aron, Die sexuelle Frage unter den Bedingungen der Sowjetgesellschaft [russisch], Leningrad 1926. Die Biographie Salkinds ist am ausführlichsten bei Etkind, Eros beschrieben. Die folgenden Ausführungen orientieren sich an seiner Darstellung.

3 Kollontai, Alexandra, Die neue Moral und die Arbeiterklasse, Berlin 1920.

4 Salkind, Aron, Studien zur Kultur der Revolutionszeit [russisch], Moskau 1924, S. 29, zitiert nach: Etkind, Eros, S. 337.

5 Kloocke, Ruth, Mosche Wulff. Zur Geschichte der Psychoanalyse in Russland und Israel, Tübingen 2002, S. 57.

6 Tögel, Christfried, Lenin und die Rezeption der Psychoanalyse in der Sowjetunion der Zwanzigerjahre, in: Sigmund Freud House Bulletin 13, 1989, S. 16–25, hier S. 17.

7 N. N. Der zweite Psychoneurolingische Kongress [russisch], in: Krasnaja now, Heft 2, 1924, S. 155, zitiert in: Etkind, Eros, S. 339.

8 Vroede, Maurits de, Die Anfänge der »wissenschaftlichen Pädagogik« (Pädologie) in Belgien von etwa 1895 bis 1914, in: Herrmann, Ulrich (Hrsg.): Historische Pädagogik. Studien zur historischen Bildungsökonomie und zur Wissenschaftsgeschichte der Pädagogik, Weinheim 1977, S. 159–174.

9 Etkind, Eros, S. 330.

10 Etkind, Eros, S. 330. Der Narkompros-Funktionär Pawel Blonski meinte in einem Lehrbuch für Pädagogen: »Neben der Pflanzen- und Viehzucht muss es eine weitere Wissenschaft

dieser Art geben: die Menschenzucht. ... Die Pädagogik muss in einer Reihe mit der Zootechnik und der Phytotechnik ihren Platz finden und sich der Methoden und Prinzipien genannter Wissenschaften bedienen, die mit ihr verwandt, jedoch bereits weiter fortgeschritten sind« (ebenda).

11 Luria, Alexander, Die Psychoanalyse in Russland, in: Internationale Zeitschrift der Psychoanalyse, Heft 11, 1925, S. 395–398, hier S. 398.

12 Pedologija, Heft 3/3, 1930, S. 318–320, zitiert in: Beger, Kathleen, Erziehung und Umerziehung in der Sowjetunion. Das Pionierlager Artek und die Archangelsker Arbeitskolonie im Vergleich, Göttingen 2020, S. 78, Fn. 194.

13 Kloocke, Wulff, S. 87.

14 Shibanova-Harris, Vera Leonie, Eine Geschichte der russischen Pädologie. Ansätze zur Verwissenschaftlichung und Normalisierung der Kindheit (1901–1936), Diss., München 2022, besonders S. 256–259.

15 Salkind, Aron, Differenzen an der pädagogischen Front [russisch], in: Pedologija, Heft 2, 1931, zitiert nach: Etkind, Eros, S. 341.

16 Zitiert nach: Etkind, Eros, S. 342.

17 Die politische Auseinandersetzung um die Pädologie findet sich zusammengefasst bei Shibanova-Harris, Geschichte, S. 247–255.

18 Kloocke, Wulff, S. 87.

19 Freud, Sigmund, Gesammelte Werke, Bd. 10, London 1946, S. 73.

20 Kloocke, Wulff, S. 61.

21 Fischer, Eugenia, Leben und Werk von Nikolaj Jegrafowitsch Ossipow, in: Luzifer-Amor, Heft 8, 1995, S. 77–86.

22 Goddemeier, Christof, Tatjana Rosenthal (1884–1921). Pionierin der Psychoanalyse in Russland, in: Ärzteblatt, Ausgabe 11, 2021, S. 508.

23 J. Birstein aus Odessa verbrachte mehrere Monate im Umfeld von Adler in Wien. Beschrieben in Birnstein, J., III. Individualpsychologische Darstellung eines nervösen Symptoms, in: Zentralblatt für Psychoanalyse, Nr. 4, 1914, S. 364–372.

24 Z. B. Ossipow, Nikolai, Gedanken und Bedenken über einen

Fall von degenerativer Psychopathie. Psychotherapie [russisch], Heft 4/5 und 6, 1912, in: Zentralblatt für Psychoanalyse, Heft 4, 1914, S. 92.

25 Etkind, Eros, S. 141, S. 10 und S. 145.

26 Fitzpatrick, Sheila, The Commissariat of Enlightenment. Soviet Organization of Education and the Arts under Lunacharsky, October 1917–1921, Cambridge 2002.

27 Unter den antragstellenden Narkomprosfunktionären waren die beiden landesweit mächtigsten Pädagogen: Pawel Blonski und Reformpädagoge Stanislaw Schatzki, zudem der Altbolschewik Wladimir Newski, der einst mit Lenin in Genf war. Alle drei waren eng mit Nadeschda Krupskaja verbunden. Hinzu kam der Vorsitzende der Parteikommission, die das Narkompros überwachte, und Alexander Woronski, Leiter der Hauptverwaltung Sozialerziehung und der Abteilung Politische Bildung im Narkompros, enger Vertrauter Trotzkis (zu den Einzelnen siehe auch Kloocke, Wulff, S. 189–193).

28 Richebächer, Sabine, Sabina Spielrein. Eine fast grausame Liebe zur Wissenschaft, Zürich 2008, S. 151–250.

29 Tögel, Lenin, S. 20.

30 Etkind, Eros, S. 243.

31 Das Interieur orientierte sich am Thema Meeresgrund mit einer Prachttreppe samt Wellengeländer und einer riesigen Quallen-Lampe an der Decke. Zahlreiche Meerestiere und Blumen sind bis heute überall im Haus zu sehen. Die Rjabuschinski-Villa wurde später zum Wohnhaus von Maxim Gorki, heute ist hier das Gorki-Museum untergebracht.

32 Auch Otto Schmidt als Leiter des Staatsverlages und Herausgeber der Reihe »Psychologische und Psychoanalytische Bibliothek« und Mann der Leiterin des Kinderlaboratoriums bezog sein Büro im Haus.

33 Für den Liberalen Nikolai Ossipow, der 1918 nach Prag floh, war Jermakow schlicht ein Bückling des neuen Regimes. 1927 nannte er in einem Brief an Freud Jermakow einen »niederträchtigen Kerl, der aus einem extremen Monarchisten und Judophoben zu einem Bolschewiken und Judophilen geworden ist« (Brief Ossipow an Freud vom 14. Februar 1927, in: Nikolaj J. Ossipow und Sigmund Freud. Briefwechsel 1921–

1929, Frankfurt a.M. 2009, S. 69/70, hier zitiert nach dem Briefentwurf von Ossipow).

34 Luria, Psychoanalyse, S. 397.

35 Iwan Jermakow, der sich auch als Literat verstand, versuchte mit Penetranz nachzuweisen, dass Gogol, Puschkin und Dostojewski sich durchgängig geängstigt hätten.

36 Etkind, Eros, S. 248.

37 Miller, Martin A., Freud and the Bolsheviks. Psychoanalysis in Imperial Russia and the Soviet Union, Yale 1998, S. 67/68.

38 Koenen, Gerd, Bolschewismus und Nationalsozialismus. Geschichtsbild und Gesellschaftsentwurf, in: Vetter, Matthias (Hrsg.), Terroristische Diktaturen im 20. Jahrhundert. Strukturelemente der nationalsozialistischen und stalinistischen Herrschaft, Opladen 1996, S. 172–207, hier S. 188.

39 Trotzki, Leo, Einige Worte über die Erziehung des Menschen [russisch], in: Socinenija, Bd. XXI, S. 110, zitiert nach: Etkind, Eros, S. 293.

40 Trotzki, Leo, Über die Kultur der Zukunft [russisch] in: Socinenija, Bd. XXI, S. 460, zitiert nach: Etkind, Eros, S. 293.

41 Trotzki, Leo, Die russische Revolution. Kopenhagener Rede [27. November 1932], in: ders., Denkzettel, Frankfurt a.M. 1981, S. 420–432, hier S. 423, 422.

42 »Der Mensch«, so Trotzki, »wird endlich daran gehen, sich selbst zu harmonisieren. Er wird es sich zur Aufgabe machen, der Bewegung seiner eigenen Organe – bei der Arbeit, beim Gehen oder im Spiel – höchste Klarheit, Zweckmäßigkeit, Wirtschaftlichkeit und damit Schönheit zu verleihen. Er wird den Willen verspüren, die halbbewussten und später auch die unterbewussten Prozesse im eigenen Organismus: Atmung, Blutkreislauf, Verdauung und Befruchtung zu meistern, und wird sie in den erforderlichen Grenzen der Kontrolle durch Vernunft und Willen unterwerfen« (Trotzki, Kunst, S. 211).

43 Trotzki, Leo, Die Kunst der Revolution und die sozialistische Kunst [1924], in: ders., Literatur und Revolution, München 1972, S. 211.

44 Trotzki, Kunst, S. 212.

45 Trotzki, Kunst, S. 212.

46 Koenen, Utopie, S. 132. Zusammenfassend konstatiert Etkind

zur Bedeutung, die Trotzki, wichtigster Theoretiker der jungen Sowjetunion, der Tiefenpsychologie zumaß: »In seiner [Trotzkis, ap] Logik stellte die Freudsche Lehre eine direkte Fortsetzung, wenn nicht den Gipfel des Marxismus dar, wie letzterer die Fortsetzung, wenn nicht der Gipfel der Wissenschaft an sich war. An der Basis macht der Marxismus der Natur den Garaus, im Überbau besorgt das die Psychoanalyse« (Etkind, Eros, S. 294).

47 Zit. nach Saprykin, P., Die Psychologie im Lichte der Lehre Pawlows von der höheren Nerventätigkeit, in: Psychiatrie, Neurologie und medizinische Psychologie, Heft 9, 1955, S. 252.

48 Kosing, Eva u. a. (Hrsg.), Lenin und Gorki. Eine Freundschaft in Dokumenten, Berlin 1974, zitiert nach: Rüting, Torsten, Pavlov und der Neue Mensch. Diskurse über Disziplinierung in Sowjetrussland, München 2002, S. 148, Pavlov, S. 189.

49 Platanow, Andrej, Die glückliche Moskwa, Berlin 1993, S. 83, zitiert nach: Etkind, Eros, S. 225.

50 Nachricht in der Internationalen Zeitschrift für Psychoanalyse für das Jahr 1923, in: Nitzschke, Bernd, Marxismus und Psychoanalyse. Historische und aktuelle Aspekte der Marx-Freud-Debatte, in: Luzifer-Amor, Heft 3, 1989, S. 108–138, S. 117.

51 Mandelstam, Nadeschda, Generation ohne Tränen, Frankfurt a.M. 1975, S. 72.

52 Kommentar Etkind in: Kühn, Trotzkis Traum, Film, Stand: 1:03.

53 Etkind, Eros, S. 230.

54 Rüting, Pavlov, S. 187/188.

55 Kloocke, Wulff, S. 48. Besucher waren z. B. Wilhelm und Anni Reich.

56 Papier im Nachlass Jermakow, zitiert in: Etkind, Eros, S. 249.

57 Vera Schmidt war die in der Westukraine als Vera F. Janizkaja geborene Ehefrau von Otto Schmidt, hatte in Kiew Pädagogik studiert und zwei Jahre im Volkskommissariat zur Bildung für das Schulwesen gearbeitet. Mit der Psychoanalyse verband sie bisher nichts.

58 Schmidt, Wera, Psychoanalytische Erziehung in Sowjetrussland. Bericht über das Kinderheim-Laboratorium in Moskau [geschrieben am 23. September 1923, Moskau], Leipzig 1924

[Internationaler Psychoanalytischer Verlag], hier zitiert nach dem studentischen Raubdruck: Anonym (Hrsg.), Antiautoritäre Erziehung und Kinderanalyse. Wera Schmidt, Melanie Klein, Anna Freud, Nelly Wolffheim, Alice Bálint, Hamburg 1970, S. 5/6. Die Erzieherinnen erstellten Charakterskizzen, notierten in Tagebüchern die »körperlichen Verrichtungen«, die Anzahl Schlafstunden, den Zustand der Haut, Appetit und Stimmungen. In Schmidts Bericht spielt die kindliche Sexualität eine übergroße Rolle: »Sie befriedigen sie daher ruhig und ohne Scheu vor den Augen der Erzieherinnen, nicht anders als Hunger und Durstgefühle oder Müdigkeit.« Oralerotik werde im Lutschen ausgelebt, Mahlzeiten würden als »Kaka« bezeichnet, für den Wasserstrahl gebe es kein Interesse und die Kinder onanierten verhältnismäßig wenig, nur vor dem Einschlafen, dann als Lust und Rückzug. – Von der westdeutschen Studentenbewegung wurde der Bericht als Matrix für eine revolutionären Kindererziehung eifrig studiert.

59 Alle Angaben zur Geschichte des Kinderlaboratoriums aus: Schmid, Erziehung, S. 3/4, 13–16.

60 Jermakow erklärte, dass »in der Mehrzahl Kinder von Parteiarbeitern [im Heim sind, ap], welche ihre gesamte Zeit verantwortungsvoller Parteiarbeit widmen und daher nicht in der Lage sind, ihre Kinder zu erziehen« (Etkind, Eros, S. 254, 249/250).

61 Ebenda. Zu Wassili Stalin: Seine Mutter erschoss sich 1931. Er führte ein ausschweifendes Leben, wurde nach 1953 verhaftete, kam in verschiedene Kliniken.

62 Ihr Sohn, der spätere Autokonstrukteur Wadim Schmidt, erzählt im Film »Trotzkis Traum«, 2000, ausführlich von seinen guten Erinnerungen an das Heim (Stand: 17:18ff).

63 Etkind, Eros, S. 251, 243. Das Ehepaar Schmidt reiste nach dem Entscheid nach Berlin zu Karl Abraham und dann nach Wien zu Freud, um eine Aufnahme in die Internationale Psychoanalytische Vereinigung zu erwirken. 1924 wurde die Russische Psychoanalytische Vereinigung als drittes Mitglied aufgenommen. Nun gehörte ein Achtel der Mitglieder der Internationalen Vereinigung – insgesamt 30 – der Russischen Vereinigung an.

64 Kloocke, Wulff, S. 81.

65 So z. B. Bychowski, Bernard Emanuilowitsch, Über die methodischen Grundlagen der Lehre Freuds, in: Unter dem Banner des Marxismus, Heft 11/12, 1923, S. 158–177. Noch im Herbst 1924 veröffentlichte die Vereinigung zwei Sammelbände: »Psychologie und Marxismus« und »Psychoanalyse und Marxismus« mit Artikeln von Mitgliedern (Luria, Psychoanalyse, S. 397).

66 Jurinez, Wladimir, Psychoanalyse und Marxismus, in: Unter dem Banner des Marxismus, Heft 1, 1925, S. 90–133. Zuerst veröffentlicht in: Pod znamenem marksizma, Heft 8–9, 1924, S. 51–92. Zum Text: Kolnai Aurel, Psychoanalyse und Soziologie, Wien 1920.

67 Brief Leo Trotzki an Iwan Pawlow vom 23. September 1923, in: Trotsky, Litterature et Revolution, Paris 1964, S. 304/305.

68 Trotzki, Leo, »Kultur und Sozialismus« [1926], in: ders., Denkzettel, S. 350–360, hier S. 358.

69 Der Brief findet sich abgedruckt in: Joffe, Rückblende. S. 76–86. Im Brief verweist Joffe auf eine Behandlungsmethode nach Prof. Friedländer. Damit könnte Prof. Adolf Friedländer gemeint sein, ein österreichischer Neurologe, der zu der Zeit ein Sanatorium bei Freiburg i.B. hatte.

70 Kloocke, Wulff, S. 87. In Berlin fing er im soeben eröffneten Sanatorium im ehemaligen Kurhaus im Park des Schloss Tegel, der ersten psychoanalytischen Klinik weltweit, an zu arbeiten.

71 Miller, Freud, S. 45.

72 Keiler, Peter, Lev Vygotskikj. Ein Leben für die Psychologie, Weinheim 2002, S. 305.

73 Kloocke, Wulff, S. 204, 194/5.

74 Auskunft von Kirill Levinson, Deutsches Historisches Institut in Moskau, Urenkel von Vera Schmidt, vom 23. September 2023.

75 Kloocke, Wulff, S. 188.

76 Ljunggren, Magnus, Sabina und Isaak Spielrein, in: Karger, André u. a. (Hrsg.), Ich hieß Sabina Spielrein. Von einer, die auszog, die Heilung zu suchen, Göttingen 2006, S. 15–32. Isaak N. Spielrein hatte bei Wilhelm Wundt in Leipzig Psychologie studiert und wurde in der Sowjetunion als überzeugter Parteigenosse zum mächtigen »Vater der Psychotechnik«,

auch das eines der landesweiten riesigen Utopieprojekte (Vöhringer, Margarete, Avantgarde und Psychotechnik. Wissenschaft, Kunst und Wahrnehmungsexperimente in der frühen Sowjetunion, Göttingen 2007).

77 Marte, Hans, Die Grenzgängerin. Das außergewöhnliche Schicksal der österreichischen Ärztin Dr. Angela Rohr, in: Busek, Erhard (Hrsg.), Der Grenzgänger, Klagenfurt 2000, S. 143–153; Rohr, Angela, Lager. Autobiographischer Roman, Berlin, 2015.

78 Brief von Lew Wygotski an Alexander Luria, zitiert nach: Keiler, Vygotskikj, S. 309. Wygotski starb 1934 an Tuberkulose.

79 Proctor, Hannah, A Country beyond the pleasure principle. Alexander Luria, Death Drive and Dialectic in Soviet Russia, 1917–1930, in: Psychoanalysis and History, Heft 2, 2016, S. 155–182, hier S. 176. Der Nestor der Psychologiegeschichte Josef Brozek nannte Luria einen »surviver typ«, der jeweils die passenden Worte und die passende Praxis fand, um der Unterdrückung auszuweichen (Elrod, Norman, Freud und Luria und Wygotski. Psychoanalytiker und Kritiker der Psychoanalyse in der Sowjetunion, in: Nitzschke, Bernd (Hrsg.), Freud und die akademische Psychologie, München 1989, S. 181–190, hier S. 188).

80 Ossipow; Freud, Briefwechsel, S. 71.

81 Perepel, Elias, The Psychoanalytic Movement in U. S. S. R., in: Psychoanalytic Review, Heft 2, April 1939, S. 299/300. (Perepel änderte seinen Vornamen ›Il'ja‹ in den USA in ›Elias‹).

82 Parteiresolution vom 6. Juni 1931 im Institut für Psychologie, Pädologie und Psychotechnik, zitiert nach: Keiler, Vygotskikj, S. 306.

83 Leonhard, Leben, S. 344.

84 Weber, Hermann, Einleitung. Bemerkungen zu den kommunistischen Säuberungen, in: ders.; Mählert, Ulrich (Hrsg.), Terror. Stalinistische Parteisäuberungen, 1936–1953, Paderborn 1998, S. 1–32, S. 16.

85 Die Entlarvung des Stalin-Terrors. Wortlaut der Rede Chruschtschows vom 25. Februar 1956 auf dem XX. Parteitag der KPdSU, Bonn 1960, S. 21.

86 Ausführliche Literaturhinweise in: Petersen, Andreas, Die

Moskauer. Wie das Stalintrauma die DDR prägte, Frankfurt a.M. 2019.

87 Arendt, Hannah, Elemente und Ursprünge totaler Herrschaft, München 1986, S. 523.

88 Mandelstam, Nadeschda, Erinnerungen an Anna Achmatowa, Berlin 2011, S. 131.

89 NKWD-Akte, Nachlass Alfred Adler, LoC Box 6, nach: Kluy, Adler, S. 416, Fn. 12. Ausführlich zum Vorgang: S. 315–321.

90 Zitiert nach: Vatlin, Alexander, »Was für ein Teufelspack«. Die Deutsche Operation des NKWD in Moskau und im Moskauer Gebiet 1936 bis 1941, Berlin 2013, S. 227.

91 Tögel, Christfried, Jenö Varga, Psychoanalyse, Räterepublik und Stalinismus, in: Werkblatt. Zeitschrift für Psychoanalyse und Gesellschaftskritik, Heft 42, 1999, S. 96–133.

92 Mandelstam, Nadeschda, Das Jahrhundert der Wölfe. Eine Autobiographie, Frankfurt a.M. 1971, S. 382.

93 Rede von André Marty an der Moskauer Lenin-Schule vom 23. November 1933, zitiert in: Studer, Brigitte u. a., Der stalinistische Parteikader, Köln 2001, S. 289.

94 Mandelstam, Jahrhundert, S. 158.

95 Etkind, Eros, S. 393.

96 Joravsky, David, Russian Psychology. A Critical History, New York 1989, S. 149.

97 Joravsky, Psychology, S. 136.

98 Rüting, Torsten, Pavlov und der Neue Mensch. Diskurse über Disziplinierung in Sowjetrussland, München 2002, S. 148.

99 Rüting, Pavlov, S. 91.

100 Zitiert nach Etkind, Eros, S. 328.

101 Rüting, Pavlov, S. 165.

102 Brief von Trotzki an Pawlow vom 27. September 1923, in: Trotzki, Leo, Gesammelte Werke, Bd. 21, zitiert nach: Deutscher, Trotzki, Bd. 2, S. 178.

103 Trotzki, Kultur, S. 357/358.

104 Etkind, Eros, S. 297.

105 Rüting, Pavlov, S. 124.

106 Pavlov, Iwan, Nobelpreisrede [1904], in: ders., Ausgewählte Werke, (Ost)-Berlin 1953, S. 96–109, hier S. 106. Dort auch auf S. 109: »Im Leben interessiert uns eigentlich im Wesent-

lichen nur eines: Unser psychisches Erleben. Sein Mechanismus aber war und ist für uns noch in tiefstes Dunkel gehüllt.«

107 Rüting, Pavlov, S. 126/127.

108 Miller, Freud, S. 83–106.

109 Schurig, Volker, Reflextheorie versus Tätigkeitskonzept. Pawlows Blockade eines Paradigmenwechsels in der sowjetischen Psychologie, in: Kruse, Norbert u. a. (Hrsg.), Hamburger Ringvorlesung Kritische Psychologie. Wissenschaftskritik, Kategorien, Anwendungsgebiete, Ergebnisse, o. O. 1988, S. 82–144, hier S. 90.

110 Rüting, Pavlov, S. 186, 125, 130.

111 Rüting, Pavlov, S. 132–134.

112 Regelmann, Johann-Peter, Die Geschichte des Lyssenkoismus, Frankfurt a.M. 1980.

113 Kühn, Trotzkis Traum, Film (Stand: 28:54).

114 Rüting, Pavlov, S. 28.

115 Rüting, Pavlov, S. 162/163.

116 Rossijanow, Kirill, Gefährliche Beziehungen. Experimentelle Biologie und ihre Protektoren, in: Beyrau, Dietrich (Hrsg.), Im Dschungel der Macht. Intellektuelle Profession unter Stalin und Hitler, Göttingen 2000, S. 340–351, hier S. 348, 350.

117 Serebrovskij, Alexander, Anthropogenetik und Eugenik in der sozialistischen Gesellschaft, 1929, zitiert in: Rüting, Pavlov, S. 180.

118 Joravsky, Psychology, S. 141.

119 Watson, John B., Behaviorism, New York 1970, S. 147–164, 185/186. Zur Kritik: Harris, Ben, Whatever happened to Little Albert, in: American Psychologist, Februar 1979. Dazu O'Donnel, John, Origins of Bahaviorism. American Psychology, 1870–1920, New York 1985, S. 131.

120 Petersen, Moskauer, S. 278.

121 Rüting, Pavlov, S. 158.

122 Rüting, Pavlov, S. 328.

123 In der Komintern waren von 394 Mitgliedern im Januar 1936 im April 1938 noch 171 übrig. Die meisten Politemigranten in der Sowjetunion kamen aus Polen, den baltischen Staaten und Deutschland. Die Führer der polnischen KP wurden fast ausnahmslos ermordet. Auch die weißrussische und westukraini-

sche Partei wurde faktisch ausgerottet. Aus der jugoslawischen KP wurden 800 Mitglieder umgebracht, hunderte Funktionäre der KPs Rumäniens, Ungarns und der drei baltischen Republiken wurden verschleppt oder ermordet (Petersen, Moskauer, S. 92).

124 Weinke, Annette, Der Feind vor Gericht. Schauprozesse im kommunistischen Osteuropa, Erfurt 2016.

125 Im Folgenden aus: Rüting, Torsten, Der Kampf um Pawlows Erbe. Die Karriere des Physiologen Leon Orbeli, in: Beyrau, Dschungel, S. 319–339.

126 Medwedjew, Shores A., Der Fall Lyssenko – Eine Wissenschaft kapituliert 1969, Hamburg 1971.

127 Rüting, Kampf, S. 331/332.

128 Interview mit Prof. Pickenhain, 3. Februar 1992, in: Müller, Klaus-Dieter, Zwischen Hippokrates und Lenin. Gespräche mit ost- und westdeutschen Ärzten über ihre Zeit in der SBZ und DDR, Köln 1995, S. 513.

129 Rüting, Kampf, S. 335; ders., Pavlov, S. 19. Wie sehr das alles allein auf dem Machterhalt Stalins basierte, zeigt die Entwicklung in den Forschungen zum militärischen Apparat. Hier gab es kaum ideologische Reglementierung und die Atomphysik machte sprunghafte Fortschritte.

130 Woprosy Filosofii, Nr. 3, 1948, zitiert nach: Laqueur, Walter, Psychoanalyse in der sowjetischen Perspektive, in: Psyche, Heft 10, 1956, S. 588–596, hier S. 590.

131 Rapoport, Louis, Hammer, Sichel, Davidstern. Judenverfolgung in der Sowjetunion, Berlin 1992, S. 185. Zu den Vorbereitungen für Deportationen der jüdischen Bevölkerung mit Deportationsbefehlen, Baracken und Streckenanweisungen siehe S. 215–222.

132 Als 1948 der Psychiatrieprofessor A. Tschistowitsch in einer Vorlesung zum Traumgeschehen nur kurz auf die Psychoanalyse verwies, wurde er von der Militärmedizinischen Akademie in Leningrad suspendiert (Etkind, Eros, S. 269).

133 Sowjetskaja Etnografija, Nr. 1956, Kolbanowsky, in: Bolschewik, Nr. 17, 1947, zitiert nach: Laqueur, Psychoanalyse, S. 594, 592 und zit. nach: Spector, Jack J., Freud und die Ästhetik. Psychoanalyse, Literatur und Kunst, München 1973, S. 217.

134 Lekischwili, in: Klinitscheskaja Medizina, Nr. 9, 1953 und Micheyew, A. A.; Newzorowa, T. A., Lehrbuch für Neurologie, Moskau 1953, S. 11, zitiert nach: Laqueur, Psychoanalyse, S. 594.
135 Zit. nach Laqueur, Psychoanalyse, S. 588.
136 Thielen, Manfred, Sowjetische Psychologie und Marxismus. Geschichte und Kritik, Frankfurt a.M. 1984, S. 278–280.
137 Thielen, Psychologie, S. 152. Siehe auch Bauer, Raymond A., Der neue Mensch in der Sowjetischen Psychologie, Bad Nauheim, 1952. Sich vor einem Urteil scheuend: Kussmann, Thomas, Sowjetische Psychologie. Auf der Suche nach Methoden, Bern 1974.
138 Alexijewitsch, Swetlana, Secondhand-Zeit. Leben auf den Trümmern des Sozialismus, Berlin 2013, S. 297.
139 Mandelstam, Erinnerungen, S. 17, 22.
140 Leonhard, Wolfgang, Die Revolution entlässt ihre Kinder [1955], Köln 1992, S. 686.
141 Etkind, Alexander, Warped Mourning. Stories of the Undead in the Land of the Unburied, Stanford 2013.
142 Kadyrov, Igor M., Psychoanalyse in der UdSSR und in Russland nach dem Ende der Sowjetunion, in: Ash, Mitchell (Hrsg.), Psychoanalyse in totalitären und autoritären Regimes. Frankfurt a.M. 2010, S. 211–234, hier S. 226.
143 Bühling, Anselm, Genosse im Strudel der Zeit – 3, in: Tell, 2. 6. 2022. https://tell-review.de/genosse-im-strudel-der-zeit-3/.
144 Shdanow, Andrei, Über Kunst und Wissenschaft, Berlin 1951, S. 15.
145 Boris Kornilow in Wohnung 123 starb 1938 im Lager, Poet Nikolai Olejnikow in der Wohnung 46 wurde 1937 erschossen, Valentin Stenitsch in der Wohnung 126 wurde 1938 erschossen, Nikolai Sabolozki in Wohnung 45 war bis 1958 im Lager, Alexander Wedenski starb 1941 im Gefangenentransport.
146 Mai, Birgit, Satire im Sowjetsozialismus. Michael Soschtschenko, Michael Bulgakow, Ilja Ilf, Jewgeni Petrow, Bern 1993, S. 57–67; dies., Satire und Psychologie, Michael Soschtschenkos Schriftstellerbiographie, in: Weimarer Beiträge, Heft 5, 1984, S. 793–815.
147 Soschtschenkos Zimmer Nr. 119 ist heute ein Museum.

3 BRD: Die durchtherapeutisierte Gesellschaft

1 Uwe Timm, Heisser Sommer [1974], München 2010, S. 267, 247.

2 Dieter Zimmer, Echt ätzend, wie Du wieder abblockst. Die Sprache der Psychoszene. Zwischen Blässlichkeit und Übertreibung, *ZEIT* vom 30. 9. 1983.

3 Im Team war auch noch die Heidelberger Assistenzärztin Alice Ricciardi von Platen, die sich mit der Euthanasie von psychiatrischen Patienten und Patientinnen befasste. Ricciardi von Platen, Alice, Die Tötung Geisteskranker in Deutschland. Aus der Deutschen Ärztekommission beim Amerikanischen Militärgericht, in: Frankfurter Hefte, Frankfurt a.M. 1948.

4 Mitscherlich, Alexander, Ein Leben für die Psychoanalyse. Anmerkungen zu meiner Zeit, Frankfurt a.M. 1980, S. 144–156.

5 Freimüller, Tobias, Verdrängung und NS-Bewältigung. Alexander Mitscherlich und die NS-Vergangenheit, in: ders. (Hrsg.), Psychoanalyse und Protest. Alexander Mitscherlich und die »Achtundsechziger«, Göttingen 2008, S. 118–132, hier S. 120.

6 Mitscherlich, Alexander; Mielke, Fred, Wissenschaft ohne Menschlichkeit. Medizinische und eugenische Irrwege unter Diktatur, Bürokratie und Krieg, Heidelberg 1949; dies. (Hrsg.), Medizin ohne Menschlichkeit. Dokumente des Nürnberger Ärzteprozesses; Neuauflage von Wissenschaft ohne Menschlichkeit [Fischer Taschenbuchverlag], Frankfurt a.M. 1960, 18. Auflage 2012.

7 Verfolgt wurden ihre jüdischen Vertreter, nicht die Wissenschaft als solche. Geuter, Ulfried, Die Professionalisierung der deutschen Psychologie im Nationalismus, Frankfurt a.M. 1984.

8 Christian Schneider in der Diskussion, in: Freimüller, Psychoanalyse, S. 115; Lohmann, Hans-Martin, Von Idealisierungen und kritischen Nachfragen. Eine Wiederannäherung an Alexander Mitscherlich, in: Freimüller, Psychoanalyse, S. 17–31, hier S. 22.

9 Schröter, Michael, Zurück ins Weite. Die Internationalisierung der deutschen Psychoanalyse nach dem Zweiten Weltkrieg,

in: Bude, Heinz u. a. (Hrsg.), Westbindungen. Amerika in der Bundesrepublik, Hamburg 1999, S. 93–118, hier S. 116.

10 »Als Psychoanalytiker im speziellen Sinne«, so die Analytikerin Karen Brecht, »hat er niemand besonders beeindruckt« (Karen Brecht, In the Aftermath of Nazi-Germany. Alexander Mitscherlich and the Psychoanalysis – Legend and Legacy, in: American Imago, Heft 52, 1995, S. 291–312). Mitscherlichs Lehranalytikerin war Paula Heimann (1899–1982) in England, nachdem zuerst seine Frau Margarete zu Heimann in die Analyse gegangen war.

11 Schröter, Weite, S. 97/98, 105.

12 Brede, Karola, Revolution in der affluent society. Desiderate einer politischen Sozialpsychologie, in: Freimüller, Psychoanalyse, S. 46–62, hier S. 48. Der Titel »Die Unfähigkeit zu trauern« stammt ursprünglich von Erich Fromm von 1932.

13 Tändler, Maik, »Psychoboom«. Therapeutisierungsprozesse in Westdeutschland in den späten 1960er- und 1970er-Jahren, in: ders. u. a. (Hrsg.), Das beratene Selbst. Zur Genealogie der Therapeutisierung in den ›langen‹ Siebzigern, Bielefeld 2011, S. 59–96, hier S. 59 und Brede, Revolution, S. 47, 58.

14 »Praeceptor Germaniae [Lehrmeister Deutschlands, ap] für die Psychoanalyse«: Rattner, Josef, Alexander Mitscherlich, in: ders., Klassiker der Psychoanalyse [1995], Hamburg 2011, S. 584–603, hier S. 585.

15 Albrecht, Clemens u. a., Die intellektuelle Gründung der Bundesrepublik. Eine Wirkungsgeschichte der Frankfurter Schule, Frankfurt a.M. 1999, S. 525. Die Tochter der Mitscherlichs, Monika Seifert (1932–2002) war führend im Sozialistischen Deutschen Studentenbund und gründete den ersten Kinderladen in Deutschland 1967 in Frankfurt (Aden-Grossmann, Wilma, Monika Seifert – Pädagogin der antiautoritären Erziehung. Eine Biographie, Frankfurt a.M. 2014).

16 Die Psychoanalyse-Historikerin Herzog bezeichnet die Jahre zwischen 1960 und Ende der 80er Jahre als die »Goldenen Jahre« der Analyse in Westeuropa, und charakterisiert sie anhand der Vielzahl sich widersprechender Exponenten als undogmatisch und politisch angetrieben von der Neuen Linken. (Herzog, Cold war)

17 Christian Schneider in der Diskussion, in: Freimüller, Psychoanalyse, S. 115.
18 Freimüller, Tobias, Alexander Mitscherlich. Gesellschaftsdiagnosen und Psychoanalyse nach Hitler, Göttingen 2007, S. 14, 20.
19 Freimüller, Mitscherlich, S. 20.
20 Lohmann, Hans-Martin, Von Idealisierungen und kritischen Nachfragen. Eine Wiederannäherung an Alexander Mitscherlich, in: Freimüller, Psychoanalyse, S. 22.
21 Freimüller, Mitscherlich, S. 426.
22 Freimüller, Mitscherlich, S. 432. Mitscherlichs Texte sind, so z. B. der Individualpsychologe Rattner, »weniger belehrend als man im ersten Moment meinen könnte. Es bedarf immer mehrfacher Anläufe eines gutwilligen Empfängers, wenn er in die oft umständlichen Gedankengänge eindringen will, wobei man am Ende eigentlich nicht viel Substanzielles in den Händen hat« (Rattner, Mitscherlich, S. 601).
23 Freimüller, Mitscherlich, S. 434.
24 Lewin, Kurt, u. a., Patterns of aggressive behavior in experimentally created »social climates«, in: Journal of Social Psychology, Heft 10, 1939, S. 271–299.
25 Lewin, Kurt, The Special Case of Germany [1943], in: ders., Resolving Social Conflicts [1948], New York 1967, S. 43–55. Auch das Institut für Sozialforschung griff in seiner ersten Studie 1950/51 auf ein »Gruppenexperiment« zur Erforschung von Vorurteilen zurück (Pollock, Friedrich, Gruppenexperimente. Ein Studienbericht. Frankfurt a.M. 1955).
26 Stähler, Frank u. a. (Hrsg.), Demokratie machen. Gruppendynamische Impulse, Heidelberg 2018.
27 Nolte, Paul, Von der Gesellschaftsstruktur zur Seelenverfassung. Die Psychologisierung der Sozialdiagnose in den sechziger Jahren, in: Freimüller, Psychoanalyse, S. 70–95, hier S. 79.
28 Fromm, Erich, Arbeiter und Angestellte am Vorabend des Dritten Reiches. Eine sozialpsychologische Untersuchung, Stuttgart 1980; Horkheimer, Max; Fromm, Erich; Marcuse, Herbert u. a., Studien über Autorität und Familie, Paris 1936. Fromms Teile: S. 77–135, 229–469.
29 Adorno, Theodor W.; Frenkel Brunswik, Else; Levinson,

Daniel J.; Sanford, R. Nevitt, The Authoritarian Personality, Berkeley 1950. Übersetzt in Teilen: Adorno, Theodor W., Studien zum autoritären Charakter, Frankfurt a.M. 1973. Adornos zusammenfassende, Psyche und individuelle Prägung auf die Warenwelt und den Monopolkapitalismus zurückführende Einführung wurde nicht aufgenommen.

30 Marcuse, Herbert, Triebstruktur und Gesellschaft. Ein philosophischer Beitrag zu Sigmund Freud [engl. 1955], Frankfurt a.M. 1965, S. 7 (1957 erschienen unter dem Titel »Eros und Kultur«).

31 Nolte, Gesellschaftsstruktur, S. 97.

32 Herzog, Dagmar, Die Politisierung der Lust. Sexualität in der deutschen Geschichte des 20. Jahrhunderts, München 2005, S. 19.

33 Schmidts Text wurde nach vielen Raubdrucken veröffentlicht in: Schmidt, Wera; Klein, Melanie; Freud, Anna; Wolffheim, Nelly; Bálint, Alice, Antiautoritäre Erziehung und Kinderanalyse, Hamburg 1970.

34 Neill, Alexander, Erziehung in Summerhill. Das revolutionäre Beispiel einer freien Schule [engl. 1960], 1965, mit einem Vorwort von Erich Fromm; Neuauflage: Theorie und Praxis der antiautoritären Erziehung. Das Beispiel Summerhill, Reinbek b.H. 1969.

35 Nolte, Gesellschaftsstruktur, S. 83.

36 Zitiert nach: Nolte, Gesellschaftsstruktur, S. 88.

37 Die Idee des Films ruhte zehn Jahre, weil die tschechischen Behörden das Buch konfisziert hatten. Forman, der 1968 aus Prag floh, hielt das Thema der eingeschlossenen Patienten für »tschechisch«, indem es eine Gesellschaft beschrieb, in der er 20 Jahre gelebt habe, mit Menschen, von denen er wusste, wie sie sich fühlten (The Making of One Flew Over the Cuckoo's Nest, basierend auf: Kislyak, Charles, Completely Cuckoo, 2002).

38 Zitiert nach: Kauders, Anthony, Der Freud-Komplex. Eine Geschichte der Psychoanalyse in Deutschland, Berlin 2014, S. 209. Der Bericht entstand mit Beratung von Alexander Mitscherlich, Horst-Eberhard Richter, Tobias Brocher und Annemarie Dührssen.

39 Kauders, Freud-Komplex, S. 210, 203. Die Verhaltenstherapie, heute die verbreitetste Psychotherapieform, wurde erst 1987 bei den Krankenkassen akzeptiert.

40 Kauders, Freud-Komplex, S. 211.

41 Elberfeld, Jens, Anleitung zur Selbstregulation. Eine Wissensgeschichte der Therapeutisierung, Frankfurt a.M./New York 2020, S. 181, Fn. 36.

42 Roelcke, Volker, Rivalisierende »Verwissenschaftlichungen des Sozialen«. Psychiatrie, Psychologie und Psychotherapie im 20. Jh., in: ders.; Reulecke, Jürgen (Hrsg.), Wissenschaften im 20. Jahrhundert. Universitäten in der modernen Wissenschaftsgesellschaft, Stuttgart 2008, S. 131–148, hier S. 141.

43 Tändler, »Psychoboom«, S. 70; Reichardt, Sven, Authentizität und Gemeinschaft. Linksalternatives Leben in den siebziger und achtziger Jahren, Frankfurt a.M. 2014, S. 793.

44 Lohff, Brigitte, Von der Normalität des Unglücklichseins. Überlegungen zum Phänomen Psychotherapie als Teil des Alltagslebens ab den 1960er Jahren, in: Wolters, Christine u. a. (Hrsg.), Abweichung und Normalität. Psychiatrie in Deutschland vom Kaiserreich bis zur Deutschen Einheit, Bielefeld 2012, S. 325–356, hier S. 327 und Elberfeld, Anleitung, S. 181, Fn. 36.

45 Reichardt, Authentizität, S. 791; Lohff, Normalität, S. 329, 326, 341; Tändler, »Psychoboom«, S. 66.

46 Lohff, Normalität, S. 355.

47 Zur marxistischen Kritik z. B. Das Elend mit der Psyche II: Psychoanalyse, in: Kursbuch, Heft 29, September 1972. Zur Kritik an der Psychologisierung der Stundenbewegung siehe: Die Therapiegesellschaft, Kursbuch, Heft 82, November 1985; dort vor allem Michel, Karl Markus, Im Bauch des Wals. Abgesang auf die gesunde Persönlichkeit, S. 115–141 mit einem Frontalangriff gegen die »Humanistische Psychologie« als »Wahnvorstellungen« zwischen Psychoanalyse und Verhaltenstherapie.

48 Böttiger, Helmut, Die Jahre der wahren Empfindung. Die 70er – eine wilde Blütezeit der deutschen Literatur, Göttingen 2021, S. 17.

49 Weitere Texte: Kersten, Paul, Der alltägliche Tod meines

Vaters; Rehmann, Ruth, Der Mann auf der Kanzel; Gauch, Sigfrid, Vaterspuren; Härtling, Peter, Nachgetragene Liebe; Schwaiger, Brigitte, Lange Abwesenheit; Meckel, Christoph, Suchbild; Piwitt, Hermann Peter, Deutschland. Versuch einer Heimkehr (Böttiger, Jahre, S. 157).

50 Fried, Catherine, Über kurz oder lang. Erinnerungen an Erich Fried, Berlin 2011, S. 59.

51 Tändler, »Psychoboom«, S. 63. Die Empfindung von Angst war eine der Voraussetzungen für soziale Bewegungen der 70er und 80er Jahre wie die Umwelt- und Friedensbewegung, wo es um subjektive Wahrnehmung, »die unter die Haut geht«, ging (Biess, Frank, Die Sensibilisierung des Subjekts. Angst und »Neue Subjektivität« in den 1970er Jahren, in: Werkstatt-Geschichte, Nr. 49, 2008, S. 51–71, hier S. 69).

52 Elberfeld, Jens, »Patient Familie«. Zu Diskurs und Praxis der Familientherapie (BRD 1960–1990), in: ders.; Maasen, Sabine, Selbst, S. 97–136, S. 116.

53 Elberfeld, Jens, Subjekt/Beziehung: Patriarchat – Partnerschaft – Projekt. Psychowissen und Normalisierungspraktiken im Diskurs der Paartherapie (BRD 1960–1990), in: Tändler, Maik u. a. (Hrsg.), Das Selbst zwischen Anpassung und Befreiung. Psychowissen und Politik im 20. Jahrhundert, Göttingen 2012, S. 85–114, hier S. 104.

54 Elberfeld, »Patient«, S. 108/109.

55 Tändler, Maik, Therapeutische Vergemeinschaftung. Demokratisierung, Emanzipation und Emotionalisierung in der ›Gruppe‹, 1963–1976, in: ders. u. a. (Hrsg.), Selbst, S. 141–167.

56 Tändler, Maik, Das therapeutische Jahrzehnt. Der Psychoboom in den siebziger Jahren, Göttingen 2016.

57 Bopp, Jörg, Der Linke Psychodrom, Kursbuch Heft 55, 1979, S. 73–94.

58 Sarasin, Philipp, 1977. Eine kurze Geschichte der Gegenwart, Berlin 2021.

59 Bopp, Psychodrom, S. 74.

60 Aus dem Hair-Lied: Aquarius/Wassermann: »Harmony and understanding / Sympathy and trust abounding / No more falsehoods or decisions / Golden living dreams of visions /

Mystic crystal revelation / And the mind's true liberation / Aquarius! Aquarius! / Aquarius! Aquarius! / Aquarius!«

61 Reichardt, Authentizität, S. 825.

62 Tändler, Maik, Vergemeinschaftung, S. 143. Der Begriff des Psychobooms kam von: Bach, Psychoboom.

63 Tönnies, Sven u. a., Eine Gesprächsgruppe in der Erfahrung von Fernsehzuschauern, in: GwG-Info, Nr. 43, 1981, S. 34–41.

64 Elberfeld, »Patient«, S. 115.

65 Richter, Horst-Eberhard, Die neue Sensibilität. 19 Thesen über die Hintergründe der Jugendbewegung, in: Haller, Michael (Hrsg.), Aussteigen oder rebellieren. Jugendliche gegen Staat und Gesellschaft, Hamburg 1981, S. 238–242.

66 Reichardt, Authentizität, S. 14, 30.

67 Herzog, Dagmar, Cold War Freud. Psychoanalysis in an Age of Catastrophes, Cambridge 2016.

68 Sarasin, Geschichte, S. 216.

69 Sennett, Richard, Verfall und Ende des öffentlichen Lebens. Tyrannei der Intimität [1977], Frankfurt a.M. 1983; Sperber, Manès, Alfred Adler oder das Elend der Psychologie, Wien 1970, S. 296.

70 Reckwitz, Andreas, Erschöpfte Selbstverwirklichung. Das spätmoderne Individuum und die Paradoxien seiner Emotionskultur, in: ders., Das Ende der Illusionen. Politik, Ökonomie und Kultur in der Spätmoderne, Frankfurt a.M. 2019, S. 203–238, hier S. 204, 215.

71 Reckwitz, Andreas, Die Gesellschaft der Singularitäten. Zum Strukturwandel der Moderne [2017], Berlin 2019.

72 Foucault, Michel, Technologie des Selbst, in: ders., Schriften, Bd. 4, Frankfurt a.M. 2005, S. 966–999.

73 Illouz, Eva, Die Errettung der modernen Seele. Therapien, Gefühle und die Kultur der Selbsthilfe, Frankfurt a.M. 2009.

74 Elberfeld, Subjekt/Beziehung, S. 98.

75 Charim, Isolde, Die Qualen des Narzissmus. Über die freiwillige Unterwerfung, Wien 2022.

76 Reckwitz, Selbstverwirklichung, S. 215, 218.

77 Reichardt, Authentizität, S. 38; Schulze, Gerhard, Die Erlebnisgesellschaft. Kultursoziologie der Gegenwart, Frankfurt a.M. 1995, bes. S. 58–60, 153–157, 312–322.

78 Reckwitz, Andreas, Kulturkonflikte als Kampf um Kultur. Hyperkultur und Kulturessenzialismus, in: ders., Illusionen, S. 29–62, hier S. 31. Im Lebensstil dieser neuen Oberschicht soll, gegenüber einem Drittel einer abgehängten Unterschicht und einem letzten Drittel alte Mittelschicht, die sich nicht auf den Bildungs- und Kulturbereich kapriziert, Bildung, Wohnen, Reisen und Essen individuell und authentisch sein.

79 Reckwitz, Selbstverwirklichung, S. 211.

4 Osteuropa: Sowjetischer Nachvollzug

1 Havemann, Robert, Walter Hollitscher, … wissenschaftlich betrachtet, in: Einheit, 6, S. 1635–1643.

2 Gross, Friedrich Rudolf, Jenseits des Limes. 40 Jahre Psychiater in der DDR, Bonn 1996, S. 225.

3 Simon, Annette; Faktor, Jan, Fremd im eigenen Land, Gießen 2000, S. 194.

4 Interview Achim Freyer vom 19. Januar 2020 in Deutschlandfunk.

5 Bericht der Kommission vom 25. Februar 1963, BArch Berlin, SAPMO_DY 30 IV2/19/62, zitiert nach: Steinberg, Holger u. a., Vermischung von Politik und Wissenschaft in der DDR. Die Untersuchung der Todesfälle an der Leipziger Neurologisch-Psychiatrischen Universitätsklinik unter Müller-Hegemann 1963, in: Fortschritte der Neurologie und Psychiatrie, Heft 79, 2011, S. 561–569, hier S. 565.

6 Das Kapitel verdankt viel dem ausgezeichneten Aufsatz von Bernhardt, Heike, Mit Sigmund Freud und Iwan Petrowitsch Pawlow im Kalten Krieg. Walter Hollitscher, Alexander Mette und Dietfried Müller-Hegemann in der DDR, in: dies.; Lockot, Regine (Hrsg.), Mit ohne Freud. Zur Geschichte der Psychoanalyse in Ostdeutschland, Gießen 2001, S. 172–204, hier S. 198/199.

7 Müller-Hegemann, Dietfried, Neue Wege der psychiatrisch-neurologischen Forschung auf Grund der Arbeiten der Pawlow-Schule, in: Psychiatrie, Neurologie und medizinische Psychologie, Heft 7, 1955, S. 193–203; Müller-Hegemann, Dietfried

(Hrsg.), Probleme der Neurologie und der Neuropathologie im Lichte der Lehre I. Pawlows, (Ost-)Berlin 1952.

8 Scholtz, Doreen, Theorie und Praxis der Pawlow'schen Schlaftherapie in der DDR der 1950er und 60er Jahre – insbesondere unter Dietfried Müller-Hegemann, Diss., Leipzig 2012.

9 Wenn nicht anders vermerkt, stammen die Informationen zu Müller-Hegemann aus: Steinberg, Holger, Die Karriere des Psychiaters Dietfried Müller-Hegemann als Beispiel eines politisch gewollten Auf- und Abstiegs in der DDR, in: Kumbier, Ekkehardt (Hrsg.), Psychiatrie in der DDR, Bd. 2, Berlin 2020, S. 119–136.

10 Müller-Hegemann, Dietfried, Psychotherapie – Ein Leitfaden für Ärzte und Studierende, (Ost-)Berlin 1957, S. 46, zitiert nach: Bernhardt, Freud/Pawlow, S. 186.

11 Roelcke, Verwissenschaftlichungen, S. 141.

12 Elrod, Norman, Harald Schultz-Hencke und Dietfried Müller-Hegemann. Zwei Berliner Psychotherapeuten im Ost-West-Gespräch, in: Luzifer-Amor, Heft 6, 1990, S. 131–143.

13 Klose, Anett, Eine Handvoll Würfelzucker, o. O. 2021.

14 Müller-Hegemann, Dietfried, Antwort an Herrn Dr. Schultz-Hencke auf seinen offenen Brief, in: Psychiatrie, Neurologie und Medizinische Psychologie, Heft 3, 1950, S. 89–93, hier S. 91, 93. Den Lehrstuhl hätte Schulz-Hencke gerne angenommen, er wollte aber nicht nach Ostberlin umziehen, was die amerikanischen Besatzer zur Bedingung gemacht hatten.

15 Aktennotiz des Sekretariats für Hochschulwesen vom 14. Dezember 1951, zitiert in: Steinberg, Karriere, S. 122.

16 Entschuldigend heißt es im Vorwort, dass »die Arbeiten der Pawlowschen Schule, die erst durch die Moskauer Pawlow-Diskussion im Juni/Juli 1950 in Deutschland zur genauen Kenntnis gelangt sind«, noch nicht in Deutschland verfügbar seien, so dass in der Arbeit die »physiologischen und andere somatische Befunde etwas zurücktreten«, stattdessen gehe es um die »zwischenmenschlichen Beziehungen in ihrer Vielfalt.« Freud wird erwähnt, Marx und Lenin nur einmal, Stalin nie (Müller-Hegemann, Dietfried, Die Psychotherapie bei Schizophrenen Prozessen. Erfahrungen und Probleme, Leipzig 1952, S. V/VI).

17 Müller-Hegemann, Dietfried, Zwei Wege in der modernen Psychotherapie, in: Deutsches Gesundheitswesen, Heft 6, 1951, S. 641–646.
18 Interview Pickenhain, 3. Februar 1992, in: Müller, Hippokrates, S. 515.
19 Bis 1961 flohen 10 000 Ärzte, 14 500 blieben (Arztsein in der DDR, MDR vom 1. Februar 2021).
20 Ernst, Anna-Sabine, »Die beste Prophylaxe ist der Sozialismus«. Ärzte und medizinische Hochschullehrer in der SBZ/DDR 1945–1961, Münster 1997, S. 313.
21 Interview Pickenhain, 1992, in: Müller, Hippokrates, S. 509.
22 BArch, DY30, IV/2/19/42, zitiert nach: Frey, Oliver, Psychiatrie und Gesellschaft am Beispiel der DDR, Magisterarbeit, Berlin 1999, S. 39. Alkoholismus und Neurosen wurden auf der Tagung zu einem Ausdruck des kapitalistischen Systems erklärt. Im Sozialismus werde es sie nicht mehr geben.
23 Ministerium für Gesundheit der DDR (Hrsg.), Tagungs-Bericht der Pawlowtagung, Leipzig 15./16. Januar 1953, Berlin 1953.
24 Interview Pickenhain, 1992, in: Müller, Hippokrates, S. 513.
25 Bernhard, Heike; Lockot, Regine, Psychoanalyse in Ostdeutschland am Beispiel von Alexander Mette, in: Tögel, Christfried u.a (Hrsg.), Psychotherapie und Psychoanalyse in Osteuropa, Uchtspringe 2003, S. 105–128. So in: Mette, Alexander, Freud und Pawlow, in: Psychiatrie, Neurologie und medizinische Psychologie, Heft 7, 1957, S. 217–225.
26 Hollitscher, Walter, Sigmund Freud – An Introduction, London 1947.
27 Hollitscher, Walter, Kritik der Psychoanalyse, in: Aufbau, Heft 11, 1949, S. 991–996, hier S. 992. Wiederabdruck in: Hollitscher, Walter, Kritik der Psychoanalyse, in: ders., Wissenschaftlich betrachtet. Vierundsechzig gemeinverständliche Aufsätze über Natur und Gesellschaft, (Ost-)Berlin 1951, S. 335–345, hier S. 337. Man tue so, heißt es im Text, als wären »Freuds Arbeiten auf dem Gebiet der Neurosenlehre nicht erschienen, als seien psychische Konflikte, die zur Krankheit führen, durch ein paar freundliche oder strenge Worte wegzublasen, als wäre der Nachweis unbewusster psychischer Reaktionen nicht geführt worden. … Es ist grotesk, so zu tun,

als wären sie [die psychischen Mechanismen, ap] nicht durch Freud zum Gegenstand exakter wissenschaftlicher Problemstellungen geworden.«

28 Fricke, Karl Wilhelm, Opposition und Widerstand in der DDR. Köln 1984, S. 38/39; Buschfort, Wolfgang, Das Ostbüro der SPD, München 1990, S. 46; Malycha, Andreas, Partei von Stalins Gnaden? Die Entwicklung der SED zur Partei neuen Typs in den Jahren 1946–1950, Berlin 1996, S. 447; Petersen, Moskauer, S. 200, 229.

29 Havemann, Robert, »wissenschaftlich betrachtet«, in: Einheit, Heft 20, 1951, S. 1635–1643, hier S. 1640–1643.

30 Bernhardt, Freud/Pawlow, S. 196.

31 Hollitscher, Walter, Die Lehre Pawlows – Grundlage der wissenschaftlichen Physiologie und Psychologie, in: Einheit, Heft 7, 1952, S. 585–593.

32 Brief Walter Ulbrichts an alle Landesleitungen und Kreisorganisationen vom 3. Juni 1952, SAPMO DY 30 IV 2/5/4991, Bl. 48, zitiert in: Klein, Thomas, »Für die Einheit und Reinheit«. Die innerparteilichen Kontrollorgane der SED in der Ära Ulbricht, Köln 2002, S. 157.

33 Keßler, Mario, Die SED und die Juden. Zwischen Repression und Toleranz, Berlin 1995, S. 86–89.

34 Otto, Wilfriede, Vision zwischen Hoffnung und Täuschungen, in: Klein, Thomas; dies.; Grieder, Peter, Visionen. Repression und Opposition in der SED 1949–1989, Frankfurt a.d.O. 1997, S. 193.

35 Selbstkritik und Kritik von unten entfalten!, in: Neues Deutschland, 16. Dezember 1952.

36 So denunzierten der in der Schlaftherapie von Müller-Hegemann gestorbene Rudolf Neumann und seine Frau Hilde in einem Brief vor allem jüdische Genossen, mit denen sie im Exil in Mexiko waren. In erster Linie war es Belastungsmaterial gegen Paul Merker, gegen den man einen Schauprozess vorbereitete. Der Brief weist in jedem dritten Satz auf eine »zionistische Politik«, »Kreise jüdischer Wirtschaftsemigranten«, »ostjüdische Kaufleute« oder auf den »Laden eines jüdischen Kaufmanns« hin (Brief vom 2. Dezember 1952, SAPMO; Kopie im Besitz von Heike Bernhard).

37 Escherwege, Helmut, Auswirkungen des Stalinismus auf die Juden in der DDR von 1949 bis 1957, in: Weber, Hermann u.a., Kommunisten verfolgen Kommunisten. Stalinscher Terror und »Säuberungen« in den Kommunistischen Parteien Europas seit den Dreißiger Jahren, Berlin 1993, S. 511/512.

38 Hirschinger, Frank, »Gestapoagenten, Trotzkisten, Verräter«. Kommunistische Parteisäuberungen in Sachsen-Anhalt 1918–1953, Göttingen 2005, S. 338; SAPMO DY 30 J IV 2/37355, S. 11.

39 Bernhardt, Freud/Pawlow, S. 202, Fn. 33 verweist dabei auf die Briefe von Walter Hollitscher vom 25. und 26. November 1952 und die Briefe von Wolfgang Harich vom 4., 9. und 18. Dezember 1952 an die Zentrale Partei-Kontroll-Kommission des ZK der SED, in: SAPMO DY 30/IV 2/4/124, Bl. 112, 113, 153–155, 184–185, 220–221.

40 Ministerium, Tagungsbericht, S. 53.

41 Hollitscher, Walter, Die philosophische Bedeutung der Lehre Pawlows, in: Ministerium, Tagungsbericht, S. 132, 121, 120, 169.

42 Vorwort, Ministerium, Tagungsbericht, S. X.

43 Beides bei Bernhardt, Freud/Pawlow, S. 172.

44 Bernhardt, Freud/Pawlow, S. 197.

45 Rauh, Hans-Christoph, Verdächtigt. Gedemütigt. Ausgewiesen. Erinnerungen an ein Philosophenschicksal aus dem Jahre 1953 – zum 100. Geburtstag von Walter Hollitscher, in: Neues Deutschland vom 14. Mai 2011.

46 Bernhardt, Freud/Pawlow, S. 185.

47 Mette, Alexander, Freud und die sozialen Zeitprobleme. Periodikum für wissenschaftlichen Sozialismus, Heft 14, München 1959, S. 49.

48 Meador, Margret, Angst vor Freud. Gespräche mit Harro Wendt und Infrid Tögel, in: Bernhard; Lockot, Mit ohne Freud, S. 268–282, hier: S. 274.

49 Lockot, Regine, 1933–1945–1989. Gespräche mit Kurt Höck, in: Bernhard; Lockot, Mit ohne Freud, S. 283–314, hier S. 286, Fn. 58. Der West-Psychiater Johannes Cremerius nahm 1960 an einer Tagung der Gesellschaft teil. »Als Vertreter einer leninistisch-marxistischen Lehre«, erklärte Müller-Hegemann Cremerius dort, »lehne er die Psychoanalyse grundsätzlich

ab. ... Weiter erklärte er, dass im Zeitalter des Nervismus alle Tiefenpsychologien ideologische Instrumente des Imperialismus seien, dass Individualpsychotherapie die Menschen von den progressiven gesellschaftlichen Kräften isoliere. Er halte es für wichtiger, den Patienten zu einem gesellschaftlichen Bewusstsein zu verhelfen. Unser Gespräch«, so Cremerius in seiner Autobiographie, »endete politisch. Er ereiferte sich und wies darauf hin, dass sich der Fortschritt nicht in Westberlin, wo Kriegshetze, Finanzbankrotte und Massenarbeitslosigkeit herrschten, vollziehe, sondern in Ostberlin. Im Osten siege man über die eigenen Ausbeuter und über den Mangel an Bedarfsgütern. Hier fühle sich der Einzelne glücklich und geborgen« (Cremerius, Johannes, Ein Leben als Psychoanalytiker in Deutschland, Würzburg 2005, S. 214).

50 Kurt Höck vom 8. Februar 1999, in: Lockot, Höck, S. 288 und S. 288, Fn. 12.

51 Müller-Hegemann, Dietfried, Zur Psychologie des deutschen Faschisten, Rudolstadt 1955, S. 34.

52 Müller-Hegemann, Zur Psychologie, S. 7.

53 Gemäß Müller-Hegemanns Analyse war schon die Gesellschaft des deutschen Monopolkapitalismus vor 1933 faschistisch. Gefügigkeit, Angst und Aggression seien die Wesensmerkmale des faschistischen Menschen. Heute seien die Monopolkapitalisten – und damit der Faschismus – in den USA. Nicht der Deutsche heute sei nun der Prototyp des Faschisten, sondern der Amerikaner.

54 BArch, DY 30 IV 2/19/62, in: Steinberg, Karriere, S. 129.

55 Sieber, Sven, Walter Janka und Wolfgang Harich. Zwei DDR-Intellektuelle im Konflikt mit der Macht, Berlin 2008, S. 95–119.

56 Winter, Kurt, Rezension zu: Müller-Hegemann, Dietfried, Zur Psychologie des deutschen Faschisten, Rudolstadt 1955, in: Deutsche Zeitschrift für Philosophie, Heft 3, 1958, S. 465–473; zentrale Zitate S. 472, 465, 466, 465.

57 Müller-Hegemann, Dietfried, Antwort auf Kritik von Kurt Winter an der Schrift: Zur Psychologie des deutschen Faschisten, in: Deutsche Zeitschrift für Philosophie, Heft 7, 1959, S. 490–494, zentrale Zitate S. 493.

58 Rausch, R., Rezension zu: Müller-Hegemann, Dietfried, Zur Psychologie des deutschen Faschisten, Rudolstadt 1955, in: Psyche, Heft 4, S. 769–771.
59 Steinberg, Holger, Die lasche Beobachtung eines Staatsfeindes. Der DDR- und bundesdeutsche Psychiater Dietfried Müller-Hegemann in den Akten der Stasi, in: Fortschritte der Neurologie, Psychiatrie, Heft 88, 2020, S. 514–527.
60 Alle biographischen Angaben zu Christa Kohler aus: Steinmetz, Marie Rosa Hilde, Eine Werkbiografie über Christa Kohler (1928–2004). Psychotherapeutische und sozialpsychiatrische Forschung und Praxis in der DDR, Diss., München 2014.
61 Ernst, Prophylaxe, S. 297, 279.
62 Es scheint, als habe Kohler im Namen der Belegschaft der Psychotherapeutischen Abteilung sowohl an den Staatsratsvorsitzenden Walter Ulbrich sowie Herbert Matern Telegramme aus der Klinik geschickt, ohne ihre Vorgesetzten wie ihre Kollegen und Kolleginnen zu informieren (Brief Infrid Tögel an Prof. Dr. Wünscher vom 13. April 1963, im Besitz von Heike Bernhard).
63 Zitiert nach: Ernst, Prophylaxe, S. 329/330, Fn. 321.
64 Offensichtlich hatte man in den Untersuchungsberichten Aussagen zu Ungunsten von Müller-Hegemann verändert. So beschwerte sich der Klinikkollege von Müller-Hegemann, Infrid Tögel, verschiedene Male, in dem Bericht nicht korrekt zitiert worden zu sein (Briefe von Infrid Tögel an Staatsanwalt Gefroi vom 13. April 1963, 17. Oktober 1963 und 8. Dezember 1963 im Besitz von Heike Bernhardt).
65 Steinberg, Vermischung, S. 563/564.
66 Mündliche Auskunft des Sohnes Kai Müller-Hegemann, zitiert in: Steinberg, Karriere, S. 119–136.
67 Steinmetz, Marie Rosa Hilde u. a., Christa Kohlers »Kommunikative Psychotherapie« – ein integratives Psychotherapiekonzept im biographischen, wissenschaftlichen und historischen Kontext, in: Fortschritte in der Neurologischen Psychiatrie, Heft 80, 2012, S. 250–259, hier S. 250.
68 Steinmetz, Kohlers, S. 256.
69 Bernhardt, Freud/Pawlow, S. 185.

70 Wolfram, Klaus, Zur Geschichte des guten Willens. Skizzen aus der Opposition, Berlin 1996, S. 3.

71 Simon, Annette, Fremd im eigenen Land. Ostdeutsche zwischen Trauer, Ressentiment und Ankommen, in: dies.; Faktor, Jan, Fremd im eigenen Land, Gießen 2000, S. 73–84, hier S. 74.

72 Interview vom 27. Januar 2024 mit Johannes Helm, Prof. für Psychologie an der Humboldt-Universität von 1976 bis 1986, Vertreter eine Gesprächstherapie in Anlehnung an das Ehepaar Tausch in der BRD, und Helga Schubert, klinische Diplompsychologin in der DDR von 1963 bis 1987.

73 Irene Misselwitz, Vertreterin einer »intendierten dynamischen« nach Kurt Höck auf der Abschlusstagung des Forschungsprojektes zur »Seelenarbeit im Sozialismus« vom 25. April 2022. Weiter Misselwitz: »Gruppentherapie war [von Seiten des Staates, ap] besser zu kontrollieren.« Dort auch der DDR-Psychiater und Psychotherapeut Prof. Michael Geyer: »In der Einzeltherapie habe ich den Telefonstecker rausgezogen.«

74 Simon, Annette, Kein geschützter Raum, in: dies.; Faktor, Land, S. 107–119, hier S. 113. Es handelte sich dabei zuerst um eine Ärztin aus dem Polizeikrankenhaus im Rang eines Majors, die nach der ersten Runde den Kontakt abbrechen sollte. Dann sollte ein anderer Teilnehmer, IM Sigmund Freud, sie weiter bearbeiten. Simons Fazit: Die Stasi saß mit in der Gruppe (S. 114).

75 Groß, Friedrich Rudolf, Jenseits des Limes. 40 Jahre Psychiater in der DDR, Bonn 1996, S. 208/209.

76 Maaz, Hans-Joachim, Der Gefühlsstau. Psychogramm einer Gesellschaft, München 2010, S. 24/25.

77 Schröder, Harry, Staatliche Repression und psychische Folgen (DDR-Bürger in der Wende), Gruppendynamik, Heft 4, 1990, S. 341–356, hier S. 347/348. Georg Eckardt kommt in dem Zusammenhang zu dem Ergebnis, dass es letztlich nie eine – im Westen so populäre – marxistische Sozialpsychologie gegeben habe, die gesellschaftlich relevant geworden sei, sie blieb immer unter dem Verdikt einer »bürgerlichen«, »idealistischen« Lehre (Eckardt, Georg, Der Versuch der Begrün-

dung einer marxistischen Sozialpsychologie in der ehemaligen DDR – theoretischer Anspruch und soziale Wirklichkeit, in: Psychologie und Geschichte, Heft 3/4, 1995, S. 313–320).

78 Bericht MfS vom 18. März 1971, HA XX/2, N. N., BStU HA XX, Nr. 480, Bl. 247–251.

79 Müller-Hegemann, Dietfried, Die Berliner Mauer-Krankheit. Zur Soziogenese psychischer Störungen, Herford 1973, S. 121/122.

80 Süß, Sonja, Politisch mißbraucht? Psychiatrie und Staatssicherheit in der DDR, Berlin 1998, S. 325.

81 Hiebscher, Hans, Stalinismus und Psychologie, Weltbühne, Heft 1, 1990, S. 12–14, hier S. 12.

82 Zu den Zahlen der Fluchten siehe Kumbier, Ekkehardt; Haack, Kristin; Herpertz, Sabine C., Franz Günther von Stockert im Spannungsfeld von Politik und Wissenschaft. Ein Beitrag zur Geschichte der Nervenheilkunde in der DDR, Fortschritte der Neurologie, Psychiatrie, Heft 77, 2009, S. 285–288, hier S. 288.

83 Müller-Hegemann, Mauer-Krankheit, S. 6, 123, 129.

84 Maaz, Gefühlsstau.

85 Greuter, Ulfried; Huber, Michaela, Die Lust sich missbrauchen zu lassen, die Mauerkrankheit und andere deutsche Probleme. Ein Gespräch mit dem Psychiater Dietfried Müller-Hegemann, in: Psychologie heute, Heft 8, 1980, S. 37–44.

86 Kiss, Julien, Cold War Psychology in Eastern Europe. https://oxfordre.com/psychology/display/10.1093/acrefore/9780190236557.001.0001/acrefore-9780190236557-e-598.

87 Damborska, Maria; Matějček, Zdeněk, Kinder ohne Liebe [tschechisch], 43 Minuten, Regisseur Karl Goldberger. Die Originalfassung ist unter dem Titel »Děti bez lásky« (1963) zu sehen unter: https://www.youtube.com/watch?v=iLjHAP9Ch04. Eine um die Hälfte gekürzte deutsche Fassung ist 2008 von der Dreilindenproduktion in Berlin erstellt worden. Ein Ausschnitt findet sich unter: https://www.youtube.com/watch?v=0a4xRXFch8k. In den fehlenden 22 Minuten werden in einem ersten Teil auffällige Kinder gezeigt mit der Diagnose »Deprivation«; in einem zweiten Teil dann der Kinder-

psychiater Zdeněk Matějček im Gespräch mit den Müttern und Kindern.

88 Langmeier, Josef; Matějček, Zdeněk, Psychische Deprivation im Kindesalter. Kinder ohne Liebe [tschechisch], Prag 1963, deutsche Übersetzung: München 1977.

89 Auch Spitz erstellte dazu eindrückliche Anschauungsfilme. Der bekannteste ist: Spitz, René; Wolf, Katherine M., Grief. A Peril in Infancy [Trauer. Eine Gefahr im Säuglingsalter], The Research Project, New York 1947: https://www.youtube.com/watch?v=LyVkXaqXOv4.

90 Robertson, James, »A Two-year-old Goes to Hospital«, 1953: https://www.youtube.com/watch?v=s14Q-_Bxc_U. Der Filmemacher Robertson war Heizer in einem Kinderheim von Anna Freud, er gehörte zur Forschergruppe von Bowlby. Ein anderer Film über den kleinen »John«, der in einer Krippe für Waisenkinder untergebracht wurde, dokumentiert, wie er unter dem Regime der Massenpflege zusammenbrach.

91 Bowlby, John, Maternal Care and Mental Health. A Report Prepared on Behalf of the World Health Organization. Bulletin of the World Health Organisation, Nr. 3, 1951, S. 355–533.

92 Homes, Jeremy, John Bowlby und die Bindungstheorie [1993], München 2006, S. 44.

93 Sturma, Jaróslav, Deprivationsstudien in der ehemaligen Tschechoslowakei und ihre Folgen in der Familienpolitik, in: Brisch, Karl Heinz; Hellbrügge, Theodor (Hrsg.), Kinder ohne Bindung. Deprivation, Adoption und Psychotherapie, Stuttgart 2006, S. 161–168. Zu den Zahlen siehe: Rosenberg, Kindheit, S. 141.

94 Telerovsky, Roman, Zbynek Havlicek im kulturellen und klinischen Strom der Psychoanalyse in der Tschechoslowakei, in: Luzifer-Amor, Heft 2, 2022, S. 89–111, hier S. 105/106.

95 Dazu gehörte auch Ferdinand Knoblauch, der 1949 das Psychodrama in die ČSSR brachte, ein Vertreter einer Neopsychoanalyse und von Fromm sehr unterstützt. Er propagierte Gruppentherapien und eröffnete zwei Therapiezentren. 1968 floh er in die USA (Forman, Hynek, Ferdinand Knoblauch 1916–2018, in: Luzifer-Amor, Heft 2, 2022, S. 112–118).

96 Im Stalinismus der 70er Jahre berief man sich wieder auf die

Psychoanalysekritik der 50er Jahre als »Ideologie des Obskurantismus und Irrationalismus der verwesenden gesellschaftlichen Klasse« (C. Michalova 1950, zitiert nach: Bzoch, Adam, Psychoanalyse in der Slowakei. Eine Geschichte von Enthusiasmus und Widerstand [2007], Gießen 2017, S. 114). Der tschechoslowakische Kinderpsychologe Matějček aber konnte seine Forschungen fortsetzen. In seinen Langzeituntersuchungen über 30 Jahre und zwei Generationen differenzierte er seine Ergebnisse aus. Es gehe bei den Deprivationserscheinungen nicht um eine starre Kausalität, dieselbe Krippen- oder Heimsituation könne unterschiedliche Folgen haben, je nach individuellen Schutz- und Risikofaktoren der einzelnen Kinder. So in seinem letzten Text von Matějček, Zdeněk, Ehemalige Heimkinder in Adoption und Familienpflege. Erfahrungen aus der Tschechischen Republik, in: Brisch; Hellbrügge, Kinder, S. 169–182.

97 Reyer, Jürgen; Kleine, Heidrun, Die Kinderkrippe in Deutschland. Sozialgeschichte einer umstrittenen Einrichtung, Freiburg i.Br. 1997, S. 116.

98 Rosenberg, Florian von, Die beschädigte Kindheit. Das Krippensystem der DDR und seine Folgen, München 2022.

99 Rosenberg, Kindheit, S. 161.

100 Zwiener, Karl, Kinderkrippen in der DDR, München 1994, S. 49.

101 Rosenberg, Kindheit, S. 200.

102 Rosenberg, Kindheit, S. 189, 183.

103 Schmidt-Kolmer, Eva, Erscheinungen des psychischen Hospitalismus und dessen Verhütung, in: Zeitschrift für ärztliche Fortbildung, Heft 21/22, 1957, S. 895–899.

104 Rosenberg, Kindheit, S. 42.

105 von Bothmer, Christina, Über Adaptionsstörungen bei Kleinkindern nach Milieuwechsel, in: Zeitschrift für ärztliche Fortbildung, Heft 21, 1960, S. 1220–1228, hier S. 1225.

106 Rosenberg, Kindheit, S. 128.

107 Rosenberg, Kindheit, S. 98, 100.

108 Wohlfahrt, Einschätzungen, BArch, DQ1/23076, zitiert nach: Rosenberg, Kindheit, S. 138.

109 Rosenberg, Kindheit, S. 201/202. Ausgangspunkt war die

Untersuchung von Hortmann, Katrin, Zur Diagnostik des sprachlichen Entwicklungsstandes dreijähriger Kinder, Diss., (Ost-)Berlin 1984.

110 Pechstein, Johannes, Auflösung der Kinderkrippen in der DDR als Relikte der SED-Diktatur, Sozialpädiatrie, Heft 4, 1990, S. 261–266.

111 Maaz, Gefühlsstau, S. 39/40.

112 Milenkov, Kiril (Hrsg.), Ärzte und Medizinstudenten – Opfer des kommunistischen Terrors von 1944–1989 [bulgarisch], Sofia 2003. Unter Mitarbeit verschiedener Ärzte. Eine englische Übersetzung des Textes findet sich unter: https://www-decommunization-org.translate.goog/English/Communism/Bulgaria/Doctors.htm?_x_tr_sch=http&_x_tr_sl=en&_x_tr_tl=de&_x_tr_hl=de&_x_tr_pto=sc.

113 Auskünfte zu Kiril Milenkov von seinem Sohn Stefan Milenkov, Sofia, vom 27. August, sowie 5. und 8. September 2023.

114 Eine der wenigen auf Deutsch erschienen Publikationen zur Geschichte des kommunistischen Bulgariens ist: Raichevsky, Stoyan, Bulgarien unter der BKP – Diktatur 1944–1989, Berlin 2020; ders.; Kolarova, Fanna, Der bewaffnete Widerstand in Bulgarien gegen das totalitäre Regime. Goryani-Bewegung. Politische Emigration, Berlin 2020.

115 Die 2013 gegründete »Sofia Platform« mit ihrer Leiterin Louisa Slavkova in Sofia.

116 Dazu auch: »Wir dürfen unsere Geschichte nicht vergessen!« Gespräche zum Umgang mit dem kommunistischen Erbe in Bulgarien, mit Prof. Kiril Milenkov (Psychologe, Sofia) und Dr. Kalin Jossifov (Historiker, Universität Sofija) [bulgarisch], 30. August 2010, 60 Minuten: http://www.bg-rtv.de/Texte1/Radioprogramm.htm.

117 Zitate Milenkov, Ärzte, S. 88, 92.

118 Dazu gehörten Ivan Kinkel, Mladen Nikolov und Ljubomir Russev.

119 Atanassov, Nikola, Psychoanalyse in Bulgarien, in: Tögel, Christfried (Hrsg.), Die Biographen aber sollen sich plagen. Beiträge zum 140. Geburtstag Freuds, Sofia 1996, S. 123–136, hier S. 129. Eine der wichtigsten Quellen ist die Doktorarbeit des Philosophen Stoev, Stoyu, Der Freudismus und wie er in

Bulgarien überwunden wurde [bulgarisch], 1965, 2 Bde., Sofia 1969/1972.

120 Tomov, Toma; Atanassov, Nikola, Psychoanalysis in Bulgaria, in: Kutter, Peter (Hrsg.), Psychoanalysis International. A Guide to Psychoanalysis throughout the World, Bd. 2, Stuttgart 1995, S. 259–267, hier S. 259.

121 Tomov; Atanassov, Psychoanalysis, S. 261.

122 Alle biographischen Informationen aus: Nikola Schipkowensky (1906–1976), autobiographischer Text, in: Pongratz, Ludwig J. (Hrsg.), Psychiatrie in Selbstdarstellungen, Bern 1977, S. 326–360.

123 Schipkowensky, Text, S. 339.

124 Chehirian, Julian, Excavating the Psyche. A Social History of Soviet Psychiatry in Bulgaria, in: Culture, Medicine and Psychiatry, Heft 2, 2018, S. 449–480, hier S. 485. Siehe auch: Chehirian, Julian, Reduced to Bodies. Soviet Psychiatry in the People's Republic of Bulgaria, in: Koleva, Daniela (Hrsg.), The Body under Socialism [bulgarisch], Sofia 2016, S. 111–134.

125 Auskunft Stefan Milenkov, Sofia, vom 5. September 2023.

126 Die Selbstmordrate in der DDR war eine geheime Verschlusssache. Die Suizidrate des Arbeiter-und-Bauern-Staates gehörte zu den höchsten in Europa, deutlich über der der Bundesrepublik. 1954 nahmen sich im Osten 34 Prozent mehr Menschen das Leben als im Westen (Grashoff, Udo, »In einem Anfall von Depression …«. Selbsttötungen in der DDR, Berlin 2016).

127 Atanassov, Nikola, Psychotherapy in Bulgaria: https://psychotherapy-bg.org/psychotherapy-in-bulgaria/.

128 Auskunft von Philip Dimitrov, Sofia, vom 24. August 2023.

129 Auskunft von Dr. Lubomir Kanov, New York, vom 12. September 2023.

130 Auskunft von Philip Dimitrov, Sofia, vom 24. August 2023.

131 Im Film ist ein Dr. Bankov dem Psychiater Dr. Georgi Kamenov nachempfunden, der in einer Spezialklinik die psychisch kranke Veronica stationär behandelt. Aber Veronika schafft es nicht, ihre Geschichten und ihre Ängste jemandem anzuvertrauen. Erst als sie sich in Dr. Bankov, der die meiste Zeit mit den kranken Patienten verbringt, verliebt, wird das für sie zum Schlüssel zu ihrer Seele.

132 Auskunft Dr. Lubomir Kanov, New York, vom 12. September 2023.
133 Im ersten Teil seiner Autobiographie schildert Kanov seine Jahre in Bulgarien und die Haft. Kanov, Lubomir, Zwischen zwei Hemisphären [bulgarisch], Sofia 2002. Sein Leben ist 2010 von Jay Weissberg verfilmt worden unter dem Titel »Classification of the Memories«.
134 Auskunft Dr. Lubomir Kanov, New York, vom 12. September 2023.
135 Auskunft Dr. Lubomir Kanov, New York, vom 14. September 2023.
136 Auskunft Stefan Milenkov, Sofia, vom 5. September 2023.
137 Bukowski, Wladimir, Opposition. Eine neue Geisteskrankheit in der Sowjetunion? München 1973; Erices, Rainer, Der Missbrauch der Psychiatrie in der Sowjetunion und die Reaktion der DDR, in: Kumbier, Psychiatrie, S. 73–94.
138 Interview Ion Vianu, Morges, 31. Juli 2020.
139 Zur Ankunft in Zürich: Bukowski, Wladimir, Dieser stechende Schmerz der Freiheit. Russischer Traum und westliche Realität, Stuttgart 1983.
140 Zitiert nach: Vianu, Ion, »Exercitiu de Sinceritate« [»Übung in Aufrichtigkeit«], 2009, Kap. VI. Ernest Wichner sei ausdrücklich für die vorzügliche Übersetzung des bis heute nicht auf Deutsch erschienen wichtigsten Textes von Vianu gedankt. Alle folgenden Zitate aus dieser Übersetzung.
141 Vianu, Exercitiu/Übung, Übersetzungsmanuskript.
142 Interview mit Ion Vianu, *NZZ* vom 15. Dezember 2018.
143 Die Assoziation IAPUP wurde 1980 gegründet. Mit dem Zusammenbruch des kommunistischen Ostblocks benannte sie sich um in »Genfer Initiative für Psychiatrie« und existiert noch heute.
144 Für die DDR konstatierte man, so auch Vianu im Interview, was Sonja Süß später in ihrem Standardwerk festhielt: dass nicht von einem grundlegenden politischen Missbrauch der DDR-Psychiatrie auszugehen sei (Süß, Sonja, Politisch mißbraucht? Psychiatrie und Staatssicherheit in der DDR, Berlin 1998).
145 Ion Vianu, Biographisches Lexikon. Widerstand und Opposi-

tion im Kommunismus 1945–1991: https://www.dissidenten.eu/laender/rumaenien/biografien/ion-vianu.

146 Zamfirescu, Vasile, Freud und die Psychoanalyse in Rumänien, in: Tögel, Psychotherapie, S. 45–52, hier S. 48.

147 Vianu, Ion, Rumänien ohne Freud [rumänisch], Übersetzung Ernest Wichner.

148 Tudose, Cătălina; Tudose, Florin, The history of psychotherapy in Rumania during the socialist dictatorship of Nicolae Ceauşescu, in: European Journal of Mental Health, Heft 7, 2012, S. 221–235, hier S. 223.

149 Boldur-Latescu, Gheorghe, Genocidul counist in Romania, Bukarest 2006.

150 Vianu, Rumänien, Manuskript.

151 Z. B. Freud, Sigmund, Scrieri despre literaturaǎ şi artǎ, Bukarest 1980.

152 Popescu-Sibius, Ion, Freuds Psychoanalyse [rumänisch 1936], Bukarest 1972.

153 Brătescu, Gheorghe, Freud si psihanaliza in Romania, Bukarest 1994.

154 Tudose, History, S. 228/229.

155 Siehe u. a., Der Fall der Transzendentalen Meditation [rumänisch], Bukarest 2004. Ich danke William Totok für den Informationsabgleich zu dem Vorgang.

156 Interview Ion Vianu, Morges, 31. Juli 2020.

157 Hermann Nunberg, Memories, Recollections, Ideas, Reflections, New York 1969, S. 6, übernommen aus: Dybel, Pawel, Unterbrochene Wege. Die Geschichte der Psychoanalyse in Polen, in: Psyche, Heft 11, 1999, S. 1160–1187, hier S. 1166/1167.

158 Dybel, Wege, S. 1181.

159 Dybel, Pawel, Psychoanalysis – the Promised Land? The History of Psychoanalysis in Poland 1900–1989, Bd. 1, Bern 2020, S. 210.

160 So Ludwig Jekels (1867–1954) aus Lemberg, mit Medizinstudium in Wien, 1905 einer Analyse bei Freud, und dem Versuch ab 1912, die Psychoanalyse in Warschau populär zu machen; Eugenie Sokolnika (1884–1934) aus Warschau, Medizinstudium in Zürich, 1914 eine Analyse bei Freud, 1914

der vergebliche Versuch, eine Psychoanalytische Gesellschaft in Warschau zu gründen, Mitte der 20er Jahre Übersiedlung nach Paris; Helene Deutsch (1884–1982) aus Premysl, 1907 Studium in Wien, Lehranalyse bei Freud, 1923 nach Berlin, 1934 in die USA; Beata Rank (1886–1961) aus Galizien studierte in Krakau Psychologie, heiratete 1918 den Analytiker Otto Rank, wurde 1919 Sekretärin von Freud und emigrierte 1934 von Paris nach Boston.

161 Dybel, Wege, S. 1180: »Die Psychoanalyse wurde in Polen zerstört, noch bevor sie wirklich geboren wurde.« Aber die Instrumente zum Denken wurden nicht zerstört: Philosophie, Geschichtswissenschaft, Soziologie, es gab sozusagen eine »thinking cure«, so in dem Tagungsband: Kobylinska-Dehe, Ewa; ders.; Hermanns, Ludger M. (Hrsg.), Zwischen Hoffnung und Verzweiflung. Psychoanalyse in Polen im polnisch-deutsch-jüdischen Kulturkontext 1900–1939, Gießen 2018, S. 19.

162 Pawlak, Krzysztof, Poland, in: Kutter, Analysis, Bd, 1, S. 243–250, hier S. 243.

163 Malewski, Jan, Psychoanalyse in Polen, in: Die Psychologie des 20. Jahrhunderts: Freud und die Folgen (2), Zürich 1977, S. 117/118.

164 Pawlak, Poland, S. 247.

165 Zigmunde, Alīda, Der Psychoanalytiker und Pädagoge Ernst Schneider (1878–1957) im Widerstreit der Meinungen seiner Zeitgenossen in Lettland (1920–1928), in: Humanitārās Un Sociālās Zinātnes, Heft 27, 2017, S. 80–92, hier S. 83. Alīda Zigmunde sei gedankt für die Überlassung des Manuskripts.

166 Zur Biographie Schneiders siehe: Weber, Kaspar, »Es geht ein mächtiges Sehnen durch unsere Zeit«. Reformbestrebungen der Jahrhundertwende und Rezeption der Psychoanalyse am Beispiel der Biografie von Ernst Schneider 1878–1957, Bern 1999; jedoch mit nur 1,5 Seiten zu seiner Zeit in Riga.

167 Reņģe, Viesturs, Aufstieg und Fall der lettischen Psychologie am Anfang des 20. Jahrhunderts im Kontext des Baltikums [lettisch], in: Scientific Papers University of Latvia 786: Psychology, 2013, S. 8–20, hier. S. 11.

168 »Spēju attīstītājs« [»Entwickler von Fähigkeiten«], Riga 1927.

169 Zigmunde, Psychoanalytiker, S. 83.
170 Kestere, Iveta; Znotina, Lilita, A follower of the Swiss psychologist Ernst Schneider in Latvia: Eleonora Upatniece (1893–1981), Konferenzpapier, Lausanne 15. März 2018.
171 Šuvajevs, Igors, Freud und Lettand [lettisch], Riga 2007, S. 94.
172 Ebenda. Siehe auch: Šuvajevs, Igors, Individualpsychologie [lettisch], Riga 2019; ders., Spuren der Psychoanalyse in Lettland [lettisch], Riga 2012.
173 Reņģe, Aufstieg, hier S. 14.
174 Psychoanalytikerinnen. Biografisches Lexikon: https://www.psychoanalytikerinnen.de/osteuropa_biografien.htmlhBers; Brod, Ivar, Bertha Tumarin. Psychoanalyst, educator, public activist, in: The Latvian Jewish Courier, Heft 3, 2016, S. 10.
175 Reņģe, Aufstieg, S. 15.
176 Kestere, follower, Konferenzpapier.
177 Reņģe, Aufstieg, S. 16.
178 Augis, Rimvydas u. a., Lithuania, in: Kutter, Analysis, Bd. 1, S. 213–216; Sonnenmoser, Marion, Psychotherapie in den baltischen Staaten, in: Deutsches Ärzteblatt, Heft 9, 2017, S. 401.
179 Reņģe, Aufstieg, S. 17.
180 Auskunft von Jurko Prochasko, Lwiw, vom 1. August 2023.
181 Auskunft von Oleg Aizberg, Minsk, vom 15. Juni 2019.
182 Für die Entwicklungen der Tiefenpsychologie im Land: Savelli, Mat, The Peculiar Prosperity of Psychoanalysis in Socialist Yugoslavia, in: The Slavonic and East European Review, Heft Nr. 2, 2013, S. 262–288. Ältere Aufsätze: Milakovic, Ivan, Die Psychologie in Jugoslawien, in: Eicke, Psychologie, Bd. 3, S. 125/126. Siehe auch: Klain, Eduard, Croatia, in: Kutter, Psychoanalysis, Bd. 2, S. 268–276; Klein, Peter, Serbia, in: Kutter, Psychoanalysis, Bd. 2, S. 351–359.
183 Stjepan Betlheim stammte aus jüdischer Familie, studierte Medizin in der Zwischenkriegszeit in Wien, machte seine Ausbildung bei Sándor Rádo, die Kontrollanalysen bei Karen Horney und Helene Deutsch. 1943 schloss er sich den Partisanen an. Nach dem Krieg lehrte er an der Neurologisch-Psychiatrischen Universitätsklinik Zagreb, trat 1952 der IPA bei und gründete 1968 die Psychoanalytische Gesellschaft in Jugo-

slawien. Er war eng befreundet mit Edith Jacobson, schrieb sich mit vielen der psychoanalytischen Bewegung nach 1945, gehörte dort zur »inneren Familie«. Er verfasste Expertisen für die WHO und führte auf Studienreisen seine Studenten in die UN-Welt ein.

184 Luthar, Breda; Pusnik, Marusa, Remembering Utopia. The Culture of Everyday Life in Socialist Yugoslavia, Washington 2010.

185 Sundhaussen, Holm, Metakriege. Kriegserfahrung und Kriegsbewältigung im ehemaligen Jugoslawien, in: von Puttkammer, Joachim u. a. (Hrsg.), Kulturelle Orientierungen und gesellschaftliche Ordnungsstrukturen in Osteuropa, Wiesbaden 2010, S. 164.

186 Konstantin »Koca« Popovic war Schriftsteller, gehörte zum engsten Kreis um Tito, wurde nach 1945 Generalstabchef, dann Vizepräsident Jugoslawiens (Savelli, Prosperity, S. 179). Stjepan Betlheim kämpfte seit 1943 bei den Partisanen, ebenso wie seine Schülerin Duska Blazevic. Hugo Klajn, der nach dem Krieg die Werke Freuds herausgab, war als Arzt bei den Partisanen.

187 Savelli, Prosperity, S. 182.

188 Zur Ideologiefreiheit des Psyche-Feldes in Jugoslawien: Savelli, Mat, Beyond ideological platitudes. Socialism and psychiatry in Eastern Europe, in: Palgrave Communication, Bd. 4, Ausgabe 45, 2018, S. 1–8.

189 Antić, Ana, Non-aligned psychiatry in the cold war. Revolution, emancipation and re-imagining the human psyche, Basingstoke 2021.

190 Antić, Ana, Raising a true socialist individual. Yugoslav psychoanalysis and the creation of democratic Marxist citizens, in: Social History, Heft 1, 2019, S. 86–115; zu Matic S. 86–89, S. 101/102. Hier auch die Ausführungen zur jugoslawischen Linken.

191 Antić, Ana, The Pedagogy of Workers' Self-Management. Terror, Therapy and Reform Communism in Yugoslavia after the Tito-Stalin-Split, in: Journal of Social History, Heft 1, 2016, S. 179–203, hier S. 193–199.

192 Bakovic, Todor, Psychologische Aspekte der Golo-Otok-Folter und der sadistischen Folter, in: Goli Otok (1949–1956) [serbo-

kroatisch], in: Aufsätze vom Runden Tisch, Podgorica, 27. Juni 1995, Podgorica 1998, S. 212.

193 Münnich, Nicole, Titos tabuisiertes »Hawaii«. Zum Stand der Forschung über die jugoslawische Lagerinsel Goli Otok und zur Frage nach Aufarbeitung, Magisterarbeit Universität Wien, 2006.

194 Antić, Pedagogy, S. 188; zur Beschreibung des »psychologischen« Vorgehens im Lager: S. 183–192.

195 Savelli, Prosperity, S. 278. Neben Klajn war auch Dr. Svetislav Popovic, Psychiater der Staatspolizei, mit Experimenten und Entwicklungen in Goli Otok betraut.

196 Antić, Pedagogy, S. 199.

197 Kirschenbaum, Howard; Land Hederson, Valerie (Hrsg.), The Carl Rogers Reader, New York 1989, S. 478–501, hier S. 484, 486, 492.

198 Gessen, Masha, Die Zukunft ist Geschichte. Wie Russland die Freiheit gewann und verlor, Berlin 2018, S. 80, 36, 38, 175.

199 Etkind, Alexander, Russia, in: Kutter, Psychoanalysis, Bd. 2, S. 333–344, hier S. 343. Die beste Quelle zur Psychoanalyse in der späten Sowjetunion ist Leibin, Valery Moiseevich; Ovcharenko, Viktor Ivanovich, Anthology of Russian psychoanalysis [russisch], 2 Bde., Moskau 1999.

200 1982 erschien nach Jahren des Hin und Her: Freud, Sigmund. Trauer und Melancholie im Verlag Volk und Welt. Darin finden sich sieben Kapitel mit Ausschnitten aus Freuds Schriften. Im namenlosen Vorwort heißt es, dass die Psychoanalyse aus der »Vereinsamung und Vereinzelung des bürgerlichen Individuums in der parasitären Phase des Kapitalismus« (S. 1) entstanden sei. Zur Veröffentlichung fand sich kein Arzt als Gutachter bereit, sie konnte nur mit dem Zusatz »Essays« auf dem Einband erscheinen. Das Buch firmierte denn auch nicht als Wissenschaftsband, sondern als Ergänzungsband zur bürgerlichen Literatur. Möglich war die Herausgabe, weil der Schriftsteller Franz Fühmann jahrelang dafür warb und nun auch mit Dietrich Simon als Herausgeber fungierte. Fühmann wurde dafür von Staatssekretär Kurt Löffler als jemand diffamiert, der sich »hingezogen fühlt zu Personen, die sich bereits in psychiatrischer Behandlung befinden« und der selber

bald in eine psychiatrische Klinik eingewiesen wird (Walter, Joachim, Sicherungsbereich Literatur, Berlin 1999, S. 291). 1987 erschien dann eine dreibändige Zusammenstellung von Freudtexten, herausgegeben von Dietrich Simon in der Reihe »Österreichische Literatur«. Zwei Jahre lag die Herausgabe brach. ZK-Vorbedingung war, dass »die Ausgabe möglichst teuer verkauft werden muss, damit die Studenten sie nicht kaufen können«. Es gab keinerlei Reaktion auf die Herausgabe und schon bald war sie nur noch unter dem Ladentisch zu haben. Der rückblickende Kommentar Dietrich Simons: »Dass Freud erscheinen konnte, war der Abgesang in der DDR. Danach war es vorbei.« Dietrich Simon im Gespräch. Siegmund Freud und die DDR – zwischen Subversivem und Etabliertem, in: Seidler, Christoph; Froese, Michael J., DDR-Psychotherapie zwischen Subversion und Anpassung, Berlin 2002, S. 168–210, hier S. 178, 200.

201 Laut http://freudproject.ru/?page_id=2236 (einer kompletten Freud-Bibliographie) erschienen nach den von Otto Schmidt besorgten Veröffentlichungen (1923–1930) erst wieder 1989 Freud-Texte (Sammelband Фрейд 3. Психология бессознательного. Сборник произведений. Москва: Просвещение, 1989).

202 Auskunft von Alexey Levinson, Moskau, vom 17. September 2023.

203 »I do agree that Russian intellectuals largely remain in the pre-Freudian stage of development.« Auskunft von Alexander Etkind, Wien, vom 4. Oktober 2023.

204 Auskunft vom 1. Oktober 2023.

Ausgewählte Literatur

Adler, Alfred, Die andere Seite. Eine massenpsychologische Studie über die Schuld des Volkes [1919], in: ders., Gesellschaft und Kultur, Göttingen 2009, S. 120–130.

Adorno, Theodor W.; Frenkel-Brunswik, Else; Levinson, Daniel J.; Sanford, R. Nevitt, The Authoritarian Personality, Berkeley 1950.

Albrecht, Clemes u. a., Die intellektuelle Gründung der Bundesrepublik. Eine Wirkungsgeschichte der Frankfurter Schule, Frankfurt a.M. 1999.

Antić, Ana, Non-aligned psychiatry in the cold war. Revolution, emancipation and re-imagining the human psyche, Basingstoke 2021.

Antić, Ana, Raising a true socialist individual. Yugoslav psychoanalysis and the creation of democratic Marxist citizens, in: Social History, Heft 1, 2019, S. 86–115.

Antić, Ana, The Pedagogy of Workers' Self-Mangagment. Terror, Therapy and Reform Communismus in Yugoslavia after the Tito-Stalin-Split, in: Journal of Social History, Heft 1, 2016, S. 179–203.

Arndt, Gabriele, Das wissenschaftliche Werk Eva Schmidt-Kolmers (25. 06. 1913–29. 08. 1991) unter besonderer Berücksichtigung ihrer Beiträge zum Kinder- und Jugendgesundheitsschutz in der DDR, Diss., Greifswald 2002.

Ash, Mitchel G.; Geuter, Ulfried (Hrsg.), Geschichte der deutschen Psychologie im 20. Jahrhundert. Ein Überblick, Opladen 1985.

Ash, Mitchell G. (Hrsg.), Psychoanalyse in totalitären und autoritären Regimen, Frankfurt a.M. 2010.

Ash, Mitchell G., Kurt Gottschaldt (1902–1991) und die psychologische Forschung vom Nationalsozialismus zur DDR – konstruierte Kontinuitäten, in: Hoffmann, Dieter (Hrsg.), Naturwissenschaft und Technik in der DDR, Berlin 1997, S. 337–359.

Bach, Georg; Molter, Haja, Psychoboom. Wege und Abwege moderner Therapien [1976], Reinbek b.H. 1979.

Bakovic, Todor, Psychologische Aspekte der Golo-Otok-Folter und der sadistischen Folter in Goli Otok (1949–1956) [serbo-kroatisch], in: Aufsätze vom Runden Tisch, Podgorica, 27. Juni 1995, Podgorica 1998.

Behnke, Klaus; Fuchs, Jürgen (Hrsg.), Zersetzung der Seele. Psychologie und Psychiatrie im Dienst der Stasi, Hamburg 2010.

Berger, Ágnes; Henningsen, Franziska; Hermanns, Ludger M.; Togay, János C. (Hrsg.), Psychoanalyse hinter dem Eisernen Vorhang, Frankfurt a.M. 2010.

Bernhardt, Heike, Mit Sigmund Freud und Iwan Petrowitsch Pawlow im Kalten Krieg. Walter Hollitscher, Alexander Mette und Dietfried Müller-Hegemann in der DDR, in: dies.; Lockot, Regine (Hrsg.), Mit ohne Freud. Zur Geschichte der Psychoanalyse in Ostdeutschland, Gießen 2001, S. 172–204.

Bernhardt, Heike, Zur Freud-Rezeption in der DDR am Beispiel von Alfred Katzenstein, in: Schlösser, Anne-Marie; Höhfeld, Kurt (Hrsg.), Psychoanalyse als Beruf, Gießen 2000, S. 443–462.

Bernhardt, Heike; Lockot, Regine (Hrsg.), Mit ohne Freud. Zur Geschichte der Psychoanalyse in Ostdeutschland, Gießen 2001.

Beyrau, Dietrich (Hrsg.), Im Dschungel der Macht, Göttingen 2000.

Bierbrauer, Günter, Ein Sozialpsychologe in der Emigration. Kurt Lewins Leben, Werk und Wirkungsgeschichte, Gerlingen 1992.

Biess, Frank, Republik der Angst. Eine andere Geschichte der BRD, Reinbek b.H. 2019.

Boglárka, Balajthy, »Ich bin eine Frau von morgen …«. Die Lebensreise von Lili Hajdú, der einzigen weiblichen Direktorin von Lipótmező [ungarisch], Katalog über die Kunst in Lipótmező, Budapest 2015.

Bopp, Jörg, Der Linke Psychodrom, in: Kursbuch 55, 1979, S. 73–94.

Borgos, Anna, Women in the Budapest School of Psychoanalysis. Girls of Tomorrow, London 2021.

Böttiger, Helmut, Die Jahre der wahren Empfindung. Die 70er – eine wilde Blütezeit der deutschen Literatur, Göttingen 2021.

Bottome, Phyllis, Alfred Adler aus der Nähe porträtiert, Berlin 2013.

Bourdieu, Pierre, Die feinen Unterschiede. Kritik der gesellschaftlichen Urteilskraft [1987], Frankfurt a.M. 2020.
Bowlby, John, Maternal Care and Mental Health. A Report Prepared on Behalf of the World Health Organization 1951.
Brecht, Karen u. a. (Hrsg.), »Hier geht das Leben auf eine sehr merkwürdige Weise weiter.« Zur Geschichte der Psychoanalyse in Deutschland, Hamburg 1985.
Bruder-Bezzel, Almuth (Hrsg.), Individualpsychologie in Berlin. Eine Spurensuche, Berlin 2014.
Bruder-Bezzel, Almuth, Alfred Adler und der 1. Weltkrieg, in: dies., Alfred Adlers Wiener Kreise in Politik, Literatur und Psychoanalyse, Göttingen 2019, S. 85–100.
Bruder-Bezzel, Almuth, Die Geschichte der Individualpsychologie, Frankfurt a.M. 1991.
Bukowski, Wladimir, Opposition. Eine neue Geisteskrankheit in der Sowjetunion?, München 1973.
Busse, Stefan, Psychologie in der DDR. Die Verteidigung der Wissenschaft und die Formung der Subjekte, Basel 2004.
Busse, Stefan, Von der Sowjetwissenschaft lernen. Pawlow – der Stein des Anstosses, in: Psychologie und Geschichte, Heft 8, 2000, S. 200–229.
Busse, Stefan, Wie kritisch war die DDR-Psychologie?, Forum Kritische Psychologie, Heft 28, 1991, S. 20–39.
Bzoch, Adam, Psychoanalyse in der Slowakei. Eine Geschichte von Enthusiasmus und Widerstand, Gießen 2017.
Charim, Isolde, Die Qualen des Narzissmus, Wien 2022.
Chehirian, Julian, Excavating the Psyche. A Social History of Soviet Psychiatry in Bulgaria, in: Culture, Medicine and Psychiatry, Heft 2, 2018, S. 449–480.
Chehirian, Julian, Reduced to Bodies. Soviet Psychiatry in the People's Republic of Bulgaria, in: Koleva, Daniela (Hrsg.), The Body under Socialism [bulgarisch], Sofia 2016, S. 111–134.
Chemouni, Jacquy, Trotsky et la psychanalyse, Paris 2004.
Dahmer, Helmut, Trotzki, die Psychoanalyse und die kannibalischen Regime, Münster 2022.
Deutscher, Isaac, Trotzki, 3 Bde., Stuttgart 1972.
Doering-Manteuffel, Anselm; Raphael, Lutz, Nach dem Boom. Perspektiven auf die Zeitgeschichte seit 1970, Göttingen 2008.

Dührssen, Annemarie, Ein Jahrhundert psychoanalytische Bewegung in Deutschland. Die Psychotherapie unter dem Einfluss Freuds, Göttingen 1994.

Dybel, Paweł, Die Psychoanalyse – ein gelobtes Land? Zur Kulturgeschichte der psychoanalytischen Bewegung in Polen, in: Psyche, Heft 3, 2014, S. 216–247.

Dybel, Paweł, Unterbrochene Wege. Die Geschichte der Psychoanalyse in Polen, in: Psyche, Heft 11, 1999, S. 1160–1187.

Eicke, Dieter (Hrsg.), Die Psychologie des 20. Jahrhunderts, 15 Bde., Zürich 1977.

Elberfeld, Jens u. a. (Hrsg.), Das beratene Selbst. Zur Genealogie der Therapeutisierung in den ›langen‹ Siebzigern, Bielefeld 2011.

Elberfeld, Jens, Anleitung zur Selbstregulation. Eine Wissensgeschichte der Therapeutisierung, Frankfurt a.M. 2020.

Elberfeld, Jens, Das Ich und das Wir. Gruppentherapie zwischen Sozialisierung der Psyche, Gemeinschaftserfahrung und Regierungstechnik, in: Mittelweg 36, 6/2019–1/2020, S. 137–159.

Ellenberger, Henri F., Die Entdeckung des Unbewussten. Geschichte und Entwicklung der dynamischen Psychiatrie von den Anfängen bis zu Janet, Freud, Adler und Jung [1970], Bern 1973.

Elrod, Norman, Freud und Luria und Wygotski. Psychoanalytiker und Kritiker der Psychoanalyse in der Sowjetunion, in: Nitzschke, B. (Hrsg.), Freud und die akademische Psychologie. Beitrag zu einer historischen Kontroverse, München 1989, S. 181–190.

Elrod, Norman, Harald Schultz-Hencke und Dietfried Müller-Hegemann. Zwei Berliner Psychotherapeuten im Ost-West-Gespräch, in: Luzifer-Amor, Heft 6, 1990, S. 131–143.

Ernst, Anna-Sabine, »Die beste Prophylaxe ist der Sozialismus«. Ärzte und medizinische Hochschullehrer in der SBZ/DDR 1945–1961, Münster 1997.

Etkind, Alexander Markowitsch, Eros des Unmöglichen. Die Geschichte der Psychoanalyse in Russland, Leipzig 1996.

Etkind, Alexander, Warped Mourning. Stories of the Undead in the Land of the Unburied, Stanford 2013.

Ferenczi, Sándor, Schriften zur Psychoanalyse, 3 Bde., Gießen 2005.

Fischer, Eugenia, Leben und Werk von Nikolaj Jewgrafowitsch Ossipow, in: Luzifer-Amor, Heft 16, 1995, S. 77–86.

Forman, Hynek, Ferdinand Knoblauch 1916–2018, in: Luzifer-Amor, Heft 2, 2022, S. 112–118.

Foucault, Michel, Technologie des Selbst, in: ders., Schriften, Bd. 4, Frankfurt a.M. 2005.

Freimüller, Tobias (Hrsg.), Psychoanalyse und Protest. Alexander Mitscherlich und die ›Achtundsechziger‹, Göttingen 2008.

Freimüller, Tobias, Alexander Mitscherlich. Gesellschaftsdiagnosen und Psychoanalyse nach Hitler, Göttingen 2007.

Fromm, Erich, Arbeiter und Angestellte am Vorabend des Dritten Reiches. Eine sozialpsychologische Untersuchung, Stuttgart 1980.

Fromm, Erich, Schriften über Sigmund Freud, Stuttgart 1989.

Furtmüller, Carl, Denken und Handeln. Schriften zur Psychologie, München 1983.

Galliker, Mark; Bernhard, Markus, Kompendium psychologischer Theorien, Berlin 2015.

Gardner, Sheldon; Stevens, Gwendolyn, Red Vienna and the Golden Age of Psychology, 1918–1938, New York 1992.

Gay, Peter, Freud. Eine Biographie unserer Zeit [1987], Frankfurt a.M. 2004.

Gensicke, Thomas, Werte und Wertewandel im Osten Deutschlands, in: Klages, Helmut (Hrsg.), Werte und Wertewandel, Frankfurt a.M. 1992, S. 672–694.

Gessen, Masha, Die Zukunft ist Geschichte. Wie Russland die Freiheit gewann und verlor, Berlin 2018.

Geuter, Ulfried, Die Professionalisierung der deutschen Psychologie im Nationalismus, Frankfurt a.M. 1984.

Geyer, Michael (Hrsg.), Psychotherapie in Ostdeutschland. Geschichte und Geschichten 1945–1995, Göttingen 2011.

Greiffenhagen, Martin und Sylvia, Wertewandel. Theoretisch und politische Kontroversen, in: dies. (Hrsg.), Ein schwierig Vaterland. Zur politischen Kultur im vereinigten Deutschland, München 1993, S. 165–173.

Gross, Martin L., Die psychologische Gesellschaft [1978], Berlin 1984.

Groys, Boris; Hagemeister, Michael (Hrsg.), Die neue Menschheit.

Biopolitische Utopien in Russland zu Beginn des 20. Jahrhunderts, Frankfurt a.M. 2005.

Hale, Nathan G., Jr., The Rise and Crisis of Psychoanalysis in the United States. Freud and the Americans, 1917–1985, Oxford 1995.

Handlbauer, Bernhard, Die Adler-Freud-Kontroverse, Frankfurt a.M. 1990.

Handlbauer, Bernhard, Die Emigration der Wiener Psychoanalytiker in die USA und die Amerikanisierung der Psychoanalyse. Überlegungen zum emotionalen Aspekt von Emigration und deren möglichen Auswirkungen auf die Geschichte der Psychoanalyse, in: Luzifer-Amor, Heft 32, 2003, S. 99–149.

Handlbauer, Bernhard, Die Entstehungsgeschichte der Individualpsychologie Alfred Adlers, Wien 1984.

Harmat, Paul, Dichtung und Wahrheit in der Historiographie der ungarischen Psychoanalyse, in: Luzifer-Amor, Heft 1, 1988, S. 120–132.

Harmat, Paul, Freud, Ferenczi und die ungarische Psychoanalyse, Tübingen 1988.

Harmat, Paul, Leben und Werk von Imre Hermann, in: Psyche, Heft 7, 1986, S. 640–651.

Harmat, Paul, Psychoanalyse und Marxismus in Ungarn 1900–1980, in: Psyche, Heft 3, 1984, S. 254–265.

Herzog, Dagmar, Die Politisierung der Lust. Sexualität in der deutschen Geschichte des 20. Jahrhunderts, München 2005.

Herzog, Dagmar, Cold War Freud. Psychoanalysis in an Age of Catastrophes, Cambridge 2016.

Hiebsch, Hans; Vorwerg, Manfred, Einführung in die marxistische Sozialpsychologie, (Ost-)Berlin 1966.

Hiebscher, Hans, Stalinismus und Psychologie, Weltbühne 85/1, 1990, S. 12–14.

Hilbert, Thomas, Die Geschichte der Psychoanalyse in Rußland und in der Sowjetunion, Diss., Freiburg i.Br. 1983.

Hollitscher, Walter, Bemerkungen über dialektischen Materialismus und Psychologie, in: Pädagogik, Heft 2, 1950, S. 1–16.

Hollitscher, Walter, Die Lehre Pawlows – Grundlage der wissenschaftlichen Physiologie und Psychologie, in: Einheit, Heft 7, 1952, S. 585–593.

Hollitscher, Walter, Die menschliche Psyche, (Ost-)Berlin 1983.

Hollitscher, Walter, Kritik der Psychoanalyse, in: Aufbau, Heft 11, 1949, S. 991–996.
Hollitscher, Walter, Sigmund Freud. An Introduction, London 1947.
Homes, Jeremy, John Bowlby und die Bindungstheorie [1993], München 2006.
Horkheimer, Max; Fromm, Erich; Marcuse, Herbert u. a., Studien über Autorität und Familie, Paris 1936.
Horney, Karen, Der neurotische Mensch unserer Zeit [1937], München 1951.
Illouz, Eva, Die Errettung der modernen Seele. Therapien, Gefühle und die Kultur der Selbsthilfe, Frankfurt a. M. 2009.
Inglehart, Ronald, Changing Value Priorities and European Integration, in: Journal of Common Market Studies, Heft 10, 1971/72, S. 1–36.
Inglehart, Ronald, Kultureller Umbruch. Wertewandel in der westlichen Welt, Frankfurt a. M. 1989.
Ings, Simon, Triumph und Tragödie. Stalin und die Wissenschaftler, Hamburg 2018.
Jela, Doina u. a., Der Fall der Transzendentalen Meditation [rumänisch], Bukarest 2004.
Jensen, Uffa, Wie die Couch nach Kalkutta kam. Eine Globalgeschichte der frühen Psychoanalyse, Frankfurt a.M. 2019.
Joffe, Nadeschda A., Rückblende. Mein Leben, mein Schicksal, meine Epoche, Essen 1997.
Joravsky, David, Russian Psychology. A Critical History, Oxford 1989.
Kanov, Lubomir, Zwischen zwei Hemisphären [bulgarisch], Sofia 2017.
Kapferer, Norbert, Das Feindbild der marxistisch-leninistischen Philosophie in der DDR 1945–1988, Darmstadt 1990.
Kapferer, Norbert, Die Psychologie der DDR im Spannungsfeld von politischer Funktionalisierung und wissenschaftlicher Emanzipation, in: Politische Vierteljahresschrift, Sonderhefte 20, 1989, S. 77–98.
Kapferer, Norbert, Marxismus-Leninismus als Etikett. Die Psychologie in der DDR, in: Deutschland Archiv, Heft 11, 1987, S. 1179–1193.

Karger, André u. a. (Hrsg.), Ich hieß Sabina Spielrein. Von einer die auszog, die Heilung zu suchen, Göttingen 2006.

Kauders, Anthony, Der Freud-Komplex. Eine Geschichte der Psychoanalyse in Deutschland, Berlin 2014.

Keiler, Peter, Lev Vygotskikj. Ein Leben für die Psychologie, Weinheim 2002.

Kenner, Clara, Der zerrissene Himmel. Emigration und Exil der Wiener Individualpsychologie, Diss., Göttingen 2007.

Kestere, Iveta; Znotina, Lilita, A follower of the Swiss psychologist Ernst Schneider in Latvia: Eleonora Upatniece (1893–1981), Konferenzpapier, Lausanne 15.3.2018.

Kirschenbaum, Howard; Land Hederson, Valerie (Hrsg.), The Carl Rogers Reader, New York 1989, S. 478–501.

Kiss, Julien, Cold War Psychology in Eastern Europe, in: Oxford Research Encyclopedia of Psychology, 2020.

Kittel, Ingo-Wolf, Arthur Kronfeld 1886–1941. Ein Pionier der Psychologie, Sexualwissenschaft und Psychotherapie, Konstanz 1988.

Klages, Helmut, Wertorientierungen im Wandel. Rückblick, Gegenwartsanalyse, Prognosen, Frankfurt a.M. 1984.

Klix, Friedhart; Kossakowski, Adolf; Mäder, Walter (Hrsg.), Psychologie in der DDR. Entwicklung, Aufgabe, Perspektive, (Ost-) Berlin 1980.

Kloocke, Ruth, Mosche Wulff. Zur Geschichte der Psychoanalyse in Rußland und Israel, Tübingen 2002.

Kluy, Alexander, Alfred Adler. Die Vermessung der menschlichen Psyche, München 2019.

Kobylinska-Dehe, Ewa, Im Schatten von Krieg und Holocaust. Psychoanalyse in Polen im polnisch-deutsch-jüdischen Kontext, Gießen 2019.

Kobylinska-Dehe, Ewa; Dybel, Pawel; Hermanns, Ludger M. (Hrsg.), Zwischen Hoffnung und Verzweiflung. Psychoanalyse in Polen im polnisch-deutsch-jüdischen Kulturkontext 1900–1939, Gießen 2018.

Koenen, Gerd, Utopie der Säuberung. Was war der Kommunismus?, Frankfurt a.M. 2000.

Kühn, Horst, Entwicklungspsychologie in der DDR. Bleibendes und Vergängliches, in: Geschichte und Psychologie, Heft 44, 2005, S. 6–31.

Kühn, Regine; Schreiber, Eduard, Trotzkis Traum. Psychoanalyse im Lande der Bolschewiki. Dokumentarfilm, Berlin/Moskau 2000.

Kumbier, Ekkehardt (Hrsg.), Psychiatrie in der DDR, Bd. 2, Berlin 2020.

Kumbier, Ekkehardt; Steinberg, Holger (Hrsg.), Psychiatrie in der DDR, Bd. 1, Berlin 2018.

Kutter, Peter (Hrsg.), Psychoanalysis International, 2. Bde., Stuttgart 1995.

Langmeier, Josef; Matějcek, Zdeněk, Psychische Deprivation im Kindesalter. Kinder ohne Liebe, München 1977.

Laqueur, Walter, Psychoanalyse in der sowjetischen Perspektive, in: Psyche, Heft 10, 1956, S. 588–596.

Lasch, Christopher, Das Zeitalter des Narzissmus, München 1980.

Leidinger, Hannes u. a., Freud, Adler, Frankl. Die Wiener Welt der Seelenforschung, Salzburg 2022.

Leonhard, Susanne, Gestohlenes Leben. Als Sozialistin in Stalins Gulag, Frankfurt a.M. 1988.

Lévy, Alfred; Mackenthun, Gerald (Hrsg.), Gestalten um Alfred Adler. Pioniere der Individualpsychologie, Würzburg 2002.

Liebsch, Heike, Wochenkinder in der DDR. Gesellschaftliche Hintergründe und individuelle Lebensverläufe, Gießen 2023.

Lockot, Regine, Erinnern und Durcharbeiten. Zur Geschichte der Psychoanalyse und Psychotherapie im Nationalsozialismus, Gießen 2003.

Lockot, Regine, Von den Anfängen der Psychoanalyse in Ostdeutschland bis zu ihrer ideologischen Vernichtung in der DDR in den 50er Jahren, in: Luzifer-Amor, Heft 27, 2001, S. 7–35.

Lück, Helmut, Kurt Lewin. Eine Einführung in sein Werk, Weinheim 2002.

Lück, Helmut; Grünwald, Harald u. a. (Hrsg.), Sozialgeschichte der Psychologie, Berlin 2013.

Lück, Helmut; Gurski-Leinwand, Susanne, Geschichte der Psychologie. Strömungen, Schulen, Entwicklungen, Stuttgart 2014.

Lukács, Georg, Die Zerstörung der Vernunft, (Ost-)Berlin 1954.

Luria, Alexander, Die Psychoanalyse in Russland, in: Internationale Zeitschrift der Psychoanalyse, Heft 11, 1925, S. 395–398.

Luthar, Breda; Pusnik, Marusa, Remembering Utopia. The Culture of Everyday Life in Socialist Yugoslavia, Washington 2010.

Maaz, Hans-Joachim, Der Gefühlsstau. Psychogramm einer Gesellschaft, München 2010.

Maik, Tändler; Jensen, Uffa (Hrsg.), Das Selbst zwischen Anpassung und Befreiung. Psychowissen und Politik im 20. Jahrhundert, Göttingen 2012.

Mandelstam, Nadeschda, Das Jahrhundert der Wölfe. Eine Autobiographie, Frankfurt a.M. 1971.

Mandelstam, Nadeschda, Erinnerungen an Anna Achmatowa, Berlin 2011.

Marcuse, Herbert, Triebstruktur und Gesellschaft. Ein philosophischer Beitrag zu Sigmund Freud [1955], Frankfurt a.M. 1965.

Marks, Sarah, Suggestion, persuasion and work. Psychotherapies in communist Europe, in: European Journal of Psychotherapy & Counselling, Heft 1, 2018, S. 1–15.

Marte, Hans, Die Grenzgängerin. Das außergewöhnliche Schicksal der österreichischen Ärztin Dr. Angela Rohr, in: Busek, Erhard (Hrsg.) Der Grenzgänger, Klagenfurt 2000, S. 143–153.

Mészáros, Judit, Budapester Schicksalswendungen ... Die ungarische Psychoanalyse und die Emigration, in: Luzifer-Amor, Heft 23, 1999, S. 53–69.

Mette, Alexander, Die Lehre I. P. Pawlows und ihre Bedeutung für die Psychotherapie, Leipzig 1955.

Mette, Alexander, Freud und Pawlow, in: Psychiatrie, Neurologie und medizinische Psychologie, Heft 7, 1957, S. 217–225.

Mette, Alexander, Sigmund Freud, (Ost-)Berlin 1956.

Mette, Alexander, Um I. P. Pawlows grosses Erbe und die neue Humanpsychologie, in: Psychiatrie, Neurologie und medizinische Psychologie, Heft 6, 1951, S. 177–180.

Meulemann, Heiner, Werte und Wertewandel. Zur Identität einer geteilten und wieder vereinten Nation, Weinheim 1996.

Milenkov, Kiril (Hrsg.), Ärzte und Medizinstudenten – Opfer des kommunistischen Terrors von 1944–1989 [bulgarisch], Sofia 2003.

Miller, Martin A., Freud and the Bolsheviks. Psychoanalysis in Imperial Russia and the Soviet Union, Yale 1998.

Mitscherlich, Alexander, Ein Leben für die Psychoanalyse. Anmerkungen zu meiner Zeit, Frankfurt a.M. 1980.

Moskowitz, Eva S., In Therapy We Trust. America's Obsession with Self-Fulfillment, Baltimore 2001.

Müller-Hegemann, Dietfried (Hrsg.), Probleme der Neurologie und der Neuropathologie im Lichte der Lehre I. Pawlows, (Ost-) Berlin 1952.

Müller-Hegemann, Dietfried, Antwort auf Kritik von Kurt Winter an der Schrift: Zur Psychologie des deutschen Faschisten, in: Deutsche Zeitschrift für Philosophie, Heft 7, 1959, S. 490–494.

Müller-Hegemann, Dietfried, Die Berliner Mauer-Krankheit. Zur Soziogenese psychischer Störungen, Herford 1973.

Müller-Hegemann, Dietfried, Zur Psychologie des deutschen Faschisten, Rudolstadt 1955.

Müller, Klaus-Dieter, Zwischen Hippokrates und Lenin. Gespräche mit ost- und westdeutschen Ärzten über ihre Zeit in der SBZ und DDR, Köln 1995.

Neill, Alexander, Theorie und Praxis der antiautoritären Erziehung. Das Beispiel Summerhill, Reinbek b.H. 1969.

Nemes, Lívia, Psychoanalytischer Lebenslauf, in: Hermanns, Ludger M. (Hrsg.), Psychoanalyse in Selbstdarstellungen, Bd. 4, Tübingen 1998, S. 305–338.

Nemes, Lívia, Zwei historische Wendepunkte im Schicksal der ungarischen Psychoanalytiker in den vierziger Jahren, in: Luzifer-Amor, Heft 23, 1999, S. 45–53.

Nemes, Lívia; Berenyi, Gábor, Die Budapester Schule der Psychoanalyse, Budapest 1999.

Nitzschke, Bernd, Marxismus und Psychoanalyse. Historische und aktuelle Aspekte der Marx-Freud-Debatte, in: Luzifer-Amor, Heft 3, 1989, S. 108–138.

Nölleke, Brigitte, Psychoanalytikerinnen. Biografisches Lexikon, https://www.psychoanalytikerinnen.de/osteuropa_biografien.html.

Ossipow, Nikolaj J.; Freud, Sigmund: Briefwechsel 1921–1929, hrsg. von Eugenia Fischer u. a., Frankfurt a.M. 2009.

Pappenheim, Else, Politik und Psychoanalyse in Wien vor 1938, in: Psyche, Heft 2, 1989, S. 120–141.

Petersen, Andreas, Die Moskauer. Wie das Stalintrauma die DDR prägte, Frankfurt a.M. 2019.

Pilz, Elke, Raissa Adler – Trotzkisten im Roten Wien, in: dies. (Hrsg.), Das Ideal der Mitmenschlichkeit. Frauen und die sozialistische Idee, Würzburg 2005, S. 111–123.

Plänkers, Tomas; Bahrke, Ulrich, u. a., Seele und totalitärer Staat. Zur psychischen Erbschaft der DDR, Gießen 2005.

Protokolle der Wiener Psychoanalytischen Vereinigung, Bd. 1 (1906–1908), Bd. 2 (1908–1910), Bd. 3 (1910–1911), Frankfurt a.M. 1977.

Rapoport, Louis, Hammer, Sichel, Davidstern. Judenverfolgung in der Sowjetunion, Berlin 1992.

Reckwitz, Andreas, Das Ende der Illusionen. Politik, Ökonomie und Kultur in der Spätmoderne, Berlin 2019.

Reckwitz, Andreas, Das hybride Subjekt. Eine Theorie der Subjektkulturen von der bürgerlichen Moderne zur Postmoderne, Weilerswist 2006.

Reckwitz, Andreas, Die Gesellschaft der Singularitäten. Zum Strukturwandel der Moderne [2017], Berlin 2019.

Reichardt, Sven, Authentizität und Gemeinschaft. Linksalternatives Leben in den siebziger und frühen achtziger Jahren, Frankfurt a.M. 2014.

Reichmayr, Johannes, Spurensuche in der Geschichte der Psychoanalyse, Frankfurt a.M. 1994.

Reņģe, Viesturs, Aufstieg und Fall der lettischen Psychologie am Anfang des 20. Jahrhunderts im Kontext des Baltikums [lettisch], Scientific Papers University of Latvia 786: Psychology, 2013, S. 8–20.

Reyer, Jürgen; Kleine, Heidrun, Die Kinderkrippe in Deutschland. Sozialgeschichte einer umstrittenen Einrichtung, Freiburg i.Br. 1997.

Richebächer, Sabine, Sabina Spielrein. Eine fast grausame Liebe zur Wissenschaft, Zürich 2008.

Richebächer, Sabine; Haubl, Rolf; Plänkers, Tomas (Hrsg.), Utopisches Denken – Destruktivität – Demokratiefähigkeit. 100 Jahre »Russische Oktoberrevolution«, Gießen 2018.

Richter, Horst-Eberhard, Die Chance des Gewissens. Erinnerungen und Assoziationen, Hamburg 1986.

Richter, Horst-Eberhard, Die Gruppe. Hoffnungen auf einen neuen Weg, sich selbst und andere zu befreien. Psychoanalyse in Kooperation mit Gruppeninitiativen, Reinbek b.H. 1972.

Richter, Horst-Eberhard, Lernziel Solidarität, Reinbek b.H. 1974.

Roazen, Paul, Freud und sein Kreis [1976], Gießen 2006.

Rosenberg, Florian von, Die beschädigte Kindheit. Das Krippensystem der DDR und seine Folgen, München 2022.

Rubinstein, Sergej L., Grundlagen der Allgemeinen Psychologie, (Ost-)Berlin 1958.

Rüting, Torsten, Pavlov und der Neue Mensch. Diskurse über Disziplinierung in Sowjetrussland, München 2002.

Sarasin, Philipp, 1977. Eine kurze Geschichte der Gegenwart, Berlin 2021.

Savelli, Mat, Beyond ideological platitudes. Socialism and psychiatry in Eastern Europe, in: Palgrave Communication, Bd. 4, 2018.

Savelli, Mat, The Peculiar Prosperity of Psychoanalysis in Socialist Yugoslavia, in: The Slavonic and East European Review, Heft Nr. 2, 2013, S. 262–288.

Savelli, Mat u. a., Psychiatry in Communist Europe, London 2015.

Schiess, Regula, Wie das Leben nach dem Fieber. In Zusammenarbeit mit Juca und Gábor Magos-Gimes, Gießen 1999.

Schiferer, H. Ruediger, Alfred Adler. Eine Bildbiographie, München 1995.

Schiferer, H. Ruediger, Raissa Adler 1872–1962. Von der bürgerlichen Frauenbewegung zum österreichischen Trotzkismus, in: Ingrisch, Doris u. a. (Hrsg.), Die Revolutionierung des Alltags. Zur intellektuellen Kultur von Frauen im Wien der Zwischenkriegszeit, Frankfurt a.M. 2004, S. 193–204.

Schipkowensky, Nikola, 1906–1976, autobiographischer Text, in: Pongratz, Ludwig J. (Hrsg.), Psychiatrie in Selbstdarstellungen, Bern 1977, S. 326–360.

Schmidt, Wera, Psychoanalytische Erziehung in Sowjetrussland. Bericht über das Kinderheim-Laboratorium in Moskau, Leipzig 1924.

Schmidt, Wera; Klein, Melanie; Freud, Anna; Wolffheim, Nelly; Bálint, Alice, Antiautoritäre Erziehung und Kinderanalyse, Hamburg 1970.

Schröter, Michael, Auf eigenem Weg. Geschichte der Psychoanalyse in Deutschland bis 1945, Göttingen 2022.

Schröter, Michael, Zurück ins Weite. Die Internationalisierung der deutschen Psychoanalys nach dem Zweiten Weltkrieg, in: Bude, Heinz; Greiner, Bernd (Hrsg.), Westbindungen. Amerika in der Bundesrepublik, Hamburg 1999, S. 93–113.

Schumann, Frank, Leiden und Gesellschaft. Psychoanalyse in der Gesellschaftskritik der Frankfurter Schule, Bielefeld 2018.

Seidler, Christoph; Froese, Michael J. (Hrsg.), DDR-Psychotherapie zwischen Subversion und Anpassung, Berlin 2002.

Sennett, Richard, Verfall und Ende des öffentlichen Lebens. Tyrannei der Intimität [1977], Frankfurt a.M. 1983.

Serge, Victor, Leo Trotzki. Leben und Tod, Wien 1978.

Shibanova-Harris, Vera Leonie, Eine Geschichte der russischen Pädologie. Ansätze zur Verwissenschaftlichung und Normalisierung der Kindheit 1901–1936, Diss., München 2022.

Siems, Martina, Sofie Lazarsfeld – Die Wiederentdeckung einer individualpsychologischen Pionierin, Göttingen 2015.

Simon, Annette, Versuch, mir und anderen die ostdeutsche Moral zu erklären, Gießen 2000.

Simon, Annette; Faktor, Jan, Fremd im eigenen Land, Gießen 2000.

Soschtschenko, Michail, Schlüssel des Glücks, Leipzig 1977.

Sperber, Manès, Alfred Adler oder das Elend der Psychologie, Wien 1970.

Spielrein, Sabina, Sämtliche Schriften, Freiburg i.Br. 1987.

Stančić, Mirjana, Manès Sperber. Leben und Werk, Frankfurt a.M. 2003.

Stecklina, Gerd, Persönlichkeiten der Wiener Individualpsychologie, Schulreform und Jugendhilfe, in: Böhnisch, Lothar, u. a. (Hrsg.), Jugend ermöglichen. Zur Geschichte der Jugendarbeit in Wien, Wien 2015, S. 101–128.

Steinberg, Holger, Die Karriere des Psychiaters Dietfried Müller-Hegemann als Beispiel eines politisch gewollten Auf- und Abstiegs in der DDR, in: Kumbier, Ekkehardt (Hrsg.), Psychiatrie in der DDR, Bd. 2, Berlin 2020, S. 119–136.

Steinberg, Holger, Die lasche Beobachtung eines Staatsfeindes. Der DDR- und bundesdeutsche Psychiater und Psychotherapeut

Dietfried Müller-Hegemann in den Akten der Stasi, in: Fortschritte der Neurologie, Psychiatrie, Heft 8, 2020, S. 514–527.

Steinberg, Holger; Weber, Matthias M., Vermischung von Politik und Wissenschaft in der DDR. Die Untersuchung der Todesfälle an der Leipziger Neurologisch-Psychiatrischen Universitätsklinik unter Müller-Hegemann 1963, in: Fortschritte der Neurologie, Psychiatrie, Heft 10, 2011, S. 561–569.

Steinmetz, Marie Rosa Hilde, Eine Werkbiografie über Christa Kohler (1928–2004). Psychotherapeutische und sozialpsychiatrische Forschung und Praxis in der DDR, Diss., München 2014.

Strauß, Bernhard u. a. (Hrsg.), Seelenarbeit im Sozialismus. Psychologie, Psychiatrie und Psychotherapie in der DDR, Gießen 2022.

Šturma, Jaróslav, Deprivationsstudien in der ehemaligen Tschechoslowakei und ihre Folgen in der Familienpolitik, in: Brisch, Karl Heinz; Hellbrügge, Theodor (Hrsg.), Kinder ohne Bindung. Deprivation, Adoption und Psychotherapie, Stuttgart 2006, S. 161–168.

Süß, Sonja, Politisch mißbraucht? Psychiatrie und Staatssicherheit in der DDR, Berlin 1998.

Šuvajevs, Igors, Freud und Lettland [lettisch], Riga 2007.

Šuvajevs, Igors, Individualpsychologie [lettisch], Riga 2019.

Šuvajevs, Igors, Spuren der Psychoanalyse in Lettland [lettisch], Riga 2012.

Tändler, Maik, Das therapeutische Jahrzehnt. Der Psychoboom in den siebziger Jahren, Göttingen 2016.

Teitge, Marie; Kumbier, Ekkehardt, Zur Geschichte der DDR-Fachzeitschrift Psychiatrie, Neurologie und medizinische Psychologie (1949–1990), in: Der Nervenarzt, Heft 5, 2015, S. 614–622.

Telerovsky, Roman, Zbynek Havlicek im kulturellen und klinischen Strom der Psychoanalyse in der Tschechoslowakei, in: Luzifer-Amor, Heft 2, 2022, S. 89–111.

Thielen, Manfred, Sowjetische Psychologie und Marxismus. Geschichte und Kritik, Frankfurt a.M. 1984.

Thom, Achim; Schwarz, Bernhard; Weise, Klaus (Hrsg.), Sozialpsychiatrie in der sozialistischen Gesellschaft, Leipzig 1971.

Todes, Daniel, Ivan Pavlov. Exploring the Animal Machine, New York 2000.

Tögel, Christfried (Hrsg.), Die Biographen aber sollen sich plagen. Beiträge zum 140. Geburtstag Freuds, Sofia 1996.

Tögel, Christfried, Jenö Varga, Psychoanalyse, Räterepublik und Stalinismus, in: Werkblatt. Zeitschrift für Psychoanalyse und Gesellschaftskritik, Nr. 42, 1999, S. 96–133.

Tögel, Christfried, Lenin und die Rezeption der Psychoanalyse in der Sowjetunion der Zwanzigerjahre, in: Sigmund Freud House Bulletin 13, 1989, S. 16–25.

Tögel, Christfried, Lenin und Freud. Zur Frühgeschichte der Psychoanalyse in der Sowjetunion, in: Luzifer-Amor, Heft 2, 1988, S. 34–40.

Tögel, Christfried; Frommer, Jörg (Hrsg.), Psychotherapie und Psychoanalyse in Osteuropa, Uchtspringe 2003.

Trotzki, Leo, Kultur und Sozialismus [1926], in: ders., Denkzettel, Berlin 2010, S. 350–360.

Trotzki, Leo, Die Kunst der Revolution und die sozialistische Kunst [1924], in: ders., Literatur und Revolution, München 1972.

Trotzki, Leo, Die russische Revolution. Kopenhagener Rede [27. 11. 1932], Berlin 1970.

Trotzki, Leo, Literatur und Revolution, München 1972.

Trotzki, Leo, Mein Leben, Berlin 1930.

Tudose, Cătălina; Tudose, Florin, The history of psychotherapy in Rumania during the socialist dictatorship of Nicolae Ceauşescu, in: European Journal of Mental Health, Heft 7, 2012, S. 221–235.

Vianu, Ion, »Exercitiu de Sinceritate« [»Übung in Aufrichtigkeit«], Bukarest 2009.

Wahl, Markus (Hrsg.), Volkseigene Gesundheit. Reflexionen zur Sozialgeschichte des Gesundheitswesens der DDR, Stuttgart 2020.

Weinke, Annette, Der Feind vor Gericht. Schauprozesse im kommunistischen Osteuropa, Erfurt 2016.

Wolters, Christine u. a. (Hrsg.), Abweichung und Normalität. Psychiatrie in Deutschland vom Kaiserreich bis zur Deutschen Einheit, Bielefeld 2012.

Wulff, Mosche, Zur Stellung der Psychoanalyse in der Sowjetunion. Bemerkungen zu einem Artikel von W. Reich, in: Die Psychoanalytische Bewegung, Heft 2, 1930, S. 70–75.

Zaretsky, Eli, Freuds Jahrhundert. Die Geschichte der Psychoanalyse [2004], Wien 2006.
Zigmunde, Alīda, Der Psychoanalytiker und Pädagoge Ernst Schneider (1878–1957) im Widerstreit der Meinungen seiner Zeitgenossen in Lettland (1920–1928), in: Humanitārās Un Sociālās Zinātnes, Heft 27, 2017, S. 80–92.
Zwiener, Karl, Kinderkrippen in der DDR, München 1994.

Bildnachweis

S. 18: index.hu/tudomany/tortenelem/2018/07/21/
S. 21: Wikimedia Commons, hochgeladen von Oliwia Gembalczyk
S. 71: akg-images/Science Source
S. 100: Zur Verfügung gestellt von Kirill Levinson
S. 115: mauritius images/The History Collection/Alamy/Alamy Stock Photos
S. 170: Kai Müller-Hegemann, Reproduktion: Forschungsstelle für die Geschichte der Psychiatrie, Medizinische Fakultät der Universität Leipzig
S. 207: Česká televize
S. 229: Ion Vianu
S. 266: mauritius images/World Book Inc.

Register

W

BUNDESSTIFTUNG
AUFARBEITUNG